Catherina
Philippa Bracken

ANTIKENJAGD IN
GRIECHENLAND
1800-1830

Prestel

Catherina Philippa Bracken

ANTIKENJAGD
IN GRIECHENLAND
1800 - 1830

Prestel

Aus dem Englischen von Heidi Conrad, Hamburg
Bildredaktion und Typographie der deutschen Ausgabe
von Josef H. Biller, München

Die Originalausgabe
erschien unter dem Titel ›Antiquities acquired‹
1975 im Verlag David and Charles Ltd.,
Newton Abbot und London

ISBN 3 7913 0418 6
Passavia Druckerei GmbH Passau

INHALT

VORWORT

In rund zweitausend Jahren hat Griechenland seine Antiken nach und nach verloren. Doch seit der Zeit, da Nero fünfhundert Statuen aus Delphi entführte, waren die Verluste nie so rasch gestiegen wie während der ersten Jahrzehnte des letzten Jahrhunderts. Damals erwachte in Europa eine Ahnung von der Größe und dem Glanz griechischer Kunst und Architektur, als deren Folge dann eine Sammelgier einsetzte, die Griechenland mit Hilfe von Kauf, Bestechung, Diplomatie und politischem Druck in kurzer Frist unzähliger noch verbliebener Schätze beraubte.

Unter den byzantinischen Kaisern war Griechenland der Vergessenheit anheimgefallen; um 527 nach Christi Geburt begann das lange Schweigen der Geschichte über ein Land, das einst das ruhmvollste der Welt gewesen war. Für siebenhundert Jahre wurde seiner kaum Erwähnung getan, bis sich nach der Niederwerfung Konstantinopels Kreuzfahrer und Venezianer darüber hermachten, um es in Königreiche und Herzogtümer aufzuteilen, Handelsniederlassungen zu gründen und untereinander wie auch mit den Erben des wankenden Byzanz zu kämpfen. Dann kamen die Türken: Mehmed der Eroberer zog 1455 in Athen ein, und wiederum begann eine Epoche halber Vergessenheit, nur dann und wann unterbrochen von Überfällen der Venezianer. 1770 unterstützte Katharina die Große eine griechische Erhebung in der Morea gegen die Türken; sie erwies sich als Fehlschlag und endete in Blut und Tränen.

Die nächste Epoche war gekennzeichnet vom Aufstieg Ali Paschas, jener »abscheulichen Ausgeburt des

Despotismus«, wie ihn Zeitgenossen nannten. Von seiner Residenz in Joannina aus unternahm er alle Anstrengungen, die griechischen Provinzen mehr und mehr in
seine mörderische, aber fest verankerte Botmäßigkeit zu
bringen. Am Ende jedoch konnte selbst die Hohe Pforte
seine mit allen Mitteln der Despotie errungene, schein-
bar unabhängige Machtstellung nicht mehr länger dulden und holte zum vernichtenden Schlag gegen ihn aus.

Dann aber mußte der türkische Sultan der Rebellion
der Griechen entgegentreten: 1821 brach der Griechische Freiheitskrieg aus, der bis zur Zerstörung der türkischen Flotte in der Seeschlacht von Navarino durch
die vereinigten Streitkräfte Englands, Frankreichs und
Rußlands einen ungewissen und blutigen Verlauf nahm;
erst dieser Sieg eröffnete den Weg für ein unabhängiges
Griechenland.

In all diesen Jahrhunderten waren die griechischen
Tempel und Denkmäler neben den normalen Einflüssen
des Klimas vor allem Erdbeben und Überschwemmun-
gen ausgesetzt, die sie verwittern ließen, zum Einsturz
brachten oder begruben. Dazu kam das Vernichtungs-
werk der Menschen: Sie benutzten die Trümmer als
Baumaterial für ihre Häuser; sie verbrannten den Marmor, um Kalk für Mörtel zu gewinnen, und schmolzen
die Bronzen, um sich Kochgeräte daraus zu gießen. Die
wenigen Besucher, die kamen, führten in ihren Aufzeichnungen oft gewissenhaft Buch über das Verbliebene. Aber noch waren in der westlichen Welt griechische
Kunst und Architektur kaum bekannt und wurden noch
seltener bewundert. Nach der Auffassung der Ge-
schmackspäpste des 18. Jahrhunderts waren es die römischen Funde und Adaptionen, die man des Aufbewah-
rens wert erachtete; in der zweiten Hälfte des 18. Jahrhunderts überfluteten klassische Antiken und deren
Fälschungen aus Italien Westeuropa, das einen Anfall

von Sammlerwut erlitt, und jeder, der auf die berühmte Bildungsreise der ›Grand Tour‹ ging, setzte seinen Ehrgeiz darein, mit ein paar Skulpturen, Vasen oder Münzen heimzukehren.

Aber selbst die oft armseligen Kopien griechischer Kunst in Rom wie auch die großartigen dorischen Tempel von Pästum und auf Sizilien hatten die Kenner aufmerken lassen. 1755 finanzierte eine Gruppe solcher Liebhaber in England den Künstlern Stuart und Revett eine Reise nach Griechenland, damit sie dessen Kunst und Architektur festhielten. Doch der erste Band ihrer ›Antiquities of Athens‹ kam nicht vor 1762 heraus, was es dem französischen Maler Le Roy ermöglichte, ihnen gewissermaßen die Schau zu stehlen, indem er schon 1758 seine allerdings reichlich kursorischen und oftmals phantastisch zusammenkomponierten ›Ruines des plus beaux monuments de la Grèce‹ veröffentlichte. Die Verbreitung dieser Bände und weiterer illustrierter Reisebeschreibungen und großzügig ausgestatteter Tafelwerke regten das Interesse an und ermutigten die Reisenden zu eigener Anschauung.

Für Engländer gab es damals noch einen zusätzlichen Grund, ostwärts zu segeln: Durch die Napoleonischen Kriege und die Kontinentalsperre waren ihnen sowohl Deutschland und die Schweiz wie auch die klassischen Reiseländer Frankreich und Italien verschlossen: Die ›Grand Tour‹ mußte sich also zu ferneren Zielen verlagern, und die Antikensammler hatten sich neue Quellen zu erschließen. Bald schon konnte sich niemand mehr als ›weitgereist‹ bezeichnen, der nicht bei Sparta im Eurotas gebadet oder die Oliven Attikas gekostet hatte; die Mitgliedschaft im ›Athenian Club‹ galt als Eintrittskarte in die beste Gesellschaft, und literarischen Ruhm begründete man erst, indem man seinen Namen auf die Säulen des Parthenon kritzelte.

Was verstand man in jener Zeit unter dem Begriff ›Archäologie‹? Zeitgenössische Schriften verleiten uns zu dem Schluß, daß dieser Ausdruck jegliche Beschäftigung mit allem ›Antiken‹ umschloß. Eine Unterscheidung kann nur gemacht werden zwischen der Aneignung von Antiken in der ›Feldarbeit‹ und dem Gebrauch, den in der Folge Künstler, Architekten und Gelehrte von ihnen machten. Unser Buch soll sich vor allem mit dem ersten Problem auseinandersetzen.

›Feldarchäologie‹ ging damals in der Tat noch auf offener Bühne vor sich: Die Antiken wurden schlicht und einfach vom Erdboden aufgelesen. Wenn Sammler ›Ausgrabungen‹ unternahmen, so setzten sie bloß den Reisespaten ein. Ihr Ziel war damals nur, mit der größtmöglichen Hast die größtmögliche Zahl von Antiken an sich zu bringen. Ausgrabung als Mittel zur Feststellung und Einordnung aufeinanderfolgender Zivilisationsschichten hatte noch kaum Besitz von ihrer Vorstellung ergriffen; es ging ihnen noch nicht um die Erforschung und Wiederentdeckung versunkener Kulturen aus vorgeschichtlicher Zeit.

Nach unserem heutigen Wortverständnis wären also die Sammler, die damals als erste nach Griechenland kamen, kaum als ›Archäologen‹ zu bezeichnen. Ihre Ziele lassen sich an der Art ihrer Erwerbungen ablesen: Elgins archäologische Mission zum Beispiel plünderte Griechenland, um England die besten Muster griechischer Kunst und Architektur nahezubringen und so den Geschmack der eigenen Nation zu ›verbessern‹; Clarke nahm eine Statue aus Eleusis mit, weil er die Bibliothek seiner Universität zur allgemeinen Erbauung mit ihr zieren wollte; Cockerell und seine Freunde vermaßen und zeichneten die Tempel von Ägina und Bassä, um sich beruflich weiterzubilden und den eigenen Geschmack zu schulen, wobei sie jeweils die Skulpturen als

Zugewinn betrachteten und mit ansehnlichem Gewinn weiterverkauften. Diese Absicht teilten sie mit dem französischen Konsul Fauvel, der Antiken sammelte, um sie wieder loszuschlagen – halb Altertumsforscher, halb Antiquitätenhändler.

Die Arbeitsweise der Sammler war ebenfalls völlig verschieden von den heutigen wissenschaftlichen Ausgrabungsmethoden. Für gewöhnlich machte sich niemand die Mühe zu notieren, wann, wo und unter welchen Umständen er seine Funde gemacht hatte. So sehen wir Marcellus die Venus auf der Insel Milo erwerben, die man wohl hätte genau datieren können, wenn es weitere brauchbare Informationen gäbe als allein den Nachweis des Fundortes. Die Sammler hatten damals keine Vorstellung von den Schätzen, die sie erwarben, weder nach dem ideellen noch nach dem materiellen Wert, auch nicht bei der Freilegung ganzer Ensembles wie der Stätten auf Delos oder der Agora von Athen. Noch Dubois war es zufrieden, in Olympia einige leicht zugängliche Skulpturenfragmente auszugraben, ließ aber die tiefer im Boden verborgenen Giebelfiguren nahezu unberührt liegen.

Diese Hauptdarsteller des sich damals vollziehenden Dramas teilten sich den Schauplatz einer ›Kinderstube der Altertumswissenschaft‹ mit einem Schwarm nichtswürdiger Plünderer, die mit ähnlichen Zielen und gleichen Methoden Skulpturen aufs Geratewohl auflasen und Gräber aufbrachen, bloß um an deren begehrten Inhalt zu gelangen; bei den meisten der von ihnen heimgebrachten Trophäen ist es nicht möglich, die richtige Herkunft nachzuweisen.

Nun soll das nicht heißen, daß die gelehrte Welt – obwohl das Thema in diesem Buch nicht abgehandelt werden kann – das Studium dieses ihr damit gebotenen Rohmaterials vernachlässigt hätte: Seit um die Mitte des

18. Jahrhunderts Winckelmann die Grundlagen für eine Geschichte der antiken Kunst geschaffen hatte, indem er sich bemühte, ihre Zeugnisse in eine chronologische Ordnung zu bringen, haben die Altertumswissenschaftler immer wieder beschreibende wie vergleichende Studien zu antiker Skulptur und Baukunst, zu Bronzen, Vasen oder Terrakotten betrieben, um darzulegen, wie und wo die einzelnen Stile entstanden und sich fortentwickelten, welchen poetischen oder mythischen Vorstellungen die antiken Künstler folgten, welche ästhetischen Voraussetzungen und technischen Verfahren zu unterscheiden sind. Ja, die Geschichte der Kunst war zum eigentlichen Hauptziel der Archäologie geworden, obwohl auch die Inschriftenkunde unverzichtbar blieb. Sammlungen griechischer und römischer Inschriften wurden in den Westen Europas verbracht oder auch vor Ort kopiert. Sie wurden regelmäßig veröffentlicht, begleitet von gelehrten Interpretationen und Ergänzungsversuchen. Die Münzsammler, deren Hauptaugenmerk sich meist auf die Schönheit und Vollständigkeit ihrer Sammlungen richtete, übersahen dabei keineswegs den geschichtlich erhellenden Wert ihrer Schätze, und endlich dürfen die Topographen nicht vergessen werden, die sich bemühten, versunkene klassische Stätten zu identifizieren und die Geographie der Alten Welt anschaulich zu machen.

Der Einfluß der damaligen Erwerbungen und Untersuchungen auf die zeitgenössische westeuropäische Kunst und Architektur, auf Stilempfinden und sogar Mode wird in diesem Buch kaum gestreift; das Thema wurde bereits in einer Reihe von Veröffentlichungen ausgiebig behandelt, von denen als eine der neuesten nur J. Mordaunt Crooks ›Neo Classicism‹ genannt sei.

Eine Übersicht über die wichtigsten Erwerbungen nach zeitgenössischen Quellen mag das ›Biographische und bibliographische Verzeichnis‹ im Anhang dieses Buches vermitteln; dort findet man auch Angaben über einen Teil der Beute der weniger bedeutenden Sammler. Eine genaue Aufstellung ihrer Raubzüge würde so zufällig und widersprüchlich sein, daß es der Mühe nicht lohnte.

GRIECHENLAND
UM 1800

Das griechische Festland war um 1800 praktisch nichts anderes als eine heruntergewirtschaftete Provinz des in seinen Grundfesten wankenden Osmanischen Reiches.

In den letzten Jahren vor der Jahrhundertwende war es von knapp einem Dutzend westeuropäischer Reisender aufgesucht worden. Trotz der spärlichen Berichte, die nach dem Westen gelangten, war es doch allgemein bekannt, daß sich von den schönen Bauten Griechenlands wenigstens Ruinen erhalten hatten und daß noch immer der Tempel der Minerva – wie man damals den Parthenon nannte – die Akropolis von Athen krönte. Tafelbände und Mappenwerke mit Ansichten und Architekturrissen waren veröffentlicht worden und hatten die meisten Liebhaber und Kenner erreicht; weitere Vedutenserien waren angekündigt.

Allerdings fand sich jeder Reisende, der etwa mit der Erwartung eintraf, hier die Werke von Sophokles oder Euripides von hervorragenden Schauspielertruppen aufgeführt zu sehen oder überall auf Denkmäler zu stoßen, die sich mit der Pariser Börse oder der Kathedrale von Westminster messen könnten, einer herben Enttäuschung gegenüber: Die hinreißenden Werke der klassischen Dichter, mit denen er sich vielleicht seit Jahren in seiner Phantasie beschäftigt hatte, mußten hier angesichts der beklagenswerten Wirklichkeit türkischer Unterdrückung und vergessener, halbverfallener Tempel und Städte rasch jeden Zauber verlieren. Wenn er sich Athen von der See her näherte, würde der Reisende seine ärgsten Befürchtungen bereits beim Anblick des Piräus bestätigt finden, dieser einst großartigen Hafenstadt, die in der Antike mit ihren drei Häfen, ihren Arsenalen, ihrem Tempel und Theater Berühmtheit erlangt hatte. Alles, was von der alten Herrlichkeit jetzt noch zu sehen war, war ein verfallener Anlegesteg, an dessen Seiten vereinzelte Fischerboote lagen, ein Haufen elender Hütten am Strand und ein Klösterchen auf dem Hügelvorsprung darüber. Nach der Landung tat der Reisende gut daran, sich erst einmal Mietpferde zu besorgen, um sich und sein Gepäck in die Stadt bringen zu lassen; denn da es in Griechenland kaum Fahrstraßen gab, fanden sich natürlich auch keine Wagen.

Der Weg von der Küste nach Athen führte durch Ölbaumhaine oder folgte den zerstörten Fundamenten der ›Langen Mauern‹ des Themistokles und war in kaum besserem Zustand als sie. Bald enthüllte sich dem Blick des Näherkommenden Athen: Ein großes Dorf, von Palmen, Zypressen und Minaretten überragt, die die Monotonie seiner flachen, mit rostbraunen Ziegeln gedeckten Dächern belebten. Zwischen den Häusergruppen in der Ebene zu Füßen der Akropolis breiteten sich weite Wiesen und Felder, wo Korn wuchs oder das Vieh weidete; doch auf den Hängen um die Zitadelle standen winzige, geduckte Hütten, dicht zusammengedrängt, nur von schmalen Gäßchen und steilen Treppen durchzogen.

Diese ganze seltsame Ansammlung von Wohnstätten umgab eine neuzeitliche Mauer, in die auch der ›Bogen des Hadrian‹ (131/132 nach Chr.) miteinbezogen war. Unter ihm lümmelten sich türkische Soldaten, die in unübersehbarer Gleichgültigkeit ihre Pfeifen schmauchten und sich nicht um die wenigen Vorübergehenden scherten.

Auf Neuankömmlinge verfehlte der orientalische Anblick der Stadt seinen Eindruck freilich nie. Hier war wirklich der Orient in Europa gegenwärtig: Männer in Turban und fließendem Mantel, hin und wieder eine tief

verschleierte Frau. Nur jemand, der mit den äußerst feinen Unterschieden der Kleidung im Osmanischen Reich
vertraut war, konnte zum Beispiel schon an der Stiefel-
farbe die Griechen von den Türken unterscheiden, denn
den Griechen war das Tragen roter oder gelber Stiefel
verboten. Als Ureinwohner waren sonst nur die Ärmeren
zu erkennen, die in losen, in der Taille gegürteten Hem-
den, mit Kniehosen und roten Käppchen geschäftig hin-
und herrannten.

Der bekannteste Ausländer, der in der Stadt wohnte,
war der französische Altertumsforscher und Sammler
Louis François Sebastien Fauvel, der zu einer Institution
geworden war mitsamt seinem großen Haus, das mitten
unter den gewaltigen Monumenten der klassischen Zeit
stand: ein Jupiter als Torhüter jenes riesigen Museums,
das Athen darstellte. Fauvel hatte seine Laufbahn zunächst als Künstler begonnen und war dann 1780 in die
Dienste des Comte de Choiseul-Gouffier getreten, um
den erfahrenen Reisenden Foucherot auf einer Expedition zu begleiten, die Material für einen zweiten Band
von Choiseuls ›Voyage pittoresque de la Grèce‹ sammeln
sollte. Der Graf war von den Ergebnissen so entzückt,
daß er – als man ihn zum französischen Botschafter an der
Hohen Pforte in Konstantinopel ernannte – Fauvel einlud, sich der Künstlergruppe seines Gefolges anzuschlie-
ßen. 1786 bat er ihn dann, sogar sich als sein Stellvertreter in Athen niederzulassen.

Damals war Sir Richard Worsley der Gesellschafts-
löwe der Stadt; er trug eine reichhaltige Beute von Antiken zusammen, die er später unter dem Titel ›Museum
Worsleyanum‹ publizierte. Viel hinderlicher in Athen
war für den Neuling Fauvel jedoch der türkische Gouverneur Hadschi Ali Haseki, dessen Schreckensherr-
schaft mit einigen Unterbrechungen bis 1795 währte.
Unter seinem erbarmungslosen Gewaltregime war es

nicht leicht, Antiken zu erwerben, da Türken wie Griechen die Todesstrafe drohte, wenn bekannt wurde, daß
ohne Wissen des Sultans irgendwelche Fundstücke entfernt worden seien. Jeder Gegenstand dieser Art galt als
Eigentum der Pforte, obwohl – wie immer im Osmanischen Reich – die Praxis oft sehr anders aussah wie die
Theorie. Zudem war Graf Choiseul-Gouffier geneigt,
den Einfluß des Sultans auf die Behörden am Rande des
Reiches und damit auch in Griechenland überzubewer-
ten. Wenngleich er auch immer der Hohen Pforte Ge-
nehmigungen entlocken mochte, Antiken fortzuschaffen: deren Ausfuhr verstand er nur selten durchzusetzen.
So schrieb er einmal in scherzhafter Laune: »Nehmt
alles, was ihr kriegen könnt, versäumt keine Gelegenheit, in Athen und Umgebung zu plündern, was zu plündern ist; verschont weder die Lebenden noch die Toten!«

Fauvel leistete seinem Mäzen im östlichen Mittelmeer
gute Dienste. Er erforschte und identifizierte vergessene
Stätten und Bauwerke, und er brachte Funde an sich, soviel er nur konnte. 1788 stahl er eine Marmorplatte mit
Inschrift aus dem gefliesten Boden eines Klosters, denn
es sei ihm unmöglich gewesen, so behauptete er, sie auf
andere Weise zu bekommen. Als er drei Säulenfragmente, die er in einer vergessenen Ecke der Akropolis von
Athen aufgestöbert hatte, in Besitz bekommen wollte,
bestach er einen türkischen Soldaten, sie ihm von den
Mauern der Zitadelle auf einen darunter befindlichen
Misthaufen zu werfen. Dann wandte er seine Aufmerksamkeit einer vom Sturm heruntergerissenen Metope
vom Parthenon zu; sie war beim Aufprall in drei Stücke
zerbrochen, was in diesem Fall freilich ein Glück war,
denn sonst wären die Soldaten unmöglich dazu zu bewegen gewesen – wie es ihm tatsächlich gelang – die Trümmer an der Mauer über dem Theater des Dionysos ent-
langzuschleifen und zu ihm hinunterwerfen zu lassen.

Als er eine unversehrte Platte vom Parthenonfries ausgrub, erlangte er dank der besonderen Vorliebe der Türken für Bestechungsgelder sogar die Erlaubnis, sie fortzuschaffen. Da sie sich als zu schwer erwies, ließ er die
Hälfte der Rückseite absägen, wobei allerdings das Relief beschädigt wurde und die Köpfe der Frauen abbrachen. Doch sie gingen nicht verloren: Sie begleiteten das
Beutestück, als man es zur Verschiffung zum Piräus hin-
abschmuggelte. Fauvels Ausbeute war beachtlich: Allein
1787 verschickte er an den Grafen Choiseul-Gouffier
sechzehn Kisten mit Skulpturen und vierzig weitere mit
Gipsabgüssen der bedeutendsten Bildhauerwerke von
Athen nach Frankreich; im nächsten Jahr nahmen über
zwanzig Skulpturenfragmente den gleichen Weg.

Dann kam das Jahr 1789 und mit ihm die Französische
Revolution. Fauvels aristokratischer Mäzen suchte in
Rußland Zuflucht; er selbst blieb in Griechenland, wo er
sich mit dem Verkauf von Antiquitäten und dem Verleih
seiner Gewinne an die Athener über Wasser hielt. Er
wohnte damals im Kapuzinerkloster, und sein winziges
Arbeitszimmer befand sich genau im ›Obergeschoß‹ des
Lysikrates-Denkmals, das ja halbwegs in das Kloster verbaut war. Für die wenigen Reisenden, die in jener Zeit
nach Athen kamen und ihn aufsuchten, spielte er gerne
den Cicerone. Wehe aber, wenn sie versuchten, auch
Antiken zu erwerben!

So verhandelte ein junger Engländer, Morritt of
Rokeby aus Yorkshire, mit dem türkischen Komman-
danten der Akropolis, um die schönsten Metopen des
Parthenon abzunehmen, aber Fauvel schüchterte den
Türken mit der Androhung eines Disziplinarverfahrens
so ein, daß dieser von seinen Versprechungen, die er
Morritt bereits gegeben hatte, schließlich Abstand nahm.

Ein anderer Rivale war der elegante englische Reisende John Hawkins von Bignor Park in Sussex. Dieser

pflegte sich in entlegenen Dörfern für ein oder zwei Monate niederzulassen, mit den Einheimischen anzufreunden und von ihnen an jede Stelle ihrer Umgebung, wo sie Altertümer bemerkt hatten, führen zu lassen. Er brachte es auf diese Weise zu einer kleinen Sammlung, unter der sich auch die Bronzefigur eines Merkurs befand. Sie war das Geschenk eines Kaufherrn aus Joannina, wohin sie zusammen mit anderen, ähnlich schönen Figuren, zwei Jahre zuvor aus Paramythia gelangt war. Die Person, die sie nach Joannina brachte, wußte von ihrem Wert so wenig, daß sie sie einem Kupferschmied zum Einschmelzen überließ; zum Glück wurden die meisten von einem Griechen gerettet, der sie an Rußland verkaufte.

1796 wurde Fauvel zum Korrespondierenden Mitglied der Pariser Akademie der Schönen Künste vorgeschlagen und war auf dem besten Weg, unabhängig von seinem geflohenen Mäzen als Altertumsforscher zu Ruhm zu gelangen. Aber gerade da marschierte Napoleon in die türkische Provinz Ägypten ein, und als Antwort darauf wurden im ganzen Osmanischen Reich die französischen Staatsbürger inhaftiert, unter ihnen Fauvel. Als er 1801 nach Frankreich zurückkehren durfte, war er ruiniert. Er war nun fast fünfzig Jahre alt, und alle seine Kenntnisse beschränkten sich auf das Gebiet der griechischen Antiken. In Napoleons Frankreich fand er keinen Platz. Damals gelangten viele weltberühmte Kunstwerke aus ganz Europa als Kriegsbeute Bonapartes nach Paris – darunter etwa die Laokoon-Gruppe oder der Apoll vom Belvedere – und wurden in den Tuilerien ausgestellt. Es waren dies Zeugnisse des Hellenismus, die als Inbegriff antiker Kunst galten; noch allerdings hatten sie dem Vergleich mit den Marmorskulpturen des Parthenon standzuhalten. Deshalb erregten die Bildwerke und Abgüsse, die Fauvel seinem Auftraggeber geschickt hatte und dann im Musée Napoléon aufgestellt waren,

zunächst wenig Interesse. Selbst die Metope vom Fries
des Parthenon lag unbeachtet im Magazin, bis Napoleon
sein Erstaunen darüber äußerte, daß kein Werk von Phidias zu sehen wäre. Nun erst wurde die Platte, die man
damals schon jenem Künstler zuschrieb, eilfertig hervor-
gesucht und aufgestellt. Sie blieb auch im Museum, nachdem 1803 der Comte de Choiseul-Gouffier seinen Frieden mit Napoleon gemacht und die Erlaubnis erhalten
hatte, alle seine Antiken wieder in Besitz zu nehmen.
Ausgenommen davon sollten jene bleiben, die in das
Mauerwerk des Museums eingefügt waren; was Wunder,
daß einer der Konservatoren sie sofort eingipste! Die beschädigte Metope wurde aber dem Grafen trotzdem übergeben. Erst nach seinem Tode 1818 wurde sie vom
Louvre für 1250 Pfund angekauft. Die andere von Fauvel
erworbene Metope, die er in Athen hatte zurücklassen
müssen, landete dagegen im Britischen Museum in London.

Trotz allem konnte Fauvel wertvolle Freundschaften
mit Pariser Gelehrten schließen. Auf deren Fürsprache
hin wurde er dann auch zum Vizekonsul in Athen ernannt. Er kehrte also 1803 dahin zurück, mußte aber feststellen, daß er seine alte Monopolstellung als Altertumsforscher nicht mehr zurückgewinnen konnte. Denn in
der Zwischenzeit war das Land von Sammlern, die nach
Antiken suchten, förmlich überschwemmt worden. Obwohl er auch weiterhin überall seine Finger darin hatte,
waren seine Tage als Wegbereiter doch vorüber.

Eine Reihe äußerer Umstände hatte dazu beigetragen,
nicht nur das Interesse der Kunstfreunde und Sammler,
sondern der Allgemeinheit auf Griechenland zu lenken.
Das von den ständigen Kriegen erschütterte Westeuropa war den hartnäckigsten Reisenden, den Engländern, praktisch verschlossen: die klassische Grand Tour

Als Edward Dodwell zwischen 1801 und 1806 über den Piräus *blickte, er-*
innerte nur mehr der klangvolle Name an den einst berühmten Seehafen des anti-
ken Athen, den Perikles im 5. Jahrhundert vor Chr. durch die Langen Mauern
mit der Hauptstadt verbinden ließ: Wo sich einst Hafenanlagen, Werften und
Lagerhäuser drängten, erhoben sich nur mehr ein kümmerliches Fischerdorf und

ein kleines Klösterchen auf einer Landzunge, während am verfallenen Landungssteg vereinzelte Fischerboote vertäut waren. Hier brachte auch Jakob Linckh in mehreren abenteuerlichen Überfahrten 1811 die aufregenden Funde von Ägina aufs Festland. Heute breitet sich in der ganzen Bucht die moderne Hafenstadt, die schier nahtlos ins Weichbild von Athen übergeht.

durch Frankreich und Italien war ihnen verwehrt, und so
bot sich als Alternative praktisch nur das Osmanische
Reich an, das sich damals allmählich westlichem Handel
und westlichen Reisenden öffnete. Dort stieg auch das
Prestige der Engländer in dem Maße, wie das der Franzosen nach ihrer Expedition nach Ägypten abnahm.
Auch hatte Italien einen Teil seiner Anziehungskraft auf
die Engländer verloren: Die großartigsten Schätze seines
kulturellen Erbes waren ja nach Frankreich verschleppt,
seine Altertümer schienen weitgehend erforscht und fanden sich bis zum Überdruß von den Klassizisten verbreitet. Man begann zu ahnen, daß die wahren Quellen aller
europäischen Kunst eigentlich in Griechenland zu suchen seien, und glaubte immer mehr zu erkennen, daß
die römische Baukunst, von der die Ruinen zeugten, nur
ein Derivat der griechischen, um nicht zu sagen dekadent
sei. Ja, man befürchtete, daß weitere Ausgrabungen in
Italien nur die Reihe langweiliger, dürrer Nachahmun-
gen der großen griechischen Vorbilder weiter anschwel-
len lassen würden.

Als 1798 Lord Elgin zum Botschafter des Vereinigten
Königreiches bei der Hohen Pforte ernannt wurde, sah
er darin eine Gelegenheit, mit Hilfe seiner diplomatischen
Mission den Geschmack seiner eigenen Nation zu ver-
feinern und zur Entwicklung der Schönen Künste und
des Kunsthandwerks in England beizutragen. Diesem
Ziel vor allem sollte es dienen, die griechische Skulptur,
Baukunst und Ornamentik in ausgewählten Beispielen
allen jenen vor Augen zu führen, die nicht privilegiert
waren, sie an Ort und Stelle selbst zu bewundern: ein
keineswegs abwegiger Plan. Wir werden noch erfahren,
welchen Gebrauch seine Stellvertreter von den Vollmachten, die er ihnen zu verschaffen wußte, machen sollten. Doch ihre Erwerbungen stellen insgesamt nur einen
Bruchteil dessen dar, was in den nächsten dreißig Jahren

von Reisenden, Künstlern und Architekten als Beute in
Griechenland zusammengetragen worden ist. Indem wir
der Reihe nach die verschiedenen klassischen Stätten auf-
suchen, wollen wir auf den folgenden Seiten die Geschichte ihrer Verluste nachzeichnen.

DIE AKROPOLIS
VON ATHEN

DIE TÜRKISCHE FESTUNGSSTADT

Um 1800 war die Akropolis von Athen bereits seit langem türkische Feste. Sie wurde von einem Disdar – der Rang entspricht in etwa dem eines Generalmajors – kommandiert und war mit Truppen belegt, die der englische Dichter Byron als den liederlichsten aller Verbände im liederlich regierten Osmanischen Reich beschrieb.

Der Pfad hinauf führte über einen islamischen Friedhof, von dem aus man auf die Ruinen des Odeon des Herodes Attikus blicken konnte; der große Mäzen hatte es in der Mitte des zweiten nachchristlichen Jahrhunderts dem Volk von Athen geschenkt. Jetzt diente es den Befestigungen des Forts als vorgeschobene Bastion und war durch Fortifikationen mit diesem verbunden. Sein Inneres lag unter einer fast vier Meter hohen Schicht von Erde und Schutt verborgen, wo im Frühjahr und Herbst Weizen gesät wurde. Auf den Resten seines Proszeniums hatten türkische Derwische eine Art Richtplatz erbaut, wo die zum Tode verurteilten Delinquenten erdrosselt wurden.

Der monumentale Torbau der *Propyläen* bot einen höchst merkwürdigen Anblick. Sein hoher Mitteltrakt, das eigentliche Tor, war 1687 beschädigt worden, als eine venezianische Kugel das in seinem Innern befindliche Pulvermagazin hochgehen ließ, wobei das Dach in die Luft flog und die Fassade stark beschädigt wurde. Die Räume zwischen den sechs dorischen Säulen hatten die Türken zugemauert, und über den Säulen, deren Kapitelle man zu diesem Zweck abgeschlagen hatte, war eine Batterie Kanonen aufgestellt worden. Dahinter lag, völlig verborgen, der Innenraum des Tores. Fauvel, der die

Erlaubnis erhielt, ihn zu besichtigen, sah im Innern einige schlanke jonische Säulen sinnentleert herumliegen; andere waren völlig zerbrochen und in die Verstärkungen der Befestigungsmauern eingebaut worden.

Der linke Flügel der Propyläen war während des Mittelalters stark ummantelt worden und glich mit seinen Zinnen und Schießscharten eher einer Kreuzfahrerburg, obwohl er 1699 durch Blitzschlag beschädigt worden war. Am rechten Flügel war im 14. Jahrhundert ein rechteckiger, rund dreißig Meter hoher Turm auf den Fundamenten des antiken Bauwerks aus den Trümmerresten, die man aus allen Ecken der Akropolis gesammelt hatte, durch die Herzöge von Athen aus dem Hause der Acciaiuoli errichtet worden, als man die Propyläen in eine Festung umwandelte. Dieser sogenannte ›Frankenturm‹ sollte erst 1876 abgerissen werden.

Wo aber war der kleine *Tempel der Athene Nike* geblieben? Noch Reisende des 17. Jahrhunderts hatten ihn über dem Abhang auf der dem Meer zugewandten Seite der Akropolis gesehen, auf dem Kliff, von dem herab sich der Vater des Theseus gestürzt hatte, als er die schwarzen Trauersegel auf dem von Kreta zurückkehrenden Schiff erblickte. Für das Verschwinden des Tempels ersannen die Altertumsforscher des frühen 19. Jahrhunderts allerhand seltsame Erklärungen. Sie versuchten sogar, sich selbst davon zu überzeugen, daß ihre Vorgänger Opfer einer Täuschung geworden seien, und daß der Tempel längst unter dem Turm der Acciaiuoli begraben liege. Schließlich fanden sie jedoch heraus, daß die Türken, als sie 1786 vor der zwingenden Notwendigkeit standen, die Befestigungen der Akropolis gegen die rasch vordringenden venezianischen Armeen zu verstärken, ihn völlig abgerissen und seine Steinblöcke in einer neuen Mauer verbaut hatten. Glücklicherweise litt der Marmor nicht darunter, und so konnte das Tempelchen in den Jahren

1 *Bereits* Graf Choiseul-Gouffier *(1752-1817) verstand es, durch Diplomatie, Geld und Anpassungsvermögen von den Türken freie Hand zum Erwerb von Altertümern in Griechenland und Kleinasien zu erhalten. In Athen sammelte für ihn Fauvel (Farbtafel II).* 2 Eine Einladung beim Woiwoden von Athen.

3 *Im Jahre 1670 zeichnete ein unbekannter italienischer Meister die Stadt Athen. Diese älteste und zugleich exakteste* Ansicht der Akropolis *zeigt den Parthenon noch vor der Beschädigung durch die Beschießung der Venezianer im Jahre 1687.*

4 *Bei der Belagerung hatte der Admiral und spätere Doge Francesco Morosini die Akropolis durch den deutschen General von Königsmarck von drei Batterien aus unter* Beschuß *nehmen lassen. Dabei flog das türkische Pulvermagazin in die Luft. Die Explosion riß große Breschen in die Mitte des Parthenon und brachte die halbe Nordseite sowie die Säulen der Südseite zum Einsturz. (Die Nordseite wurde im Jahre 1922 rekonstruiert.)*

5

6

5-7 *1674, also dreizehn Jahre vor der Explosionskatastrophe, besuchte der französische
Maler Jacques Carrey, Schüler und Mitarbeiter von Charles Le Brun, die Akropolis und
den noch unzerstörten Parthenon. Er befand sich als Zeichner im Gefolge des französischen
Botschafters bei der Hohen Pforte, Marquis Ollier de Nointel, und schuf für ihn zahlreiche
Ansichten von Griechenland und den Inseln, von Konstantinopel und Palästina, die zum
großen Teil verlorengingen. Erhalten haben sich aber seine Bauaufnahmen vom Parthenon,
den er noch im vollen Schmuck seiner Giebelfiguren und Metopen sah, die dann 1800-1803
von Lord Elgin abgenommen und nach England übergeführt worden sind. Sie zählen heute zu
den berühmtesten Schätzen des Britischen Museums. Die Abbildungen 5 und 6 oben zeigen
die beiden Seiten des seinerzeit schon beschädigten* Ostgiebels, *Bild 7 unten die linke Hälfte
des* Westgiebels *im Zustand des Jahres 1674.*

7

8 *Als der Parthenon im 5. Jahrhundert in eine christliche Kirche umgewandelt und der Jung-*
frau Maria geweiht wurde, erlitt er die erste größere Einbuße: Der Mittelteil des Ostgiebels
wurde entfernt, um einer Apsis Platz zu machen. 1458 richteten die Türken in der Kirche eine
Moschee ein und zogen ein Minarett hoch, das bis ins 18. Jahrhundert Bestand hatte. Nach der
Beschädigung bei der Beschießung von 1687 entstand innerhalb der Ruine ein zweiter, nun über-

kuppelter Moscheebau, dessen Achse gegenüber der des Tempels deutlich abwich. Dies ist der Zustand, wie ihn James Stuart während seines Aufenthaltes in Athen 1751-1753 hier wieder- gibt und wie er das Erscheinungsbild des Parthenon bis 1842 ebenso bestimmt hat wie die engen Gassen, Häuschen und liebevoll gepflegten Gärten der ganzen Akropolis das Aussehen einer Stadt verliehen. Die Figuren allerdings hat Lord Elgin schon 1801 abnehmen lassen.

9

9-11 *Als Edward Dodwell 1801 die Akropolis besuchte und den Blick über die Innenseite
der* Propyläen *und die Wohnhäuser der türkischen Garnisonsstadt hinweg nach Osten zeichnete, konnten die ehrwürdigen Stätten die Spuren von Elgins Sammeleifer nicht verbergen. Die
Giebel des* Parthenon *(Abbildung 9, oben) waren ihres Figurenschmucks beraubt, die am
besten erhaltene Karyatide von der Korenhalle des Erechtheions (Abbildung 10, rechts oben)
war entführt und durch eine Ziegelmauer ersetzt worden, während die Ostseite des Erechtheions
nur mehr fünf Säulen aufwies (Abbildung 11, rechts unten). Die sechste Säule, die rechts außen
stand, gelangte 1803 mit den übrigen Elgin Marbles nach England und stand seit drei Jahren
im Britischen Museum, als Joseph Thürmer 1819 diese Ansicht aufnahm. Rechts ist der Tempel der Athene Polias zu erkennen, in dem die Türken bis zuletzt ein Pulvermagazin untergebracht hatten, und zwischen den Säulen der Ostseite erscheint die Korenhalle.*

10

11

12 *Die Ansichten über* Lord Elgin *(1766-1841) und sein Wirken an den antiken Stätten Griechenlands schwanken: Den einen erschien er und seine Helfer als Vandalen und »klassische Diebe ohne jeden Skrupel«, wie Lord Byron es formulierte, den anderen war er der Retter edelster Werke griechischer Kunst vor dem sicheren Untergang durch menschlichen Unverstand und fanatische Zerstörungswut. Die Ereignisse des Griechischen Befreiungskrieges sollten letzteren Recht geben. Elgin – hier im Alter von etwa 30 Jahren und kurz vor seinem Amtsantritt als Botschafter in Konstantinopel dargestellt – kam übrigens nicht auf seine Kosten: Der Verkaufserlös seiner Sammlung erbrachte nur 35 000 Pfund und deckte seine Ausgaben nur knapp zur Hälfte.*

1835 und 1836 von den deutschen Architekten und Bauforschern Ludwig Roß, Eduard Schaubert und Christian Hansen wieder aufgerichtet werden.

Alle diese An- und Umbauten hatten dazu geführt, daß der in die Zitadelle führende Weg nach rechts ausschwingen mußte; er lief jetzt um den Fuß des Frankenturmes, der damals als Gefängnis diente, herum, ehe er den hinteren Eingang der Propyläen erreichte. Über diesem war ein türkisches Wohnhaus errichtet worden, in dem, als 1645 ein Blitz in das Tor schlug, der Hausherr samt seiner ganzen Familie unter den Trümmern umkam. Danach benutzten die Türken die Ruine als Pulvermagazin, bis sie 1656 ein weiteres Mal vom Blitz getroffen wurde. Durch die dabei entstandenen Schuttmassen wurde das Niveau des Bodens so angehoben, daß es kaum noch möglich war, die Stürze der äußeren Türen zu erkennen.

Der Besucher konnte sich nun dem Parthenon zuwenden – nicht, wie ihn die Athener in der Antike gekannt hatten, umgeben von einem Kranz kleinerer Tempel und einem Hain von Votivstatuen, sondern gesäumt durch ein türkisches Dorf, das aus deren Trümmern erbaut worden war. Die bestgebauten Häuser waren die des Disdar und seines Statthalters, in deren bescheidenen Gärten Blumen und Weinstöcke wuchsen, allerdings versteckt hinter hohen Mauern, die die Frauen fremden Blicken entziehen sollten. Die Hütten der Soldaten waren zwar überwiegend aus Stein gebaut, wurden aber nur mit Erde und Lehm zusammengehalten statt mit Mörtel, wodurch sie stets am Rande des Einsturzes waren: Hier konnte ein heftiger Regenguß ebensoviel Schaden anrichten wie andernorts eine Feuersbrunst oder ein Erdbeben.

Stand der Besucher schließlich vor dem *Parthenon*, so wurde er der entsetzlichen Wunden ansichtig, die diesem edlen Bau geschlagen worden waren. Die Säulen waren umgefallen und ihre Trommeln lagen wirr durcheinander; dank der Erhabenheit, wie sie selbst noch zerstörten Kunstwerken innewohnt, schienen sie stolz noch in dieser unverdienten Erniedrigung. Große Lücken und Nischen kündeten von ornamentalem und figuralem Schmuck, der sie einst ausgefüllt hatte.

Jene unheilvollen Schüsse, die 1687 zu der furchbaren Zerstörung geführt hatten, waren von einer Batterie Mörser auf der nahen Erhebung des Areopag abgefeuert worden. Rund um den Akropolisfelsen hatte das venezianische Heer des Admirals und späteren Dogen Francesco Morosini sein Lager aufgeschlagen. Auch der Parthenon wurde damals von den Türken – obwohl er in eine Moschee umgewandelt worden war – zeitweilig als Arsenal und Pulvermagazin benutzt. Am 28. September abends gegen 19 Uhr wurde er von zwei von einem hannoverschen Kanonier abgefeuerten Kugeln getroffen; bei der großen Explosion stürzten vierzehn von sechsundvierzig Säulen ein sowie der größte Teil der Cella; die Splitter flogen bis in die Stellungen der Belagerer. Zwischen den stehengebliebenen Säulen, wo sich einst das Kultbild der Athena aus Gold und Elfenbein erhob, bauten sich die Türken später eine unansehnliche kleine Moschee. Die Moschee stand schräg nach Mekka ausgerichtet und bildete mit ihren geweißelten Wänden, ihrem Ziegeldach und ihren flachen Kuppeln einen seltsamen Kontrast zu der sie umgebenden edlen Symmetrie. In der Südwestecke hatte man aus einem Glockenturm im florentinischen Stil, der aus der Zeit der athenischen Herzöge stammte, ein Minarett entstehen lassen. Der Boden war durch ein großes Loch aufgerissen, das die Türken geschaffen hatten, als sie das Tempelfundament vorübergehend als Steinbruch benutzten. Erst zwischen 1835 und 1844 wurde das Innere des Parthenon geräumt und die Moschee niedergerissen.

Die Säulen der Westfassade des Tempels waren entweder vom Rauch benachbarter Hütten geschwärzt oder zu einem warmen, sanften Rotton verwittert. Nur nach Süden hatten sich einige Teile ihr strahlendes Weiß erhalten, während die Nordseite stellenweise von Flechten in düsteres Grün gehüllt war.

Die meisten Giebelfiguren des Phidias waren verschwunden. In der Mitte des Westgiebels hatten Athene und Poseidon auf ihren pferdegezogenen Wagen, im Wettstreit um das schöne Land Attika begriffen, gestanden; 1687 hatte der spätere Doge Morosini entschieden, daß die erhaltenen Reste der Gruppe eine angemessene Trophäe für seinen – im übrigen sehr kurzlebigen – Erfolg über die Türken abgeben könnten. Beim Niederlassen eines Pferdes der Athene brach dem Ingenieur der Flaschenzug und die Skulptur schlug, in tausend Stücke zerschellend, auf den Boden auf. Anderen Statuen erging es später nicht besser; am schlimmsten litt Poseidon, der nach dem Sturz sogar mit dem Kopf in der Erde stak: Die Türken brachen den herausragenden Teil ab und mauerten seine Fragmente in die Festungsmauern ein.

Dennoch waren noch bis 1748 rund die Hälfte der Skulpturen erhalten, wie sich aus zeitgenössischen Zeichnungen ablesen läßt, aber um 1800 standen nur noch vier an ihrem Platz. Zwei von ihnen schienen aus einem strahlenderen Marmor zu sein als die anderen, waren aber in Wahrheit nur weniger stark verwittert. Doch verleitete dies manche Forscher zu der fälschlichen Annahme, es handele sich um römische Arbeiten, möglicherweise um Standbilder des Kaisers Hadrian und seiner Gemahlin Sabina, die man aus Dankbarkeit für die Gnadenbeweise des Kaisers errichtet habe. Der sizilianische Reisende Scrofani erging sich in hemmungsloser Bewunderung über den vermeintlichen Hadrian. »Wer könnte ihn nicht erkennen?«, frug er in seinen Stanzen über das Fragment eines gestürzten, zerbrochenen Götterstandbildes, »mit seiner stillen heiteren Gelassenheit, seinem vollen gelockten Bart, seiner edlen und wahrhaft göttlichen Stirne? Wer anders könnte dies sein als Hadrian, der Freund der Humanitas, dies seine Statue fast ohne Fehl? Warum kommen nur die einfachen Menschen nach Athen, ihn zu bewundern, da doch die Fürsten, wenn sie kämen, erkennen müßten, daß selbst Zeit und Barbaren das Abbild tugendsamer Herrscher achten?« Die Figuren waren in der Tat griechische Originale und sollten wahrscheinlich einen Flußgott und eine Nymphe darstellen. Sie verloren beide später ihre Köpfe. Das weibliche Haupt soll, nach den Aussagen eines Türken, der es an Fauvel verkaufte, von selbst heruntergefallen sein. Heute sind beide Häupter verschollen.

Im Ostgiebel befand sich eine Darstellung der Geburt der Athene. Dort wurde dem Parthenon die erste Wunde geschlagen: Die frühen Christen, die den Tempel in eine Kirche umwandelten, hatten hier eine Apsis errichtet und aus diesem Grund die Mittelgruppe der Giebelskulpturen heruntergeholt, als wolle man die handelnden Personen der antiken Tragödie von der Bühne verjagen und und nur dem Chor zu bleiben gestatten. Nun standen zu beiden Seiten der Lücke je sieben Figuren. In der Antike hatte die Ostfassade den Eingang zum Parthenon gebildet: der aufgehenden Sonne zugewandt. Dort hatten die panathenäischen Prozessionen innegehalten, wenn sie sich den Hügel hinauf und durch die Propyläen, vorbei an der Nordseite des Parthenon, gewunden hatten. Doch im frühen 19. Jahrhundert vertraten viele Gelehrten die Meinung, daß der Eingang im Westen gelegen habe, den Propyläen zugewandt, einfach weil sie darin die logische Anordnung erblickten, wobei sie die kultischen Vorstellungen der Griechen der Antike völlig außer Acht ließen. Es gibt aus jenen Tagen viele Beispiele für die Neigung, die Denkmäler der Antike anhand oft unvollständiger, durch wahlloses Lesen entstellter Texte oder sogar aufgrund persönlicher Vorurteile zu deuten.

Die skulptierten Metopen, welche über dem Architrav des Tempels angebracht waren, hatten an ihrem entrückten Platz mehr durch die Elemente gelitten; manche waren fast völlig verwittert. Eine Anzahl war allerdings bei Morosinis Explosion heruntergestürzt, darunter sechzehn der besten an der Südseite. Schließlich lief noch ein Fries, der die panathenäische Prozession darstellte, entlang dem oberen Rand der Cella-Wände und über die Säulenstellungen der Tore; er hatte nicht nur unter den Explosionen zu leiden gehabt, sondern auch unter der fanatischen Bilderstürmerei der Moslems, denen jegliche Darstellung des menschlichen Körpers verboten war. Diese Einstellung hatte ja die Türken zu so vielen willkürlichen Zerstörungen verleitet. Fünf Platten, die noch um 1750 verbürgt waren, wie auch eine von der Ostseite, von der Fauvel noch 1790 Abgüsse hatte herstellen lassen, waren allerdings um 1800 bereits verschwunden.

Das *Erechtheion* befand sich gleichfalls in schlechtem Zustand. Die Mädchengestalten seiner Korenhalle waren entsetzlich verstümmelt; türkische Fanatiker hatten ihre Gesichter mit Farbe beschmiert, die Züge waren zum Teil völlig zerstört. Obwohl man die sublime Vielfalt ihrer Haltungen bewunderte, drückte doch mancher Besucher Zweifel aus, ob es angemessen gewesen sei, die zarten Frauengestalten zu Trägern des erdrückenden Gewichts des marmornen Daches zu machen. Eine von ihnen war dieser Aufgabe fast hundert Jahre zuvor schon entflohen: vielleicht, um sich in Kalk für die Tünche zu verwandeln, mit der die Bauten der Festung geweißelt wurden. Zwischen den Koren war eine schäbige, rohe Mauer hochgezogen worden, die die Halle abschloß und die Stufen, die in das Adyton hinabführten, verbarg; erst

Fauvel entdeckte sie wieder. Da die Altertumsforscher unsicher waren, wie sie den Sinn dieser Halle erklären sollten, nahmen einige von ihnen an, sie sei in dieser Form errichtet worden, um den legendären Ölbaum aufzunehmen, den Athene hatte sprießen lassen, weil sie damit ihren Wettkampf mit Poseidon zu gewinnen hoffte: ein Ölbaum wuchs auch tatsächlich im offenen Raum des Adyton des Pandrosos gleich westlich neben dem Erechtheion, und ein Ableger von ihm kämpft noch heute an der selben Stelle um sein Leben.

Der Rest des Erechtheions wurde nach und nach vernichtet: ein Teil des Architravs ließ ein Disdar zum Dorf Ambelochoroi bringen, aushöhlen und als Wassertrog für das Vieh benutzen. Ein Besucher, der erkannte, daß die schönen Ornamente durch die schleckenden Tiere schnell zerstört würden, bot dem amtierenden Disdar eine ansehnliche Summe für das schöne Stück. Aber so berüchtigt die türkische Geldgier auch war: Der Disdar lehnte den Handel ab, da es ihm pietätlos erschien, das niederzureißen, was sein Vater errichtet hatte!

Innerhalb der ihres Daches beraubten Wände des Erechtheions konnte man ein wirres Durcheinander von Steinen und Säulen finden: ein typisches Beispiel für die Schwierigkeit, denen sich die Altertumsforscher gegenübersahen. Die frühen Christen hatten hier alles durcheinandergebracht, als sie den Tempel in eine Kirche umwandelten, was Fauvel als erster entdeckte; später wurde er in eine Residenz für die Herzöge von Athen umgebaut, dann richteten die Türken ihn für ihre Zwecke her, und als er gar zu sehr verfiel, überließen sie ihn seinem Schicksal.

Unbeeindruckt von der Zerstörung der Propyläen und des Parthenon brachten die Türken ihr Pulvermagazin schließlich in der edlen Nordhalle des Erechtheions unter. Zu diesem Zweck zogen sie zwischen ihren jonischen

Säulen Wände hoch, um sie nach außen abzuschließen. Es hätte nur eines Blitzes oder der Unachtsamkeit einer türkischen Wache bedurft, um auch diesen vollkommensten aller Bauten Athens in die Luft fliegen zu lassen. Den meisten Reisenden gelang es, einen der wachhabenden Soldaten zu bestechen, um sich Einlaß zu verschaffen und das kunstvoll gemeißelte Tor zwischen der Halle und dem Tempel zu untersuchen. Da die Türken direkt über dem Tor ein Notdach aus Holz eingezogen hatten, mußte der Besucher entlang einer Planke zu einer Öffnung in der Außenmauer klettern, wenn er auch den oberen Raum besichtigen wollte. Einmal drinnen, war er jedoch reich belohnt, denn dort konnte er in Muße die schönen Kassetten der flachen Marmordecke studieren, die Voluten in ihrer vollkommenen Schönheit und die zarten Gewinde aus Blüten und Laub an den jonischen Säulenkapitellen.

In der Nähe des Erechtheions war eine Batterie Kanonen aufgestellt, deren Mündungen auf die Stadt gerichtet waren. Diese Artillerie wurde von den Türken zu keinem anderen Zweck genutzt, als etwa den Beginn des Ramadanfestes anzukündigen oder ähnliche öffentliche Feierlichkeiten. Noch sollten zwanzig Jahre ins Land gehen, ehe sie den Ernstfall erlebten, während des griechischen Freiheitskampfes zu Verteidigungszwecken abgefeuert zu werden.

LORD ELGIN
UND SEINE MISSION

Als Lord Elgin sich auf den Weg machte, um sein Amt
als britischer Botschafter bei der Hohen Pforte anzutreten, begann er 1799, sobald er Sizilien erreicht hatte, seinen künstlerischen Missionsstab zusammenzustellen. Er
folgte dabei dem Beispiel vieler anderer Botschafter, indem er zuerst einen Landschaftsmaler, den Neapolitaner
Don Giovanni Battista Lusieri, verpflichtete. Neuland
betrat er, als er eine ganze Mannschaft speziell ausgebil-
deter Künstler anwarb, darunter einen Bildhauer, Theodor Iwanowitsch, der wegen seiner Herkunft aus Zentral-
asien als ›Lord Elgins Kalmücke‹ zu Ruhm gelangte;
zwei Architekturzeichner und zwei Former, die die Formen für Gipsabgüsse der Figuren und Ornamente herstellen konnten.

Als diese Gesellschaft im August des Jahres 1800 in
Athen eintraf, durfte sie zeichnen, was immer sie wollte,
durfte vermessen und Repliken der Denkmäler herstellen. Nur die Akropolis blieb ihr verschlossen. Es war
schon immer schwierig gewesen, Zugang zu den türkischen Festungen zu erhalten: so war die Festung Palamidi in Nauplia den Fremden grundsätzlich unzugäng-
lich. Wenn aber im weiten Osmanischen Reich irgendwo
Kriegsgefahr bestand, wie eben zu jener Zeit durch den
Einfall der Franzosen in Ägypten, war dieser Zugang
nahezu unmöglich. Schuld daran war zum Teil die Angst
vor Spionage; vor allem aber wollte man schwer gerüstet erscheinen, wie belanglos der Anlaß auch sein
mochte. Schließlich langweilte und irritierte es die Türken zu sehen, wie in zunehmendem Maße Ungläubige an
ihre Tore pochten, so daß sie jede Ausflucht aufgriffen,

die ihnen erlaubte, sich hinter einem Wall von Unnahbarkeit zu verschanzen.

Bei der Akropolis gab es noch einen weiteren Grund: die Franken – wie die Westeuropäer seit der Zeit der französischen Herrschaft während der Kreuzzüge ungeachtet ihrer jeweiligen Herkunft von den Levantinern genannt wurden – konnten, wenn sie in den Ruinen herumkletterten, auf die Häuser und in die Gärten des Festungsdorfes hinabschauen, wodurch sie die Einwohner zwangen, ihre Frauen in die Häuser zu sperren, um sie den Blicken der Fremden zu entziehen. Dennoch konnte es gelingen, gegen Geld oder Geschenke wie Kaffee, Tee oder Zucker Einlaß zu gewinnen, da der Disdar als besonders habgierig bekannt war. Die Türken nahmen die Bestechungsgaben so selbstverständlich entgegen wie etwa ein Zöllner die Maut einstreicht. Für die Erlaubnis, auch Zeichnungen anfertigen und sich Notizen machen zu dürfen, waren die ›Abgaben‹ etwas höher, wie der junge englische Architekt Smirke entdecken mußte. Er bezahlte eine Gebühr in Form von einigen Pfund Kaffee und Zucker, aber als ihn der Disdar beim Zeichnen beobachtete, bedeutete er ihm, daß er dies aus Sicherheitsgründen nicht erlauben könne. Nachdem Smirke vom englischen Konsul darüber unterrichtet worden war, daß es sich wohl lediglich um eine weitere Bestechungsforderung handeln könne, bot er eine größere Menge Kaffee und Zucker an. Der Disdar machte ihm daraufhin unverblümt klar, daß er nun davon genug habe: er brauche aber andere Sachen. Verzagt kaufte der arme Student Seide im Wert von fast einer Guinea, was damals etwa einem Pfund und einem Schilling entsprach. Der Disdar besaß die Unverschämtheit, die angebotene Seide zurückzuweisen und den Wunsch nach einer von etwas anderer Farbe zu äußern, von der er entgegenkommender Weise gleich ein Muster beilegte.

Ein anderer Engländer, Dodwell, kannte den Disdar als einen unverläßlichen, gierigen, unersättlichen Mann und bat den englischen Konsul, mit dem Türken einen Handel abzuschließen, der Dodwell gegen die Zahlung von fünfzig Schillingen Zugang zur Zitadelle verschaffen sollte, sooft er wollte; die Zahlung sollte nach Abschluß seiner Arbeit fällig sein. Doch schon bald wurde der Türke ungeduldig und bat um eine Teilzahlung der vereinbarten Summe. Als Dodwell dies ablehnte, verbot ihm der Disdar, die Festung weiter zu betreten. Ungeachtet einiger frechen Reden der Soldaten konnte sich Dodwell jedoch den Einlaß erzwingen und gewann rasch den guten Willen der Mannschaften, indem er deren Kindern kleine Geschenke zusteckte. Sie waren bald so an ihn gewöhnt, daß sie ihn auf der Festungsmauer wie einen Freund erwarteten, um ihn als den ›Fremden mit den vielen Paras‹ zu begrüßen. Damals entsprach der türkische Silberpiaster mit vierzig Paras etwa dem Wert von dreieinhalb englischen Schillingen; um 1825 jedoch war er auf nur etwas weniger als einen halben Schilling gesunken. Mittlerweile wartete der Disdar immer ungeduldiger auf das versprochene ›Geschenk‹, und häufig ließ sich Dodwell sein Abendessen auf die Akropolis schicken, um Zeit zu sparen. Dabei trank dann der Disdar meist den größten Teil des Weines, nicht ohne zu bemerken, daß er für gelehrte Leute und Künstler viel zu gut wäre. Ein köstlicher Zufall erlöste den Engländer schließlich von all diesen Zudringlichkeiten. Als er eines Tages mit Hilfe seiner Camera obscura zeichnete, wurde er vom Disdar gefragt, ob die ›Maschine‹ einer neuen Art von Beschwörung diene. Dodwell versuchte, dem Türken ihre Arbeitsweise zu erklären, indem er ihn einen Blick ins Innere werfen ließ. Sobald der Disdar den Tempel auf dem Papier gespiegelt sah, nahm er an, daß Dodwell den Effekt durch Zauberei verursacht habe. Als er

noch einmal in die Camera blickte, kamen just in dem
Moment einige seiner Soldaten vorüber. Dem verblüfften Türken schienen sie direkt über das Papier zu wan-
dern – und nun überwältigte ihn der Zorn. Er hieß Dodwell ein Schwein und einen Teufel und brüllte, er könne
von ihm aus den ganzen Tempel mit fortnehmen, aber er
solle sich nicht noch einmal erlauben, die Soldaten in
seine Schachtel zu zaubern. Nachdem Dodwell klar geworden war, daß er dieser Ignoranz mit Gründen der
Vernunft nicht beikommen könnte, änderte er seinen
Ton völlig und bemerkte, wenn der Disdar seine Beleidigungen und Belästigungen nicht augenblicklich ein-
stelle, würde er sich wohl einmal selbst plötzlich im Ka-
sten befinden – und dann möge er zusehen, wie er wieder
herauskomme! Der Disdar erschrak sichtlich und machte
Dodwell keine weiteren Schwierigkeiten mehr.

Elgins Künstler, sein Kaplan Philip Hunt und sogar
seine Schwiegereltern fanden sich trotz reichlicher Bestechungsgelder eigenmächtigen Beschränkungen und
willkürlichen Beleidigungen ausgesetzt. Hunt berichtete
Elgin bei seiner Rückkehr nach Konstantinopel von diesen verdrießlichen Schikanen und betonte dabei den Wert
der Forschungsarbeit, die allen Widerwärtigkeiten zum
Trotz von Elgins Mission geleistet würde. Wenn man,
so sagte er, die Augen einmal an den hervorragenden Beispielen der athenischen Baukunst geschult habe, müßte
jede Abweichung von ihr, ja müßten selbst die Bauten
Roms Ekel hervorrufen.

Auch Lusieri war, obwohl am Tiber geboren, ein en-
thusiastischer Bewunderer der dorischen Baukunst Griechenlands geworden und verachtete die nachahmenden
Schöpfungen Roms. So entschloß sich Elgin, um ein amt-
liches Schreiben der Hohen Pforte, einen sogenannten
›Ferman‹, der seinen Leuten die uneingeschränkte Durchführung ihrer Aufgaben ermöglichen sollte, zu bitten.

Die Zeit dazu war günstig, denn der Sultan war wegen der Invasion in Ägypten voller Rachegelüste gegen die Franzosen, und der Erfolg der englischen Armeen, die einen weiteren Vormarsch Frankreichs verhinderten, ermunterte ihn, Elgin jeden Wunsch zu gewähren. So war das Schreiben vom 6. Juli 1801 völlig zufriedenstellend: Es gab den Künstlern die Erlaubnis, die Akropolis zum Malen, Messen und zum Abnehmen von Gipsabgüssen zu betreten, zu diesem Zweck Gerüste aufzuschlagen, die alten Fundamente auszugraben und nach Inschrifen zu suchen. Und es enthielt eine Verfügung, die sich noch als äußerst wichtig erweisen sollte: Der Mission seien keine Hindernisse in den Weg zu legen, wenn sie Inschriftentafeln oder Skulpturen fortzuschaffen wünschen sollte.

Jetzt kam der schwierigere Teil des Unternehmens: die Einhaltung des Dekrets zu sichern. Choiseul-Gouffier hatte damit wenig Erfolg gehabt – Elgin wollte sich durchsetzen. Kaplan Hunt war vorübergehend in den Status eines Diplomaten erhoben worden und wollte sich gerade einschiffen, um die Paschas der westlichen Türkei aufzusuchen; deshalb wurde er bestimmt, den Ferman in Athen zu überreichen. Er traf, von einem Abgesandten des Sultans und einem eindrucksvollen Gefolge begleitet, in Athen ein, um dem Gouverneur einen offiziellen Besuch abzustatten. Der Gouverneur oder Woiwode war der Vorgesetzte des Disdar wie auch des Kadi, dessen Funktion etwa der eines Friedensrichters gleichkam. Der Gouverneur war darüber hinaus der Chef der Polizei und der Oberste Zolleinnehmer, eine Pfründe, die er für rund 7500 Pfund der Hohen Pforte abgekauft hatte, und aus der er soviel Gewinn wie möglich zu ziehen trachtete. Gerade um diese Zeit starb der alte Disdar, doch da er und sein Sohn gleich habgierig waren, brauchen wir zwischen beiden in der Folge nicht weiter unterscheiden.

Hunt verlangte in einem sehr entschiedenen Ton, daß die Klauseln des Dokuments streng eingehalten werden müßten. Der Gouverneur, der wußte, welchen Rang Elgin in Konstantinopel einnahm, wurde sehr unterwürfig und drückte seine Beschämung darüber aus, daß der Disdar Engländer respektlos behandelt und gar noch Geld oder Geschenke von ihnen verlangt habe! Hunt gelang es auch, mit Entschlossenheit durchzusetzen, daß der Sohn des Disdar, der Hauptschuldige an der ganzen Misere, vor den Gouverneur zitiert wurde, um ihn als den einzig und allein Schuldigen darzustellen. Als der Missetäter endlich barfuß und zitternd den Raum betrat, machte er einen Versuch, die Vorwürfe abzustreiten; aber nachdem Hunt seine Anschuldigungen erneuert hatte, belegte der Gouverneur den Armen mit Exil. Jetzt jedoch verwandte sich Hunt zu Gunsten des Disdar und nahm ihm das Versprechen künftigen Wohlverhaltens ab, woraufhin er begnadigt wurde. Dabei ließ man durchblicken, daß er bei einer Wiederholung der Klage einen schönen Arbeitsplatz auf einer Galeere des Sultans finden könne. Die Gerichtssitzung endete mit wiederholten Zusicherungen, daß fortan die Festung vom Aufgang der Sonne bis zu ihrem Untergang allen Engländern offenstehen würde, sei es nun zum Zeichnen, Vermessen oder Abformen, und daß die Mission Elgins fortschaffen dürfe, was immer ihr beliebe, solange es sich nicht um Bestandteile der Befestigungen oder der Bewaffnung der Zitadelle handele.

Hunt ließ es nicht nur mit diesen Beteuerungen bewenden, sondern suchte ihnen mit einer sorgsamen Auswahl angemessener Geschenke den gehörigen Nachdruck zu verleihen. Die Türken sahen sich in der Zukunft überhäuft von Fernrohren, Uhren, Kristallkaraffen, Leuchtern, mit Pferden, Pistolen, Wedgwood-Steingut, Mänteln und Nargilehs. Doch selbst unter diesen günstigen

Voraussetzungen arbeitete man in größter Hast, stets in der Befürchtung, die Türken könnten abermals ihren Sinn ändern. So wurden denn raschestens alle verfügbaren Maurer und Träger zusammengetrommelt, um die Akropolis von oben bis unten nach Antiken zu durchforschen.

An dieser Stelle müssen wir nun unterscheiden zwischen den Skulpturen, die sich noch in situ, also an ihrem ursprünglichen Aufstellungsort befanden, und den vielen, die herabgestürzt waren und oft tief im Erdboden begraben lagen! Der Ehrgeiz von Hunt und Lusieri ging über den Erwerb dieser letztgenannten bald hinaus: Es gelüstete sie nach den besser erhaltenen Stücken, die sich, obwohl oft auch schwer beschädigt, noch an den Wänden befanden und die Begehrlichkeit besonders hervorriefen. Hunt, wohl versehen mit englischem Gold und englischen Waren, veranlaßte den Gouverneur, ihn auch zur Abnahme der besser erhaltenen Metopen, die den Parthenon noch schmückten, zu ermächtigen. Am 31. Juli 1801 begann der Zimmermann eines Schiffes, das gerade im Hafen lag, mit fünf Matrosen und zwanzig Griechen die Wände des Bauwerks förmlich kahlzufegen. Unter Zuhilfenahme von Winden und Schiffstauen lösten sie die schönste Metope und brachten sie ohne den geringsten Zwischenfall zu Boden. Am nächsten Tag holten sie eine weitere Metope. Als Hunt das herrliche Marmorwerk an dem levantinischen Seil in der Luft baumeln sah, überfiel ihn ein Zittern und Herzklopfen, das sich erst legte, als es sicher am Boden aufgesetzt war.

Von nun an gab es kein Halten mehr. Auch alle anderen noch in situ befindlichen Skulpturen wurden als legitime Beute betrachtet. Hunt machte dem Gouverneur, bevor er Athen verließ, noch einmal klar, daß England bereitwillige Zusammenarbeit im Geist der Anordnungen der Hohen Pforte erwarte und zwar sowohl in Bezug

auf die uneingeschränkten Arbeitsmöglichkeiten der
Künstler wie auch beim Abnehmen und Entfernen eines
jeden Stückes, das für Elgin von Interesse sein könnte.
Jener ›himmelschreiende Exzeß‹, den drei englische Reisende – der Tutor Clarke mit seinem Zögling Cripps und
Dodwell – mit einem Gefühl unbeschreiblicher Scham
beobachteten, geschah allerdings erst nach Hunts Ab-
reise.

Um zu verstehen, was dabei geschah, ist es nötig, sich
kurz mit der Konstruktion des Parthenon zu befassen.
Nachdem man in der Antike die äußere Reihe der kannelierten Säulen aufgerichtet hatte, wurde der marmorne
Architrav über sie gelegt. Auf ihm wurde dann ein deko-
ratives, über einen Meter hohes friesartiges Mauerband
errichtet, bei dem jeweils Triglyphen, Platten mit verti-
kalen Rillen, und die in Hochrelief skulptierten Metopen
abwechselten. Die Metopen waren mit den Triglyphen
so verzahnt, daß sie, als das abschließende Gesims auf sie
gelegt wurde, an ihrem Platz unverrückbar festgehalten
wurden. Durch die Erschütterungen der Morosini-Ex-
plosion war es verhältnismäßig einfach geworden, die
Metopen aus ihrer Verzahnung zu lösen und abzunehmen. Nur in der Südostecke wurde eine Reihe guterhalte-
ner Platten noch durch das lastende Gesims fest an ihrem
Platz gehalten.

Als Dodwell eines Tages die Akropolis skizzierte, kamen auch Clarke und Cripps in der Begleitung Lusieris,
der ihnen ein guter Freund geworden war. Einige griechische Arbeiter waren auf Anweisung Lusieris gerade
mit Vorarbeiten an Tauen und Winden für die Abnahme
dieser Südost-Metopen beschäftigt. Nachdem sie einige
Zeit damit verbracht hatten, die verschiedenen Bauteile
in der äußersten Ecke des Tempels zu untersuchen, informierte ein Arbeiter Lusieri, daß man jetzt eine der Metopen herunterholen würde. Sie wurde aus ihrer Ver-

I

DER ELGIN-SAAL DES
BRITISCHEN MUSEUMS IM JAHRE 1819
Ölgemälde von A. Archer
London, Britisches Museum

*1815 war es Lord Elgin nach wiederholten Versuchen
gelungen, seine Sammlung an den Staat zu verkaufen.
Der von einer Sonderkommission geschätzte Wert und
Kaufpreis von 35 000 Pfund deckte bei weitem nicht
die Selbstkosten, die Elgin einschließlich Zinsen mit
73 600 Pfund veranschlagt hatte. Zum Trost dafür
wurde er als Earl of Elgin zur erblichen Grafenwürde
erhoben. – 1816 wurden die Antiken in eine eigens dafür errichtete Galerie des Britischen Museums übergeführt, die 1817 dem Publikum ihre Pforten öffnete,
aber nur bis 1831 in dieser provisorischen Form Bestand
hatte. An den Wänden war in Augenhöhe der Fries des
Parthenon aufgestellt, darüber standen die Metopen;
im Vordergrund links der Ilissos vom Westgiebel und in
der Mitte der Herakles vom Ostgiebel, davor am Boden
der Kopf eines Pferdes vom Gespann der Selene, ebenfalls vom Ostgiebel des Parthenon. Die beiden sitzenden
Herren links sind der Maler Sir Benjamin West (links)
und der Bibliotheksdirektor Sir Joseph Planta, rechts
vorne der Künstler selber.*

ankerung zwischen den Triglyphen gehoben, aber als
sich einer der Werkleute abmühte, ihr die richtige Stellung zum Abseilen zu geben, wurde durch die Maschinerie ein Teil des einfassenden Mauerwerks gelockert und
ein edles Stück pentelischen Marmors stürzte herunter
und schlug unter ohrenbetäubendem Krach und in tausend Stücke zerberstend in den Ruinen auf. Selbst der
Disdar, der gekommen war, das Werk zu begutachten,
konnte bei diesem Anblick seine Erschütterung nicht
verbergen; er nahm die Pfeife aus dem Mund, drückte
ein paar Tränen aus seinen Augen, und stieß das Wort
›Telos – Schluß!‹ hervor, dessen entschiedener Tonfall
eindeutig genug zum Ausdruck brachte, daß ihn nichts
mehr dazu bringen würde, einer weiteren Zerstörung des
Bauwerks zuzustimmen.

Nach einer späteren Version Lusieris allerdings drück-
ten die betrübten Worte des Disdar über dieses Unglück
nur seinen Kummer darüber aus, daß dies die letzte Metope war, die man abzunehmen beabsichtigt hatte, und
damit auch die letzte, für die er seine übliche Zahlung erhielt. Doch war es keineswegs die letzte gewesen, und
auch die Entschlossenheit des Disdar wurde rasch wan-
kend angesichts der Geschenke, mit denen Lusieri dank
Elgins Großzügigkeit seine Habgier zu reizen vermochte. Das Ergebnis jedenfalls war, daß fast das ganze Gesims der Südseite wie auch die Südostecke des Giebels
heruntergerissen und völlig am Boden zerschmettert
wurden.

Weitere Schäden entstanden, als Lusieri begann, einige
Platten vom Fries der Cella abzunehmen. Die dafür angeworbenen Arbeiter mühten sich lange und mit wenig
Erfolg ab, die Platten mit Hilfe von Brecheisen aus den
festgefügten Wänden zu lockern. Jedesmal, wenn eine
Platte glücklich heruntergehievt werden konnte, er-
dröhnte der Boden beim Aufsetzen und es schien, als

Als James Stuart 1751 bis 1753 zusammen mit Nicholas Revett in Athen weilte und für ein großes Tafelwerk die antiken Stätten studierte, aufmaß und zeichnete, zierte diese Karyatide *noch die Korenhalle des Erechtheions. Im Überschwang der Sammlerleidenschaft wollte Reverend Philip Hunt 1801 für Lord Elgin gleich die ganze Halle abbauen und nach England verbringen; sein Mitarbeiter Don Giovanni Battista Lusieri begnügte sich dann aber damit, die am besten erhaltene Kore, die zweite von links, mitzunehmen. Sie steht heute im Britischen Museum in London. Ihre Stelle vertritt heute eine Replik, nachdem lange Zeit eine häßliche Stützmauer die Stelle der Entführung gekennzeichnet hatte (siehe Abbildung 10). Nur das künstlerische Gewissen Karl Hallers von Hallerstein verhinderte, dem Ansinnen seines Auftraggebers, Kronprinz Ludwig von Bayern, nachzukommen, weitere Koren für die künftige Glyptothek in München zu entfernen.*

stöhne jedesmal der Geist des Tempels voller Ingrimm über diesen Frevel auf.

Die berühmtesten Skulpturen, die schon früh fortgeschafft wurden, waren die Giebelfiguren des Parthenon. Voller Verachtung für die vermeintlich römischen Statuen der Westfassade zogen Hunt und Lusieri die anderen noch an ihrem Standort befindlichen vor und holten so vom Ostgiebel alle noch vorhandenen Figuren sowie den Kopf vom Pferd der Mondgöttin herunter.

Dann wandten sie sich dem Erechtheion zu. Hunt schlug vor, gleich die ganze Korenhalle mitzunehmen, ein Plan, der Elgins begeisterte Unterstützung fand. Napoleon, bemerkte er, habe nichts Vergleichbares unter seiner Beute aus Italien. Praktische Erwägungen verhinderten schließlich dieses ehrgeizige Unterfangen ebenso wie Hunts gleichgerichtete Absichten auf das Lysikrates-Denkmal in Athen und das Löwentor von Mykene. Lusieri begnügte sich zu guter Letzt damit, die Kore, die am besten erhalten war, abzunehmen und an ihrer Stelle einen Pfeiler aus Ziegeln hochzumauern. Darüber hinaus wurden ein Kapitell der südlichen Tempel-Ante und ein Kapitell von den jonischen Säulen der Nordhalle fortgeschafft. Denn Elgin wollte in systematischer Erfüllung seines Planes, den Geschmack seines Heimatlandes zu verbessern, von jeder Art der Bauplastik einen möglichst vollständigen Satz aller Typen zusammentragen: ein Muster von jedem Sims, von jedem Fries, von jeder Deckenverzierung sowie natürlich Beispiele von Kapitellen und Säulen der verschiedenen architektonischen Ordnungen – dorisch, jonisch und korinthisch – und in ihren verschiedenartigen Gestaltungen: angesichts der unendlichen Vielfalt griechischer Baukunst und Ornamentik eine schier erdrückende Aufgabe, die Lusieri auch nur sehr mangelhaft bewältigen konnte.

Wen soll man nun für die Entfernung der Skulpturen, die noch in situ vorgefunden wurden, verantwortlich machen? Die Initiative dazu ging zweifelsohne von Hunt aus; er war der treibende Geist bei den ersten Beutezügen, und Lusieri sekundierte ihm anfangs nur, bevor er die Arbeiten selbständig übernahm. Doch stehen alle diese Bemühungen in Einklang mit den von Elgin geäußerten Wünschen, und obwohl anfänglich nur die Absicht bestanden hatte, zu zeichnen, zu messen und von den Skulpturen Abgüsse zu nehmen, hieß Elgin doch die Ausweitung der Maßnahmen durch seine Vertreter gut, ja er trieb sie zu deren weiterer Verfolgung beim Parthenon und auch anderswo geradezu an.

Und wen soll man für die Schäden, die im Verlauf der Bergungsarbeiten entstanden, verantwortlich machen?

Clarke hat versucht, Elgin, gegen den er eine starke Abneigung hegte, die Schuld daran allein zuzuschreiben und seinen Freund Lusieri zu entlasten, da der Künstler nichts anderes getan habe, als die ihm erteilten Befehle – noch dazu nur mit deutlichem Widerstreben – auszuführen. Aber Lusieri zeigte sich durch keinerlei Vorwürfe, die ihm der Disdar wie auch durchreisende Engländer machten, beunruhigt und setzte sein Zerstörungswerk ohne sichtbaren inneren Widerstand fort. Dodwell nahm an, daß die Arbeiten nie zu dem unverzeihlichen Exzeß, den die Zerstörung des Gesimses darstellte, getrieben worden wären, wenn Elgin damals selber hätte zugegen sein können; die Durchführung der ganzen Angelegenheit, befand er, habe in den Händen profitgieriger und egoistischer Leute gelegen und sei mit all der gewissenlosen Unbedenklichkeit durchgeführt worden, die man von angeheuerten Untergebenen und Agenten erwarten müsse. Elgin habe erst neun Monate nach der Entfernung der ersten Figuren, nämlich im Frühjahr 1802, Griechenland besucht und sich vor diesem Zeitpunkt von dem angerichteten Schaden keinerlei Bild machen können.

Spätere Rechtfertigungsversuche weisen auch darauf hin, daß die Franzosen sicher genauso vorgegangen wären, wenn die Engländer damals nicht gehandelt hätten. Richtig ist daran, daß Fauvel versucht hatte, Stücke zu erlangen, aber seine Anstrengungen waren weitgehend ohne Ergebnis geblieben. Wahr ist auch, daß der Disdar Hunt erzählte, Fauvel habe für die Erlaubnis, eine Metope abnehmen zu dürfen, fünfzig Pfund bezahlt, als man sie jedoch abseilen wollte, sei das Seil gerissen, so daß sie zu Boden fiel und in tausend Stücke zerbrach. Hunt glaubte dem gerissenen Lügenmärchen, das ihn nur dazu bringen sollte, seine Bestechungsgelder zu erhöhen. Sicher fürchtete man die französische Konkurrenz, solange

anzunehmen war, daß Napoleon nach der Schlappe in
Ägypten versuchen würde, sich den Weg nach Osten via
Griechenland zu ertrotzen. Aber im Jahre 1801 waren die
Franzosen, wie wir schon hörten, bei der Hohen Pforte
in Ungnade, und Elgins Furcht vor ihrer Rivalität erwachte erst später, als sie mit dem Sultan wieder Frieden
geschlossen hatten. Da erst konnte die Furcht vor einer
französischen Konkurrenz zum Vorwand dienen, um
Lusieri dazu zu bringen, alle nur irgendwie brauchbaren
Antiquitäten zu erwerben und zu verschiffen. Lusieris
Behauptung, Elgin habe sich zur Abnahme der Skulpturen vom Bau erst zu dem Zeitpunkt entschlossen, als er
gehört hatte, daß die Franzosen wegen der Entfernung
von Antiken aus der Akropolis mit der Pforte unterhan-
delten, ist unglaubwürdig.

Eine bessere Rechtfertigung liefert da immer noch die
Tatsache, daß unter der türkischen Besatzung, deren
Ende damals noch keineswegs abzusehen war, die wertvollen Skulpturen der großen Gefahr mutwilliger Beschädigung und Zerstörung ausgesetzt waren und daß
die Türken immer wieder Stücke abbrachen, so oft sie
nur konnten, und zwar nicht nur aus Fanatismus, sondern auch in der Hoffnung, die Fragmente teuer an die
›Franken‹ verkaufen zu können. Obwohl zur Zeit von
Elgins diplomatischer Mission der Strom antikensüchti-
ger Reisender gerade erst einsetzte, waren doch schon
genug solcher Beschädigungen bekannt geworden, um
diese Behauptung zu stützen. Und wenn die Türken gar
ihre während des Freiheitskrieges ausgestoßenen Drohungen, die Bauten der Akropolis dem Erdboden gleich-
zumachen, verwirklicht hätten, würde man Elgin wohl
geradezu als den Retter der Skulpturen von der Akropolis gefeiert haben!

Was aber die bereits heruntergefallenen und auf dem
Boden liegenden Antiken angeht, so kann kein Zweifel

herrschen, daß sich die Mission Elgins mit deren Rettung
ein Verdienst erworben hat. Viele dieser Fragmente hätten mit Sicherheit auch weiterhin die Kalköfen der Türken gespeist oder wären von Besuchern aufgelesen und
über ganz Europa verstreut worden, um in irgendwelchen Museen zu enden, nachdem die Besitzer das Interesse an ihnen verloren hatten. So manche Skulptur im
Britischen Museum zu London verdankt ihr Überleben
einem bloßen Zufall, wie ein noch 1720 in Griechenland
bezeugtes Grabmal, das dann verschwand und erst rund
150 Jahre später unter einem Haus in der New Bond
Street in London wiederentdeckt wurde.

Eine Ecke der Akropolis versprach besonders reiche
Ernte: der Platz vor dem Westgiebel des Parthenon, wo
durch die von Morosini ausgelöste Explosion die Giebelskulpturen herunterstürzten. Als man dort die Hütte
eines Türken kaufte und abriß, fand man unter ihr eine
Reihe von Fragmenten, wie den Torso der Iris, dessen
wie durchscheinend gearbeitete Gewandfalten wunder-
barerweise der gewaltsamen Behandlung widerstanden
hatten. Man unternahm dann große Anstrengungen, um
eine weitere Hütte zu erwerben, die in der Nähe der ersten stand, aber der Besitzer machte jede nur denkbare
Schwierigkeit, um den Preis hochzutreiben. Als sein
Haus dann schließlich abgebrochen war, fand man weder
unter dem Baumaterial noch im Fundament auch nur ein
einziges Stück. Da gestand der Schelm unter dem Gelächter seiner Nachbarn, daß er alle Reste, die er nur habe
finden können, zu Kalk gebrannt hätte, um den Mörtel
für sein einstiges Haus zu gewinnen …

Die Türken versagten Elgins Mission nichts; ja sie
gingen so weit und erlaubten es sogar, Marmorskulpturen, die in die Befestigungen der Akropolis verbaut worden waren, herauszubrechen: Vier schwer beschädigte
Tafeln vom Fries des zerstörten Tempels der Athene

Nike wurden aus der Bastion herausgelöst, die einmal aus seinen Marmorblöcken errichtet worden war, und aus der Mauer der Zitadelle wurde das Mittelstück von der Ostseite des Parthenonfrieses entnommen. Leider war es für den Transport reichlich schwer, und so entschied Lusieri, einen Teil der Rückseite abzusägen. Das war ein Fehler, da man nicht über ausreichend feine Sägen verfügte: es brach auf dem Transport von der Akropolis herunter in der Mitte entzwei, glücklicherweise freilich an einer unbearbeiteten Stelle. – Zeitweise reichten eine Lafette und ein dreißig Mann starker Trupp kaum aus, um alle Funde fortzuschaffen. Zuerst wurden sie in das Haus des englischen Konsuls gebracht, wo Elgins Kalmücke sie zeichnete; dann wurden sie verpackt und zum Piräus gezogen, um eingeschifft zu werden.

Zu Beginn der Unternehmung scheint sich niemand über die Rechtmäßigkeit, diese Antiken aus Griechenland zu verschleppen, Gedanken gemacht zu haben. Man darf dabei nicht übersehen, daß Kunstraub dieser Art selbstverständlich geworden ist, seit Napoleon seine kulturelle Beute nach Paris, dem neuen Rom, entführt hatte – warum sollte London nicht Neu-Athen werden? Doch bald schon regten sich Zweifel, als die englischen Reisenden diese Praxis verurteilten und gar Lord Byron seine Anklage erhob. Hunt begriff schnell, daß es genügend Neider gab, die sich bemühen würden, alles, was Elgins Mission getan hatte, als Vergewaltigung der edlen griechischen Kunst hinzustellen, und als er später vor dem Parlamentsausschuß, der den Fall der ›Elgin Marbles‹ untersuchen sollte, aussagen mußte, gab er an, nur für das Abnehmen einer einzigen Metope verantwortlich zu sein, und bürdete damit ungerechterweise Lord Elgin die Schuld am Abnehmen der anderen auf. Lusieri seinerseits erklärte, daß wohl angesichts seiner Absicht, sich in Athen dem Malen zu widmen und dabei das Beste seines ganzen Lebenswerkes geschaffen zu haben, ein paar Barbareien, die er im Dienste seines Auftraggebers habe durchführen lassen müssen, wohl der Vergessenheit anheimfallen könnten.

Was dachten nun die Griechen bei der Entführung ihrer Kunstwerke? Hunt bekundete später, es habe unter den Kreisen Athens keinerlei Groll oder Empfindlichkeit gegeben; die einfachen Leute wären stets gern bereit gewesen, als Arbeiter bei der Abnahme der Skulpturen zu helfen. Elgins Sekretär Hamilton teilte diese Ansicht und fügte hinzu, die Athener hätten in der Tätigkeit der Forscher ein Mittel gesehen, Fremde ins Land zu ziehen und zum Geldausgeben zu veranlassen. Doch scheinen weder Türken noch Griechen in Wirklichkeit ganz so gleichgültig gewesen zu sein. Lusieri berichtete Clarke, daß die Türken die Entfernung der Parthenonskulpturen nicht sehr gerne sähen, da ihnen der Tempel so lange als Moschee gedient habe. Es gab auch Unwillen, als Hunt um die Kore des Erechtheions bat, denn die Athener liebten die Halle sehr, und Lusieri zweifelte, ob er ohne einen Ferman ihre Entführung wagen könnte. Dodwell zufolge jammerten die Athener über die voranschreitende Zerstörung und gaben dem türkischen Gouverneur in aller Öffentlichkeit die Schuld, weil er die Genehmigung dazu erteilt habe.

Auch der Aberglaube spielte eine wichtige Rolle. Im Volk war eine seltsame Vorstellung von den antiken Statuen verbreitet: Es glaubte, es handele sich um richtige Körper, die verstümmelt und in ihren gegenwärtigen versteinerten Zustand durch einen Zauber verwandelt worden seien, der solange seine Wirkung nicht verlieren würde, wie die Türken die Herren Griechenlands blieben: aber sobald das Land seine Unabhängigkeit erlange, würde auch in die Statuen wieder das Leben zurückkehren. Der Geist, von dem sie angeblich besessen waren, hieß Arabim, und oft konnte man hören, wie er in ihnen stöhnte und seinen Zustand beklagte. Es wurde berichtet, daß einige Griechen, als sie eine für Lord Elgin bestimmte Kiste mit Skulpturen zum Piräus trugen und dabei fallen ließen, für einige Zeit nicht überredet werden konnten, sie wieder aufzunehmen: sie beteuerten, sie hätten gehört, wie der Arabim darin gestöhnt und nach seinen Geisterbrüdern gerufen habe, die noch in Knechtschaft auf der Akropolis schmachteten. Sie glaubten, daß sich der Zustand der verzauberten Marmorfiguren nach der Ankunft in einem nicht der türkischen Tyrannei unterworfenen Lande bessern würde.

Zur selben Zeit lief auch das entgegengesetzte Gerücht um, die Koren des Erechtheions hätten lange nächtliche Klagen um die von Lusieri entführte Schwester von sich gegeben, und als Lord Guildford die Ziegelstütze später durch eine Replik der Figur ersetzen ließ, behaupteten die Athener, dies sei die Originalfigur, die sich in England geweigert habe, aufrecht zu stehen und darum an ihren griechischen Geburtsort zurückgebracht werden mußte. Als eine Säule am Tempel des olympischen Zeus zerstört wurde, bejammerten angeblich nachts die anderen ihr Los, und diese Klagen hörten nicht eher auf, die Einwohner zu erschrecken, bis der für den Frevel verantwortliche Gouverneur nach seiner Berufung auf einen anderen Posten selber einem Gift erlag!

Die Leidenschaft der ›Milordi‹, wie man die grabenden Engländer nannte, für die Altertumsforschung, ihre rastlose Tätigkeit, ihre Grabungen, Vermessungen und ihr Zeichnen wurde im allgemeinen von den Griechen mit betonter Verachtung oder auch, etwas menschenfreundlicher, mit einer Art verächtlichen Mitleids betrachtet. Man hielt sie für eine Form von Geistesverwirrung oder wenigstens für die fieberhafte Wißbegier von Männern, die sich irgendwie beschäftigen mußten, weil sie sonst keinen regelrechten Geschäften nachgingen, die ihren ganzen Einsatz sonst erfordert hätten.

Diese neugierigen Fremden, die weder Kaufleue noch Ärzte waren und ihr Geld ausgaben, ohne etwas dafür zu bekommen – jedenfalls nichts von irgendeinem Wert! – waren den Griechen ebenso unverständlich wie den Türken. Als der Gouverneur von Korinth hörte, zwei Engländer suchten zwischen den Ruinen der Altstadt nach Tonscherben, sandte er nach ihnen und befragte sie hochnotpeinlich nach ihrer Herkunft. Sie antworteten: »English Gentlemen«. »Gentlemen?!«, herrschte er sie an, »sah man denn je einen Gentleman Scherben zerbrochener Töpfe aufklauben und zwischen einem Haufen Unrat herumtappen?« Da war so viel augenfällige Vernunft in seiner Bemerkung, und es schien so völlig unmöglich, einem Türken den eigentlichen Sinn ihrer Suche verständlich zu machen, daß die Engländer es für das Beste hielten, ihn bei seiner Überzeugung zu lassen, sich zu verneigen und sich wie Bettler, unwert seiner weiteren Beachtung, zurückzuziehen.

Mittlerweile jedoch wurde die Suche der Altertumsforscher eher toleriert, ja geradezu angestachelt, weil man sich stillschweigend darüber verständigt hatte, daß die ›Milordi‹ alles doppelt zu bezahlen pflegten. Den Einwohnern abgelegener Orte schien das nur gerecht, da sie annahmen, daß die Engländer häufig Schätze mit Münzen fanden, die sich in Fliegen verwandelten, nach Westen schwirrten und dort in ihre alte metallische Form zurückkehrten. In den Städten dagegen glaubte man, daß die Engländer, wenn sie eine Antike erwarben, sie in ihrem eigenen Land zu einem Preis verkaufen könnten, der alle Ausgaben der Reise in die Levante deckte – eine pfiffige Rechnung also. Und manche nahmen sogar an, die Engländer reisten deshalb soviel, weil das Leben in ihrem eigenen Land gar zu teuer sei ...

DER ENGLISCH-FRANZÖSISCHE
ANTIKENKRIEG 1803-1812

Wie tief sind die Mächtigen gefallen, wenn sich zwei Maler ge-
genseitig das Recht, den Parthenon zu plündern, streitig machen
und abwechselnd, je nach dem Wortlaut des letzten Ferman der
Hohen Pforte, triumphieren! (Lord Byron)

Im Antikenkrieg eröffnete die englische Partei die
Feindseligkeiten: Während Fauvels Abwesenheit von
Athen in den Jahren 1799 bis 1803 erlangte sie von den
Türken die Genehmigung, sich seiner Werkzeuge und
Maschinen, seiner Winden und Flaschenzüge und seines
Karrens – des einzigen Karrens, den es in Athen gab und
den er von Toulon hatte herbeischaffen lassen! – zu be-
dienen. Schlimmer noch, sie versuchten, die dreiund-
zwanzig Kisten mit den von ihm zusammengetragenen
Antiken, die er bei seiner Verhaftung unter dem Schutz
des französischen Kapuzinerklosters zurücklassen mußte, an sich zu bringen. Lusieri wohnte ja gleichfalls in
dem Kloster, und so müssen die Schätze des Nebenbuhlers eine ständige Versuchung für ihn dargestellt haben.
Doch diese Bemühungen schlugen fehl.

Die Franzosen konnten einstweils in Erwiderung der
Feindseligkeiten nur Guerillatechniken anwenden: Sie
versuchten, die Loyalität der Künstler in Elgins Equipe
zu untergraben. Lusieris Verdacht wurde jedoch rasch
geweckt, und er überwachte seine Untergebenen streng,
um zu verhindern, daß sie Zeichnungen und Maßangaben ins feindliche Lager schmuggelten. Es muß eine ver-
zweifelte und nutzlose Aufgabe gewesen sein, und er beklagte sich, daß die Künstler keinen Anstand, keine Bil-
dung und keine Religion besäßen, statt dessen aber eine
viel zu hohe Meinung von sich selbst; besonders der Kal-

mücke wäre ein unverbesserlicher Faulenzer, stets dem Trunk ergeben und unzuverlässig.

All dies blieben bloße Scharmützel, bis im Februar 1803 Lord Elgin sein Amt als Botschafter an der Hohen Pforte niederlegte und über Athen heimsegelte, wobei er alle seine Künstler mitnahm, mit Ausnahme von Lusieri, der zurückblieb, um die Aufgaben der Mission abzuschließen. Elgin wurde bei seiner Reise über Land von Napoleon gefangengenommen und seine Möglichkeiten, auf den Gang der Dinge Einfluß zu nehmen, wurden gering. Inzwischen war Fauvel als französischer Vizekonsul nach Athen zurückgekehrt, und jetzt konnte der Antikenkrieg in vollem Umfang einsetzen, denn in Konstantinopel begannen sich die Gewichte des Einflusses wieder – wie immer, wenn man lange genug abwartete – zu verschieben, und die Franzosen wurden erneut in Gnaden aufgenommen. Fauvel begann mit einer heftigen Beschwerde gegen Lusieris Aktivitäten, die aber auf dem Weg nach Konstantinopel aufgehalten wurde, und erst 1804 war es ihm möglich, dem Disdar mitzuteilen, er habe von seinem Botschafter den Auftrag erhalten, eine Liste über alles anzulegen, was Elgin von der Akropolis nach London habe bringen lassen oder zu bringen beabsichtigt habe. Der Türke war so erschrocken, daß er Lusieri erst einmal verbot, noch irgendetwas zu entfernen. Der französische Botschafter in Stambul, der fühlte, daß es taktvoller wäre, nach seinen Beschwerden über Elgins Vorgehen eine Weile zu warten, beabsichtigte, einige Ausgrabungen auf eigene Rechnung unter Aufsicht Fauvels zu unternehmen, aber das Zögern erwies sich als verhängnisvoll, und der Plan verlief im Sande.

Lusieri hatte sich mittlerweile unter den Besuchern Athens Feinde gemacht: Dodwell, der ihm die Schäden am Parthenon nicht vergeben konnte, Gell und Sir Charles Monck. Nach Aussage Lusieris versuchten die beiden

letztgenannten, ohne einen Ferman und ohne die Erlaubnis des Gouverneurs oder auch nur des Grundbesitzers,
Grabungen vorzunehmen; sie wären auch nicht zu irgendwelchen Zahlungen bereitgewesen. Dem setzte der
Gouverneur ein Ende, wobei er ihnen mitteilte, er würde
niemandem außer Lusieri zu graben gestatten. Als 1805
ein neuer Gouverneur ernannt wurde, kamen diesem Anspielungen Gells zu Ohren, Lusieri würde von der Britischen Botschaft in Konstantinopel nicht mehr unterstützt. Nachdem er dann noch selbst beschuldigt worden
war, er habe sich bestechen lassen, Elgins Ausgrabungen,
von denen er gar nichts gewußt hatte, zu genehmigen,
belegte er in Athen und der umgebenden Landschaft alle
Freilegungen mit einem totalen Verbot.

Im darauffolgenden Jahr wandte sich Fauvel seiner
Aufgabe wieder zu und beschwor den französischen
Botschafter erfolglos, ihm einen Ferman zu verschaffen.
Doch erbot sich Pouqueville, der französische Konsul
am Hofe Ali Paschas von Joannina, ihm eine Ermäch-
tigung zu Grabungen in den Gebieten dieses Despoten
zu besorgen, aber die dafür benötigten Gelder aus Paris
trafen nicht ein.

Fauvels große Chance kam erst 1807, als Rußland,
unterstützt von England, der Türkei den Krieg erklärte.
Jetzt endlich konnte er es den Engländern in gleicher
Münze heimzahlen, indem er ihre Antiken, die auf die
Verschiffung warteten, beschlagnahmen ließ. Er ver-
sicherte sich der Hilfe seines Freundes Pouqueville; auch
Ali Pascha, in einer Phase antienglischer Haltung begrif-
fen, war zu seiner Unterstützung bereit. Gerade als
Lusieri, – der für seine persönliche Sicherheit ebenso
fürchten mußte wie für die seiner Sammlungen – sich
anschickte, mit den am einfachsten zu transportierenden
Antiken Athen zu verlassen, begab sich der Emissär Ali
Paschas, von einem ortsansässigen Beamten begleitet,

zum Haus des Künstlers, um zu verkünden, daß alle dort zusammengetragenen Schätze auf Befehl seines Herrschers beschlagnahmt seien. Alles wurde versiegelt; Lusieri konnte nur noch flüchten, ohne einen einzigen Sou in der Tasche und überdies bei schlechter Gesundheit. Erst auf Malta, später auf Sizilien fand er eine Zuflucht.

Und dennoch gelang es Fauvel nicht, Lusieris Sammlungen in seinen Besitz zu bringen. Der ungestüme Pouqueville war allzu optimistisch, als er jubelnd behauptete, jetzt seien alle Pläne Elgins, den Rest der Antiken zu entführen, fehlgeschlagen: sie würden jetzt nach Paris geschickt werden, und wenn die englische Partei in Athen versuchen sollte, Protest zu erheben, so würde Ali Pascha sie schon verstummen lassen: Die englische Vorherrschaft in der Levante erstreckte sich nämlich auch auf die Beherrschung des Mittelmeers; alle Bewegungen zur See wurden von den Briten kontrolliert. Die Maultiertreiber des Paschas hatten es als unmöglich abgelehnt, die Marmorwerke, die so schwer handzuhaben waren, über die Gebirgspässe zur Westküste zu schaffen. Eine Ausnahme bildeten nur Lusieris Vasen. Ali sandte die schönsten von ihnen als Geschenk an Napoleon, aber sein Bote ließ sie im Stich, als er hörte, daß er den Kaiser in Wilna finden würde. Den Rest brachte der englische Konsul Leake an sich. Die Kisten mit den Marmorskulpturen blieben vorerst unbehelligt in Athen.

Der Antikenkrieg wurde nun zu Wasser und zu Lande geführt. Es war ja nicht damit getan, die Figuren, Fragmente und bemalten Vasen zu entdecken und auszugraben: Sie mußten auch verschifft werden. Zu den Eigentümlichkeiten der damaligen Kriegsführung im Mittelmeer gehörte es, daß Persönlichkeiten wie Elgin das Recht besaßen, für ihre Transporte Schiffe der

Kriegsmarine einzusetzen. Englische Kapitäne durften nach eigener Entscheidung selbst in Kriegszeiten jeder Person freie Passage gewähren: Anscheinend fielen die schweren Marmorskulpturen unter die gleiche Kategorie. Anfangs hatte Elgins Mission daher keine Transportschwierigkeiten, ja, sogar ausgesprochenes Glück, als das Schiff ›Braakel‹ unter dem Kommando des Bruders des Tutors Clarke im Piräus auf Grund lief. Hunt war gerade in Athen und konnte bei der Bergung des Schiffes wirksame Hilfe leisten, indem er den Gouverneur und einige hundert Athener für die Sache gewann. Der Gouverneur stellte das Horoskop des Schiffes, nach dessen Aspekten kein Zweifel an einer glückhaften Bergung bestand, wie er allen versicherte. Die Athener leichterten nun die ›Braakel‹, um sie vom Grund freizubekommen. Aus Dankbarkeit für Hunts Hilfsbereitschaft war Kapitän Clarke bereit, alles, was auf die Einschiffung wartete, an Bord zu nehmen. Bald waren vierundvierzig der schwersten Kisten im Schiff verstaut!

Fauvel dagegen war mit den vierundzwanzig Kisten, die er für Choiseul-Gouffier gesammelt hatte, weniger glücklich. Nachdem er mit seinem alten Mäzen wieder Verbindung aufgenommen hatte, übergab er 1803 die Sammlungen der Fregatte ›L'Arabe‹, die aber von den Engländern aufgebracht wurde und deren Altertümer als Kriegsbeute beschlagnahmt wurden.

Aber auch Lord Elgin begegnete auf See manches Mißgeschick. Sein eigenes Schiff, die ›Mentor‹, erlitt vor der Insel Cerigo Schiffbruch; in der Ladung befanden sich unter anderem Teile des Parthenonfrieses. Sie konnten nur unter größten Schwierigkeiten geborgen werden, und dann mußte sich Elgin der Hilfe Admiral Nelsons versichern, um sie nun unter Bedeckung nach Malta schaffen zu können. – Bei Lusieris Rückkehr nach Athen 1810 warteten noch immer vierzig Kisten mit

Antiken für Elgin im Piräus; die Türken weigerten sich,
sie ohne einen Ferman zur Verladung freizugeben, unter
dem Vorwand, Elgin habe nie die Erlaubnis gehabt, die
Skulpturen zu entfernen und könne jetzt kaum einen
Freibrief für ihre Ausfuhr erwarten. Elgin überlegte
eine Zeitlang, ob er einen bewaffneten Überfall wagen
und sie gewaltsam an sich bringen solle; verständige
Berater, unter ihnen nicht zuletzt Lusieri, behielten die
Oberhand, selbst als ein erster Einschiffungsversuch
vereitelt wurde: Er hatte ein hydriotisches Boot gechartert und es beladen, als ihn die Türken zum Entzücken
der Anti-Elgin-Partei zwangen, alles wieder von Bord
zu bringen. Doch inzwischen stieg an der Hohen Pforte
wieder einmal Englands Einfluß, und der neue Botschafter erwirkte das nötige Schreiben, so daß die meisten
Kisten, ungeachtet der wilden Proteste Fauvels, ver-
frachtet werden konnten. Fünf weitere wurden dann
1811, begleitet von Lusieri und Byron, nach Malta verschifft; und im gleichen Herbst nahm auch Kapitän
Percival noch einige mit aus Athen.

Nach dem Abtransport der Sammlungen endete dieser Antikenkrieg in Rückzugsgeplänkeln. Die beiden
Künstler, Lusieri und Fauvel, älter und weiser geworden,
ließen sich nieder, um ihr geliebtes Athen ohne weiteren
Zank zu genießen. Ein Engländer erzählte, daß er 1812
bei einem Spaziergang mit Lusieri, Fauvel traf, der
seinen eigenen Weg unterbrach und sich ihnen sofort
anschloß.

Die Verhandlungen um den Ankauf der ›Elgin-
Marbles‹ durch den englischen Staat kamen erst 1816
zum Abschluß. Sobald die erste Sendung ausgepackt
worden war, hatten sich sogleich heftige Kontroversen
um ihren künstlerischen Wert entzündet. Für die Kenner und Künstler, die an die Grazie und Eleganz der
Statuen, die sie in Rom gesehen, gezeichnet und erwor-

ben hatten, gewöhnt waren, kam der strenge Geist der griechischen Marmorskulpturen wie ein Schock. Einige, wie der Sammler und Liebhaber Richard Payne Knight, steckten den Kopf in den Sand und verurteilten die Giebelskulpturen als römische Pfuscharbeit und die Metopen und Friese als Werk von einfachen Steinmetzen, die aus dem Marmor rohe Dekorationen gemeißelt hätten, welche nur für die Betrachtung aus großer Entfernung gedacht gewesen wären. Doch kamen aus dem anderen Lager wichtige Gegenargumente, so von Visconti, dem Konservator der Altertümer des Louvre, von dem Bildhauer Canova und nicht zuletzt von Kronprinz Ludwig von Bayern, einem Sammler von Ruf. Schließlich wurden sie aufgrund der Empfehlung des mit ihnen befaßten Parlamentsausschusses für 35 000 Pfund erworben, eine Summe, die Elgins Aufwendungen – Geschenke, Transportkosten, Bergungsausgaben, Zinslast und so weiter – nicht einmal im entferntesten zu decken vermochte: Der Lord hatte sie mit 62 440 Pfund angesetzt.

Die während des Antikenkrieges den Sammlern auf-
erlegten Verbote bewahrten die Akropolis jedoch nicht
vor weiterem Verfall und Verlust.

Die Türken fuhren in alter Weise fort: Sie holten den
noch verbliebenen Teil des Gesimses über dem Haupt-
tor herunter, um daraus einen Sarg für die verblichene
Gemahlin eines türkischen Würdenträgers zu machen,
und auch das Erechtheion wurde weiter geplündert, um
die Befestigungen zu verstärken.

Die Besucher, die in Scharen auf die Zitadelle kamen,
nahmen ebenfalls weiterhin ihre Andenken mit. Der
junge Architekt Smirke suchte zwischen den Trümmern
herum, bis er von einem ornamentierten Sims ein Fragment fand. Unglücklicherweise war es Teil eines größeren Marmorstücks, wodurch es schwierig wurde, es
fortzuschaffen, ohne den Wachen am Eingang der Zitadelle aufzufallen. So besuchte er die Zitadelle eines Morgens gemeinsam mit einem Freund; sie trugen das
Fragment zu einer Festungsmauer und warfen es auf die
andere Seite hinüber. Als es dort aufprallte, rollte es
unglücklicherweise noch ein ganzes Stück weiter und
blieb erst neben der Straße, die sich zum Tor empor-
wand, liegen. Sie liefen hinterher, wickelten ihre Hals-
tücher darum und trugen es sicher zu ihrer Unterkunft.

Ein anderer englischer Architekt, H. W. Inwood,
folgte später ihrem Beispiel. Er hatte von dem Disdar
Erlaubnis erhalten, einige Fragmente abzulösen und
mitzunehmen, darunter ein Stück von einer Kassettendecke und eine Ecke von einem jonischen Kapitell des
abgetragenen Nike-Tempels. Bald danach entdeckte er

ein Bruchstück von einem korinthischen Kapitell, und
ließ es, da er bei einer neuerlichen Bitte eine Ablehnung
befürchtete, den Felsen an der Nordseite hinabrollen,
wo ein Helfer, der dort gewartet hatte, es in Empfang
nahm. Man braucht sich wohl nicht zu wundern, daß die
Antikenjäger hinterher feststellten, das Stück sei dabei
ziemlich ramponiert worden.

Auf ähnliche Weise erlangte noch ein weiterer Architekt, Cockerell, ein Stück vom Parthenonfries. Der
Disdar hatte ihn außerordentlich liebgewonnen, und als
Cockerell seinen Abschiedsbesuch bei ihm machte, kün-
dete der Türke ihm ein Geschenk an. Er kannte die
Leidenschaft seines jungen Freundes für Antiken und
lud ihn ein, zu einer bestimmten Nachtstunde mit einem
Karren am Fuß der Akropolis zu warten, damit er ihm
etwas überreichen könne, wobei er hinzufügte, daß das
am Tag leider nicht möglich wäre, da die Griechen An-
stoß nehmen könnten. Cockerell hielt die Verabredung
ein: Als er näherkam, hörte er über sich einen Ruf und
ohne jede weitere Warnung wurde ein Stück vom Fries
über die Mauer gehievt und hinuntergeworfen. Das
hatte der Beschenkte allerdings nicht geahnt, aber jetzt
war es für alle Reue zu spät; er lud das Fragment auf den
Karren, ließ es nach England verschiffen und machte es
später dem Britischen Museum in London zum Geschenk. Es handelt sich um die rechte Hälfte der letzten
Platte vom Südfries, deren anderer Teil im Britischen
Museum schon vorhanden war.

Eine zunehmende Zahl westlicher Schiffe lief den
Piräus an, und die Akropolis geriet in ernste Gefahr, da
außer den vielen Offizieren auch die einfachen Mannschaften der Handels- und Kriegsschiffe große Neigung
zeigten, ein Souvenir mitzunehmen. Obwohl noch Tausende von Fragmenten offen auf dem Boden herumlagen,
waren die Andenkenjäger offensichtlich erst dann zu-

frieden, wenn sie selbst ihren Beitrag zur weiteren Ver-
stümmelung leisten und frische Stücke abbrechen konnten. Die Korenhalle des Erechtheions war am stärksten
bedroht. Der Athener Klatsch schrieb einem englischen
Kadetten den Wortlaut folgenden Briefchens zu, das am
Piräus aufgelesen worden sein soll:

»Ich habe das Ohr, das ich einer der Steinfrauen auf
dem Hügel genommen habe, verloren; da es mir gar
nicht gefällt, daß Smith, der das andere hat, sich mit seiner Beute rühmt, während ich mit leeren Händen da-
stehe, bitte ich dich, wenn du morgen hingehst, mir die
Nase feinsäuberlich abzubrechen und mitzubringen, ehe
wir absegeln.«

Der Text mag eine Fälschung sein, aber der Reisende
Laurent bestätigt, daß er Zeuge eines solchen Vandalismus wurde. Als er eines Tages die Akropolis besuchte,
sah er dort einen Kadetten auf der Basis eine Kore stehen, den linken Arm um die Dame gelegt, während die
Rechte, mit einem scharfen, großen Stein bewaffnet,
sich mühte, der unschuldigen Statue die Nase abzu-
schlagen – es war die letzte Karyatide, die überhaupt
noch eine Nase besaß. Laurent bot vergeblich alle seine
Überredungskünste auf, um das Kunstwerk vor dem
Zugriff des milchbärtigen Barbaren zu retten.

Bald war es durchaus nicht mehr ungewöhnlich, eine
Gesellschaft von Offiziersburschen und Kammerzofen
mit Picknickkörben in den Ruinen herumklettern zu
sehen. Ein Augenzeuge erzählt, wie einer sein Picknick
aus kaltem Fleisch und warmem Porter ausbreitete,
während ein anderer galant seinem Mädchen einen Blei-
stift reichte, auf das Gesims der Korenhalle deutete und
bemerkte: »Da ist ein hübscher Platz für deinen Namen«.
»Oh, gut!« freute sie sich, »Ich hatte schon Angst, wir
würden keinen mehr finden!« Oft zeigten ein Dutzend
oder mehr Namen, von einem großen Schnörkel um-

rahmt, an, daß wieder einmal ein Schiff eingelaufen war.
Doch die Seeleute waren keineswegs die einzigen Übel-
täter. Selbst Lord Elgin und seine Gemahlin geruhten,
ihre Namen in halber Höhe auf die Säulen des Parthenon
einzukratzen: seiner war zwar rasch wieder unleserlich,
aber ihrer war noch nach Jahren zu entziffern. Auf einer
der Koren ließen sich die Worte ›OPUS PHEIDIAE‹ entziffern, aber auf dem Pfeiler, der die von Lusieri entführte Karyatide ersetzte, stand ›OPUS ELGIN‹.

Viele Schriftsteller verurteilten diese Namenskritzelei,
doch wie immer auch darüber gespottet wurde, sie hat
die berühmtesten Reisenden ebenso wie die unbedeu-
tendsten dazu verleitet, sich an möglichst sichtbarer
Stelle zu verewigen. Die große Zahl der auf diese Weise
Wetteifernden müsse, sagte man, den antiken Resten
gefährlich werden. Denn selbst wenn sie die Säulen,
indem sie sie ankratzten, nicht schwächen und ihren
Verfall beschleunigen würden, so verscheuchten sie
doch den Geist der Kontemplation von den alten
Stätten, um die Gedanken auf die Narrheiten der Neuzeit zu lenken. Man könne ebenso auf ein von Zement
bedecktes antikes Mauerwerk starren, wie auf eine na-
menbeschmierte dorische Säule; überdies gereichte den
meisten, die sich hier verewigten, ihr Name nicht einmal zur eigenen Ehre – um wieviel weniger könnte er
also zum Ruhm der ehrwürdigen Reste beitragen?

Man weiß von manchen Fragmenten des Parthenon,
die die Museen Europas zieren, nicht, wie sie dahin
gelangt sein mögen. Bei der Auktion von Vivant Denons
Antiken 1819 wurde ein weiblicher Fuß versteigert, der
seltsamerweise von einer Westmetope des Parthenon
stammte. Auch in den Museen von Karlsruhe, Padua,
Palermo und in den Vatikanischen Museen konnten
Stücke vom Parthenon identifiziert werden, und ein
anderes Fragment wurde 1902 in einem Garten in Essex

ausgegraben. Bei einigen konnte man die Antikenjäger nachweisen: So erwarb der Bayer Johann Martin von Wagner 1812 das Zentaurenhaupt, das sich heute in den Sammlungen der Universität Würzburg befindet. Die Befürchtung, daß viele Stücke verschollen sind oder unerkannt irgendwo schlummern, läßt sich nicht von der Hand weisen.

John Hobhouse, der Freund Byrons, schrieb 1812: »Ich sprach nicht von der Möglichkeit, daß man die Ruinen nach dem Gelingen einer griechischen Revolution in einen Zustand versetzen könnte, dem weiteren Verfall zu trotzen: das ist – wie mir klar wurde – ein Unterfangen, das niemandem, der Athen und die heutigen Athener kennt, in den Kopf käme!« Glücklicherweise sollte er darin irren.

ATHEN
UND ATTIKA

DIE STADT ATHEN

Dem Leser wird es aufgefallen sein, daß sich die Lebens-
läufe von Lusieri und Fauvel ähneln: Beide Künstler
wurden von einem Botschafter als eine Art Kultur-
Attachée nach Athen entsandt; beide sollten Antiken
sammeln, eine Aufgabe, für die sie keine Vorbildung
besaßen; beide wurden infolge der Konflikte zwischen
den Großmächten aus Athen vertrieben und sahen sich
gezwungen, ihre Erwerbungen zurückzulassen, und
beide versuchten ohne Erfolg, die Sammlung des anderen an sich zu bringen. Darüber hinaus spielten beide
begeistert den Cicerone für Besucher, meist Engländer,
die sie hier in ihrer Wahlheimat aufsuchten.

Viele Reisende erwähnten bei ihrer Rückkehr ›Don
Tita‹, wie Lusieri genannt wurde, oft mit einer Art
Rührung: Seine magere Gestalt, im Schatten eines
großen Regenschirmes vor einer Staffelei sitzend, auf
dem Kopf einen weißen, mit schwarzer Kokarde ge-
schmückten Dreispitz, war ein vertrauter Anblick. Und
obgleich sich auch Hamilton auf seinen langen Reisen
mit Elgin zu keinem anderen so freundschaftlich hingezogen fühlte wie zu Lusieri, warnte er doch einen späteren Besucher, Cockerell, daß Lusieri recht empfindlich
sein könne, und Cockerell selber stellte fest, daß sich der
Künstler tatsächlich gerne umwerben ließ.

Fauvel war leichter zugänglich. Er sah stets jünger aus,
als er wirklich war, ungeachtet der langen Zeit, die er in
dem aufreibenden levantinischen Klima zugebracht
hatte, und auch sein ätzender Witz verlor mit den Jahren
nicht an Schärfe, obwohl einige Besucher fanden, er
nähme von jeder Entdeckung in Anspruch, ihr Initiator

gewesen zu sein. Wenn er einem Besucher die Stadt zeigte, begleiteten ihn seine beiden Spaniels, die schon fast selber Führer abgeben konnten, denn sie blieben schon von selber an allen jenen Plätzen stehen, an denen ihr Herr gewöhnlich seine gelehrten Kommentare abzugeben pflegte. Ihnen folgte dann eine kleine Prozession. Den Anfang machten Janitscharen und neugierige Kinder: Sie hielten bei jeder Skulptur, jedem Gesimsteil oder Kapitell, welche inzwischen als Meilensteine, Türpfosten oder Pflastersteine dienten, an, blickten sich um und suchten aus Fauvels Gesichtsausdruck zu erraten, ob es des Aufenthalts wert sei. Schüttelte der Konsul den Kopf, so bewegten auch sie ihren verneinend und wanderten ein paar Schritte weiter zum nächsten Stück.

Der Brauch, bearbeitete oder mit Inschriften versehene Steine über den Haustüren anzubringen, hatte die Gassen Athens in eine wahre Marmor-Galerie verwandelt. Die Griechen benutzten solche Fragmente gewissermaßen als Haussegen; dennoch gelang es manchen Reisenden, die durch den Anblick so vieler anscheinend sorglos dargebotener Schätze in eine Art Sammlerwut versetzt wurden, die Besitzer dazu zu bringen, sich von ihren Steinen zu trennen. Die meisten Fragmente waren freilich wertlos, und nachdem sie einige Zeit die Höfe der von den ›Milordi‹ gemieteten Häuser geziert hatten, wurden sie schließlich wie unnützer Plunder zurückgelassen, zumal man sie ja auch schlecht mit in die Heimat nehmen konnte.

Inwood feilschte einmal um ein solches Fragment. Sobald man sich auf den Preis von zehn Schillingen geeinigt hatte, holte der Herr des Hauses ein Beil und schlug das Stück los. Eine griechische Witwe, die ihm gegenüber wohnte, erschien bei dem Lärm in ihrer Türe, zeigte sofort auf das Fragment über sich und fragte den Gentleman, ob er das nicht auch erwerben wolle. Ein weiteres Angebot von zehn Schillingen wurde gemacht. Das, protestierte die Witwe lebhaft, zeuge doch von glattem Unverstand, denn schließlich sei ihr Fragment doppelt so groß wie das gegenüber und deshalb auch wenigstens ein Pfund wert! Darauf erscholl allgemeines Gelächter, da sich inzwischen alle Nachbarn um die beiden geschart hatten, und man ließ den jungen Herrn nicht eher los, bevor er nicht auch für das zweite Fragment gezahlt hatte.

Inwood, noch immer nicht zufrieden, entdeckte dann in einer Kapellenruine dicht am Ufer des Ilissos das beschädigte Fragment eines jonischen Kapitells, das in eine Innenwand vermauert war. Ein Grieche erbot sich, es für ihn herauszulösen; es könne jedoch nur in aller Heimlichkeit des Nachts geschehen, weil sonst die Türken es an sich nehmen würden, um es dann zu einem überhöhten Preis zu verkaufen, oder die Mönche könnten es als Eigentum des Klosters, zu dem die Kapelle ursprünglich gehört habe, geltend machen. Inwood wurde mit dem Griechen handelseinig, aber statt ihm das Fragment nun zu überbringen, schleppte es der durchtriebene Kerl in sein eigenes Haus und lehnte die Herausgabe ab; erst auf langes Zureden hin – und wohl auch nur gegen ein Aufgeld! – ließ er sich schließlich erweichen.

Mitsamt den Kapellen zählte Athen damals fast zweihundert christliche Kirchen; viele von ihnen waren nur noch Ruinen oder bestanden aus den nackten Wänden; sie wurden oft nur zu den Patrozinien ihrer Titelheiligen besucht. Bei dieser Gelegenheit wurden die Bilder ihrer Patrone aufgestellt, aber gleich nach Beendigung der Feierlichkeiten wieder fortgeräumt. Diese Bauten waren weitgehend aus antiken Spolien errichtet; der Altar bestand oft aus einer Marmorplatte mit einer Inschrift an der Unterseite, getragen von einer antiken Säulentrom-

mel oder dem Sockel einer Statue. Elgin erkannte, daß
auch die Kirchen eine reiche Fundgrube für Antiken
abgäben, und der Erzbischof von Athen erlaubte ihm,
alle unter seiner Jurisdiktion stehenden Gotteshäuser zu
untersuchen. Er versetzte die Mission auch in die Lage,
einige seltene Fragmente zu entfernen. Den Schwiegereltern Elgins schenkte der Erzbischof sogar einen Mar-
morthron aus der alten Kathedrale. Er wurde mit Elgins
anderen Erwerbungen außer Landes gebracht und steht –
nachdem er den Schiffbruch wohlbehalten überstand –
heute in Biel in der schottischen Grafschaft East Lothian.
Mrs. Nisbet soll Gerüchten zufolge einen Block von
der Pnyx, der Stätte der Athener Volksversammlung,
als Kaminstück mit nach Hause genommen haben.

Kein Reisender versäumte es auch, das *Theseion* – oder
richtiger Hephaisteion – zu besuchen. Es ist das best-
erhaltene Bauwerk klassischer Zeit in Athen. Seine
stämmigen Säulen scheinen auch noch weiteren zweitausend Jahren trotzen zu können; die Schönheit ihrer
Farbe weckt den Eindruck, als seien sie nicht aus einem
Felsen, sondern aus dem Goldlicht Athener Sonnen-
untergänge gebrochen. Die skulptierten Metopen und
Friese sind alle noch vorhanden; Fauvel pflegte allerdings in bissigem Ton zu bemerken, daß sie das wohl nur
ihrem schlechten Erhaltungszustand verdankten, der es
für Elgins Mission nicht der Mühe wert erscheinen ließ,
sie mitzunehmen. Dieser Tempel wurde, wie viele
andere auch, unter der byzantinischen Herrschaft in eine
christliche Kirche umgewandelt. Das hat zu beachtlichen Schäden geführt; wie im Parthenon hat man an der
Ostseite mehrere Säulen entfernt, um eine Apsis anfügen
zu können. Der ursprüngliche, mit Marmor gedeckte
Holzdachstuhl wurde durch ein unangemessenes Ton-
nengewölbe ersetzt, und als Zugang diente eine niedrige,
eisenbeschlagene Türe, deren Einschußstellen von mut-

willigen türkischen Zielübungen Zeugnis ablegten. Das
wenige, das von dem originalen Marmorboden um 1769
noch erhalten war, wanderte in den Kalkofen eines
Türken, der daraus Mörtel für sein neues Haus an der
Landstraße nach Eleusis gewann.

Der einstige Tempel war dem heiligen Georg geweiht
worden und hatte lange den Christen als Grablege ge-
dient; die Gräber kündeten auch von so manchem
Frühverstorbenen, der das anstrengende Klima der
Levante nicht vertragen hatte: so ruht auch der junge
Gelehrte Tweddell dort, den 1799 Fauvel begraben ließ.
Fauvel hegte dabei die Hoffnung, auf die Gebeine des
Theseus zu stoßen; darum wurde auf seinen Wunsch
das Grab in der Mitte der Kirche ausgehoben. Bis 1810
blieb es nur ein trauriger Erdhügel; dann erhielt es aufgrund eines Wettstreits zwischen Lusieri, der einen
Grabstein mit einer von Elgin verfaßten Inschrift errich-
ten sollte, und Byron mit seinen Freunden, die ein griechisches Epitaph aufstellten, gleich zweifachen Schmuck.

An seiner Seite wurde dann eine Zofe von Lady
Ruthven, Elizabeth Cunning, bestattet. In der Nähe
findet sich das Grab Benjamin Gotts, eines leidenschaft-
lichen Sammlers. Man gedachte auch T. M. Phillips,
eines schlechtberatenen jungen Mannes, der Athen im
August 1819 verließ, zu einer Jahreszeit, in der in der
ländlichen Umgebung gewöhnlich alle möglichen Seu-
chen rasten. Man entdeckte, daß er seinen Namen in die
Säule eines Tempels in Arkadien eingekratzt hatte, an
deren Fuß er seiner Krankheit erlag. Die lateinische
Inschrift für das Epitaph von George Watson wurde
von Byron verfaßt; man kann die ausgetretene Platte
noch am Boden des einstigen Tempels entdecken.

Dieses Totenregister war lang genug, um jeden Reisenden zu ernüchtern. Zwar starb keiner der hier Be-
statteten an der Pest, aber sie fielen fast alle der Malaria

Von den gewaltigen Resten des Olympieion *– am Tempel des Olympischen Zeus hatten an die sieben Jahrhunderte gebaut – ging der Blick über die lockere Bebauung des damaligen Athen zur Akropolis: So erlebte Otto Magnus Frei-*

zum Opfer. Damals wußte man noch nicht, daß die Krankheit von Moskitos übertragen wird, doch die heilsame Wirkung der roten Chinarinde – Chinin – war bekannt: In der Fieberzeit reiste kein Besucher Griechenlands ohne sie. Jede andere Behandlung war fast so gefährlich wie das Fieber selbst. Fauvel berichtet, Tweddel sei eigentlich daran gestorben, daß er versucht

habe, das Fieber auf eigene Weise, mit Brechmitteln und
Pülverchen, zu kurieren. Darum sandte Fauvel auch
Chateaubriand, als dieser sich in der Einsamkeit von
Sunion das Fieber zuzog und siebzehn Stunden im
Delirium lag, eine reichliche Menge Chinin und ein paar
Flaschen Malaga zur Kräftigung – der Dichter nahm
von beidem eine dreifache Dosis.

Die auf der Peleponnes – die vom Mittelalter bis zum
Griechischen Freiheitskrieg ›Morea‹ hieß – ansässigen
sogenannten Ärzte waren jedoch gefährlicher als die
Krankheiten selber. Sie kamen meist von den Jonischen
Inseln und hatten nur eine geringe oder auch gar keine
medizinische Ausbildung. Von einem wird berichtet,
daß er Apothekenlehrling gewesen sei und sowohl des
Lesens wie Schreibens unkundig, was allerdings durchaus nicht hinderte, daß er wegen seiner aus praktischer
Erfahrung verordneten erfolgreichen Kuren sehr gepriesen wurde. Die vom Aberglauben diktierten Heilmittel waren meist weniger gefährlich als so manche
Heilpraktiken: wenn etwa ein Türke die Kopfschmer-
zen eines Engländers durch Fingerausrenken zu behandeln suchte, während neben ihm ein älterer Moslem auf
den Knien lag und Beschwörungen murmelte. Um der
Tortur zu entgehen, blieb dem armen Patienten gar
nichts anderes übrig, als seine christliche Wahrheitsliebe
vorübergehend zu verleugnen und zu beteuern, daß er
sich bereits viel besser fühle. Denn der Türke wäre
imstande gewesen, auch noch die anderen Finger der
Reihe nach so weit wie den Daumen abzuspreizen, um
diese todsichere Behandlung voll und ganz durchzuführen.

Kein Reisender, denen die griechischen Klassiker in
der Schulzeit eingehämmert worden waren, hätte es
auch je versäumt, den Areopag aufzusuchen, den Hügel,
wo sich einst das älteste und berühmteste Gericht von
Athen versammelte, und wo nach Aischylos auch der
Prozeß gegen Orest stattgefunden hatte. Fauvel hatte
dort eine Reihe von Tafeln entdeckt, auf denen menschliche Gliedmaßen dargestellt waren; einige trugen Namen, andere waren dem Zeus geweiht. Er war durch
diese ungewohnten Funde, die sich nicht einordnen ließen, völlig verwirrt; da es noch keine Ausgrabungs-

techniken gab, die ihm ermöglicht hätten, die verschiedenen Siedlungsschichten auseinanderzuhalten, konnte
er nicht erkennen, daß diese Votivgaben erst in römischer Zeit hierher gelangten, als man Zeus als Gott der
Heilkunst auf dem Hügel verehrte.

Die *Pnyx*, die Stätte der antiken Volksversammlungen,
bietet ein weiteres Beispiel für die rein zufälligen Grabungen der Besucher. Seinem Tagebuch zufolge ging der
neunzehnjährige Earl of Aberdeen hier am 31. August
1803 mit Lusieri spazieren und beschloß, die Pnyx freizulegen. Am darauffolgenden Tage beschäftigte er sich zunächst damit, einige Antiken aufzutreiben, erwarb dabei
eine beschädigte Inschriftenplatte vom Disdar und überwachte dann die ›Ausgrabung‹ an der Pnyx, kopierte
einige Inschriften und berichtete am Abend Fauvel von
seinen Aktivitäten. Am 3. September besuchte er Marathon, am 5. beendete er seine ›Ausgrabung‹, in dem Glauben, daß die Pnyx jetzt völlig wiederhergestellt sei. Dann
öffnete er noch ein Grab. Alles, was er in Wirklichkeit
freigelegt hatte, war eine gestufte Plattform, das Bema,
und alles, was er gefunden hatte, waren einige Votiv-
tafeln, ähnlich jenen, die Fauvel entdeckt hatte.

Seine Exzellenz Frederick North, später Lord Guildford, wählte für seine Ausgrabungen im Jahre 1813 die
Ruinen der *Bibliothek des Hadrian*. Eine rund zehn Meter
tiefe Schicht von Abfall und Erdreich mußte fortgeräumt werden, ehe seine Arbeiter auf Spuren der hundert
Säulen aus phrygischem Marmor stießen, von denen man
wußte, daß sie einst den Hof umsäumt hatten; von den
Statuen jedoch wurde keine wiedergefunden. Es ist erstaunlich, daß der Gouverneur von Athen die Erlaubnis
erteilte, in diesem Bereich der Stadt zu graben, da dort
sein eigenes Haus und sein Garten lagen. Aber die Athener begegneten North mit einer Aufgeschlossenheit, wie
sie hier vorübergehenden Besuchern nur selten entge-

gengebracht wurde. Dazu haben aber seine Verdienste
als Gelehrter und seine gründliche Kenntnis des Neugriechischen und der modernen griechischen Literatur
vielleicht weniger beigetragen als sein leutseliger Umgang mit den Menschen aus dem Volk und der Ruf seiner
Großzügigkeit, Aufgeklärtheit und Liberalität, der ihm
überall vorauseilte. Wie es heißt, hat er allein in seiner
Athener Zeit zwischen zwei- und dreitausend Pfund aus-
gegeben. Später widmete er sich in Verfolgung seiner
liberalen Ideen ganz der Gründung einer Universität auf
Korfu, deren erster Kanzler er denn 1824 auch wurde.
Seine Antiken gingen fast alle verloren, so unter anderem eine Brunnenbekrönung, die er in sein Londoner
Haus geschickt hatte. Als das Haus bei seinem Tode
1827 verkauft wurde, gehörte es noch zum Inventar.
Aber als man es später abriß, war das Fragment verschwunden; vielleicht liegt es noch irgendwo zwischen
den Fundamenten am Saint James's Place 24.

Der *Turm der Winde* hatte den Athenern einst gleichzeitig als Wetterfahne wie als Wasseruhr gedient; bei jeder Stadtbesichtigung spielte er eine wichtige Rolle. Er
stand versteckt zwischen einigen türkischen Häusern,
und sein Inneres war voll vom Unrat der Jahrhunderte.
Wie andere Monumente hatten ihn sowohl Christen wie
auch Moslems ihren Zwecken angepaßt; dennoch war
er – abgesehen vom Verlust seiner Wetterfahne – vergleichsweise gut erhalten. Um 1800 hatte sich ein islami-
scher Orden das Gebäude angeeignet: Jeden Freitag
tanzten dort die Derwische im Schein eines Leuchters.

Wenn hier auch nicht der Platz sein kann, ausführlich
über die Einflüsse der damals wieder entdeckten antiken
griechischen Kunst auf Europa zu sprechen, so soll doch
ein Beispiel Erwähnung finden. Die Brüder Trabucci
schufen nach Fauvels Abgüssen und Zeichnungen in Paris eine Terrakotta-Replik des berühmten ›Lysikrates-

denkmals‹, die sie auf einer Ausstellung im Jahre 1800
zeigten. Sie wurde von Napoleon erworben, der sie durch
seinen Leibarchitekten Fontaine im Park von Saint-
Cloud aufstellen ließ. Die Pariser nannten sie mit leisem
Spott die ›Laterne des Diogenes‹, denn wann immer der
Kaiser in der Metropole weilte, brannte des Nachts eine
Lampe in dem kleinen Bau, der leider im Deutsch-fran-
zösischen Krieg von 1870-1871 zerstört wurde.

Die Altertumsforscher taten gut daran, die neuzeitliche Stadtmauer Athens ernsthaft zu untersuchen. Sie
war 1780 zum Schutz gegen Piraten und albanische Ban-
den errichtet worden, die manchmal nachts in die Stadt
zum Plündern einfielen. Auf Befehl des türkischen Gouverneurs wurde sie in 75 Tagen erbaut, wobei das nächst-
beste Material, das sich fand, verwendet wurde. So zeigten sich an vielen Orten große, zweifelsfrei antike Stein-
oder Marmorblöcke sowie Inschriftentafeln, die oft ohne
Rücksicht auf die Schreibrichtung eingemauert waren.

Die Reste des *Olympieion*, des Tempels des olympischen Zeus, lagen in einem Kornfeld. Von den einst 104
gigantischen korinthischen Säulen dieses größten griechischen Tempels sind im Lauf der Jahrhunderte nur
siebzehn übergeblieben. Die wenigen erhaltenen Reste
wurden wegen ihrer Erhabenheit von den Reisenden
glühend bewundert; nach ihren Beschreibungen verlieh
ihnen die heiße Mittagssonne einen gelben Ton, das sin-
kende Gestirn dagegen ließ sie gleich hellem Gold er-
glänzen und unter dem weichen Leuchten des Abend-
himmels nahmen sie eine rötliche Färbung an; doch
wenn das Licht des Mondes auf die Ruinen fiel und der
Nachtwind im Laub der kunstreichen Kapitelle säuselte,
erschimmerten die polierten Gesimse wie Silber, und die
hohen Säulen warfen schwarze Schatten in die Nacht.

Auf dem Architrav der dreizehn Säulen in der Süd-
west-Ecke ruhte damals ein Backsteinbau, das luftige

Heim eines einstigen Säulenheiligen; später hat man es natürlich abgebrochen. Die noch vorhandene umgestürzte Säule hat 1852 ein Sturm gefällt, doch schon vorher wurde eine 1759 von einem türkischen Gouverneur in voller Absicht umgelegt. Er ließ sie zu diesem Zweck unterminieren, doch erst nach der vierten Explosion sank sie – so noch einmal ihre Standfestigkeit unter Beweis stellend – zu Boden. Man verwandelte sie in Kalkmörtel für den Bau einer Moschee am Monastiraki-Platz. –Auch das Olympieion hatte unter der türkischen Schießwut zu leiden: In seiner Nähe war ein getreppter, über drei Meter hoher Steinsitz, von dem aus die Türken bei ihren Zielübungen auf die Säulen zu feuern liebten. Hier hatte das jedoch glücklicherweise nicht die gleiche verheerende Wirkung wie auf Samos, wo die wenigen noch verbliebenen Säulen des Hera-Tempels auf diese Weise zerschossen wurden.

Die Ufer des Ilissos bewahren ein anderes trauriges Beispiel mutwilliger Zerstörung. Hier stand ein kleiner jonischer Tempel, der in eine christliche Kirche umgewandelt worden war. 1674 ließ der damalige Botschafter Frankreichs an der Hohen Pforte dort eine Messe nach katholischem Ritus feiern, und da die orthodoxen Griechen darin eine Entweihung sahen, wandten sie sich von dem Bau ab und ließen ihn völlig verfallen. Stuart und Revett konnten ihn gerade noch für ihre ›Antiquities of Athens‹ zeichnen. Seine jämmerlichen Reste wurden 1779 abgetragen; nach dem Bericht eines Reisenden kaufte der Erzbischof von Athen die Trümmerstätte den Türken ab, um sie als Steinbruch für den Bau einer Kirche in der Stadt zu benützen.

Noch ein weiterer Verlust ist ganz in der Nähe entstanden. Eines Tages, als Dodwell hier skizzierte, entdeckten einige Bauern beim Pflügen eine Marmorstatue. Dodwell, der unglücklicherweise nicht sofort aufmerksam geworden war, sprach sie erst an, als er seine Zeichnung vollendet hatte. In der Zwischenzeit hatten sie die Figur bereits kurz und klein geschlagen und begannen, aus einem der Bruchstücke einen Mörser zum Kaffeemahlen zurechtzuhauen! Antike Marmorvasen erlitten oft das gleiche Schicksal, während man große Steine vor allem benutzte, um grobes Salz auf ihnen zu zerstoßen, eine für Marmor verhängnisvolle Prozedur. Solche Steine wurden auch gerne von den Frauen zum Wäschewaschen verwendet, wobei dann bald jegliche Inschrift unleserlich wurde.

Beim Ankauf von Antiken war es für Besucher geraten, behutsam vorzugehen und ihr ungestümes Interesse zu verschleiern. Griechen wie Türken waren überzeugt, daß niemand große Summen für einen Stein bieten würde, wenn dieser nicht eine große Kostbarkeit darstellte, sei es, daß er als Amulett dienen sollte, sei es, weil in seinem Innern Gold und Edelsteine verborgen wären. So entdeckte ein Türke beim Graben in seinem Garten die beschädigte Marmorstatue einer Venus. Ein ›Franke‹, dem er sie zeigte, bot ihm unvorsichtigerweise eine horrende Summe dafür, woraufhin der Türke vom Handel zurücktrat und das Meisterwerk in kleine Stücke zerschlug, um nach dem Schatz zu suchen, den er darin verborgen glaubte.

Man hat die Teile später wieder zusammengefügt und einen Abguß angefertigt, der beweist, welchen Verlust die Kunstwelt erlitten hat. Nicht wahr ist jedoch, daß dem Löwen von Chäronea von der Hand eines Paschas ein gleiches Schicksal bereitet worden sei. Als der Reisende Taylor ihn 1818 auffand, war er schon zerbrochen und halb begraben – kein Wunder, er hatte mehrere Meter hoch gestanden. Nach der Überlieferung wurde er von Theben als Grabmal der ›Heiligen Schar‹ errichtet, die im Kampf gegen den jungen Alexander in der Schlacht

II

BLICK VOM HAUS
DES FRANZÖSISCHEN KONSULS FAUVEL
AUF DIE AKROPOLIS
Ausschnitt aus einer kolorierten Lithographie
von Louis Dupré, 1819
München, Stadtbibliothek

Im Gefolge des Comte de Choiseul-Gouffier gelangte
der Maler Louis François Sébastien Fauvel 1780 nach
Griechenland, das ihm zum Schicksal werden sollte.
1786 ließ er sich als französischer Konsul in Athen
nieder und wurde dort neben Lusieri, dem Beauftragten
Lord Elgins, zum bekanntesten Kunstsammler und
Altertumsforscher um 1800. Anfangs wohnte er wie
die meisten frühen Besucher Griechenlands im Kapu-
zinerkloster, wo er im ›Oberstock‹ des Lysikratesdenk-
mals sein Arbeitszimmer hatte (siehe Abbildung 17
und 18). 1813 baute er sich dann bei der alten Agorá
ein eigenes Haus, das fortan zum Treffpunkt aller Ken-
ner, Kunstreisenden und Antiquare werden sollte. Von
der offenen Veranda geht der Blick über den mit antiken
Spolien ausstaffierten Garten und die Ziegeldächer des
damaligen Athen hinweg auf die Nordseite der Akro-
polis, die sich noch als mauerumgürtete und zinnenbe-
wehrte türkische Festung darbot. Im Vordergrund sitzt
Fauvel vor seiner Staffelei und wird von seiner albani-
schen Haushälterin Anette betreut. An der Wand lehnt
ein Abguß der 31. Metope von der Südseite des Par-
thenons, die ins Britische Museum
nach London gelangt ist.

von Chäronea völlig aufgerieben wurde. Taylor holte
sich ein paar Bauern, um den Kopf und ein paar Gliedmaßen auszugraben. In Athen meldete er Ansprüche auf
ihren Besitz an, und als er bei der Flotte Zivilarchitekt
wurde, versuchte er vergeblich, sie auf einem Kriegsschiff nach England zu schaffen. Als die Griechische Archäologische Gesellschaft den Löwen Anfang unseres
Jahrhunderts schließlich zu restaurieren beschloß, befand er sich noch fast im gleichen Zustand wie bei der
Auffindung.

Häupter von Göttern, Helden oder Philosophen liefen
immer Gefahr, als Grabschmuck für die letzte Ruhestätte eines Türken in einen Turban umgemeißelt zu
werden. Diese Unbedenklichkeit nahm sich ein als österreichischer Konsul in Saloniki amtierender Italiener zum
Vorbild: da sich die Türken für ihre Grabmäler meist die
schönsten antiken Stücke aneigneten, zögerte er nicht,
nun seinerseits ihre Beute an sich zu bringen. Er traf ein
Übereinkommen mit ein paar Banditen: Sie stahlen des
Nachts, was er ihnen untertags näher bezeichnet hatte,
und brachten die Fragmente an den Strand, wo er sie im
Sand eingraben ließ, bis ein Schiff eintraf, das sie nach
Italien mitnehmen konnte. Dieses Unternehmen setzte er
über zehn Jahre fort und plünderte so nach und nach eine
stattliche Anzahl von Friedhöfen, wobei er sogar die
Gräber selbst nicht verschonte.

Die Besichtigung von Athen endete gewöhnlich in
dem Tal, in dem einst das *Stadion* lag. Um 1800 war es ein
Baumwollfeld. – Das Stadion war noch 144 nach Chr.
von Herodes Attikus, Athens großem Mäzen, völlig erneuert worden, aber um 1800 war nur noch das aus Feld-
steinen gefügte Fundament vorhanden, das einst die Pfeiler aus pentelischem Marmor getragen hatte: Es bot auch
jedem Werkzeug eisern Widerstand! Pausanias berichtet,
das Stadion sei nach der Restaurierung durch Herodes

schöner gewesen, als sich mit Worten beschreiben ließe –
heute könnte man leicht das Gegenteil behaupten.

Von dort aus konnte man auf dem Steilhang der Akropolis das choregische *Thrasyllos-Denkmal* sehen, einen
strengen dorischen Portikus, der vor einer dem Dionysos
geweihten Höhle errichtet worden war. Elgins Diebstahl, der das Denkmal seiner bekrönenden Figur beraubte, braucht in diesem Fall keineswegs verdammt
zu werden: Es handelte sich um eine wertlose römische
Zutat! Das Denkmal selbst wurde im Freiheitskrieg durch
türkische Bomben zerstört; alles was blieb ist eine triste,
verlassene Bergkapelle.

FAUVEL UND SEIN
›MUSEUM‹

Lusieri wie auch Fauvel bauten sich in Athen ein eigenes
Haus, Lusieri siedelte sich nahe dem Kapuzinerkloster
unterm Nordhang der Akropolis in einem gepflegten
Garten mit hinreißender Aussicht an. Fauvels 1813 er-
baute Villa war viel großartiger; sie lag in der Nähe des
dorischen Portikus an der Alten Agorá, und vor dem
Hause wehte auf einem Fahnenmast stets die französische Flagge. In die Wände waren Marmortafeln mit antiken Inschriften eingelassen: öffentliche Aufrufe, Grab-
inschriften, Widmungen und Gedenktafeln zur Würdi-
gung edler Taten. Die Treppe ruhte auf den marmornen
›Seiten‹, auf denen Athen einst seine Geschichte verzeich-
net hatte, während der Stein vor dem Haus, von dem aus
sich Besucher in den Sattel schwangen, mit der Aufzeich-
nung des Legats eines Atheners prunkte, der seinen Mit-
bürgern während des panhellenischen Festes eine bestimmte Menge Wein zukommen lassen wollte. Der Garten beherbergte neben weiteren Inschriften auch eine
Reihe von Statuen. Der französische Reisende und Zeichner Louis Dupré, der wie jeder Besucher Athens mit anti-
quarischen Interessen Fauvel natürlich seine Aufwar-
tung machte, hat uns in einer köstlichen Farblithographie
ein anschauliches Bild von diesem Milieu und von dem
prachtvollen Blick über den Garten hinweg auf die Akropolis überliefert (siehe Farbtafel II auf Seite 96-97).

Die Verschiedenheit der beiden Häuser unterstreicht
den Unterschied in den beiden Charakteren: Lusieri
sammelte und verkaufte Antiken nie zum eigenen Vorteil; Fauvel dagegen betrieb einen schwunghaften Kunst-
handel mit beträchtlichem Umsatz, und sein Haus oder

›Museum‹ war praktisch ein Antiquitätengeschäft. Seine Einkünfte als Konsul, so pflegte er entschuldigend zu bemerken, seien nun einmal nicht ausreichend, um ihm zu erlauben, seiner Kunstleidenschaft ungehindert zu frönen. Er mußte seine Antiken, sobald er sich eine Zeit- lang an ihnen ergötzt hatte, wieder losschlagen, um sich die Mittel zum Erwerb anderer zu verschaffen und so im- mer von neuem genießen zu können. Diese sehr vom Zu- fall abhängige Verkaufsmethode führte dazu, daß oft wertvolle Ensembles auseinandergerissen und erst jetzt zu ›Einzelstücken‹ oder gar ›Fragmenten‹ wurden, doch belastete das weder sein Gewissen noch das seiner Klien- tel. Er versorgte den besuchten Markt von Smyrna eben- so mit Antiken wie den von Paris, wo der Konservator der Handschriftensammlung des Louvre, Morel d'Ar- leaux, als sein Agent fungierte, und verkaufte daneben auch an die wohlhabenden Fremden, die nach Athen ka- men. – Einer dieser Besucher schrieb in seinem Tage- buch, es schiene unmöglich, acht Tage in der Stadt zu le- ben, ohne vom ›Altertumsfieber‹ ergriffen zu werden, einer Seuche, deren häufigstes Symptom eine besessene Leidenschaft für wertlose Geldstücke, kopflose Figuren und henkellose Krüge sei, die aber von diesen Spinnern als ›Medaillen‹, ›Statuen‹ und ›Vasen‹ bezeichnet wür- den. Die besten Käufer wären die englischen ›Milordi‹. Und während der napoleonischen Kriege waren sie auch fast die einzigen. Als 1817 Forbin, Konservator der An- tikenabteilung des Louvre, kam, um für 350 Pfund einen Kopf, sechs Stelen und eine Bronzeurne für das Museum zu erwerben, klagte er, daß englisches Gold für alle, die keine Phantasiepreise zahlen könnten, nichts mehr übrig gelassen habe. Die Freigebigkeit einiger Söhne Albions hatte die Begehrlichkeit der Orientalen geweckt, und selbst noch für die schlechteste Antike konnte ein über- höhter Preis nicht nur in Griechenland, sondern auch entlang der asiatischen Küste und in Ägypten erzielt werden.

Pouqueville berichtet dabei auch von offenkundigen Verstößen gegend die Gesetze: Nachdem ihn die reiche korinthische Familie Notara informiert hatte, daß sie einige Basreliefs veräußern wolle, riß der Pascha diese an sich, um sie selbst einem Engländer zu verkaufen. Da er, Pouqueville, noch nicht daran gewöhnt sei, sich mit Hilfe eines Satrapen das Privateigentum anderer Leute anzueignen, habe er nicht konkurrieren können: aber auch wenn man ihm den Apoll vom Belvedere angeboten hätte, so würde er unter diesen Bedingungen abgelehnt haben – Skrupel, die nicht von jedermann geteilt wurden.

Die Antiken Fauvels stammten hauptsächlich aus Gräbern, denn nach 1803 gab er seine Reisetätigkeit fast völlig auf. Bemalte Vasen oder Statuetten, die einst den Altar irgendeines Athener Hauses zierten; Spielzeug, das vor Zeiten altathenische Kinder beglückt haben mochte; ein Spiegel, der nach des Sammlers Worten vielleicht einmal der Aspasia gehört haben konnte; ein Satz Gewichte und Maße, wie sie im antiken Attika in Gebrauch waren; ein Schleudergeschoß mit der Inschrift ›Nimm's‹: Das alles war ohne Methode zusammengetragen und wurde genauso wahllos wieder verkauft. Fauvel hat nie versucht, seine Funde etwa zu datieren oder stilistisch einzuordnen. Ein Beispiel für seine Arbeitsweise: Er nahm drei beliebige Aschenurnen, siebte den Inhalt, fand Oboli, den Lohn Charons für das Übersetzen der Toten, und schloß daraus messerscharf, dies sei die Bestätigung für den überlieferten Brauch der Griechen, Oboli als Grabbeigaben zu verwenden. Das taten sie zwar schon, aber erst in der hellenistischen Epoche.

Er war kein Systematiker und stand damit natürlich nicht allein, denn die meisten Sammlungen jener Zeit

waren genauso zufällig zusammengetragen. Man muß
sich klarmachen, daß damals etwa Begriffe der Erdzeit-
alter wie Steinzeit, Bronzezeit oder Eisenzeit noch unbekannt waren, und daß die Berichte der Bibel allgemein
noch so wörtlich genommen wurden, daß man die Er-
schaffung des Menschen genau 4004 Jahre vor der Geburt Christi ansetzte. Die Archäologie war ja keineswegs – wie Athene voll gerüstet dem Haupt des Zeus
entsprungen – vollständig ausgebildet.

Dennoch verdanken wir Fauvel einige wichtige Er-
kenntnisse. Die Vielzahl und Schönheit der ausgegrabenen Vasen ließ ihn als einen der ersten zu der Vermutung
kommen, daß die bisher als ›etruskisch‹ eingeordneten
Vasen Italiens in Wahrheit griechischen Ursprungs waren, und daß die Italiener in ihrer Neigung, den künstlerischen Ruhm ihres Landes ständig zu mehren, irrtümlich all diese herrlichen Kunstwerke ihrem vaterländi-
schen Genius zugeschrieben hatten. Aber alle seine Entdeckungen blieben immer auf Einzeltatsachen be-
schränkt, wie alle seine Antiken Einzelstücke waren, und
wie diese wurden sie kaum Gegenstand von Veröffentlichungen, geschweige denn, daß sie weite Beachtung gefunden hätten. Obwohl also manches Stück seiner Sammlung auch von echtem wissenschaftlichem Wert war, so
hatten doch die meisten seiner geliebten Besitztümer
ihren Platz in seinem Museum weniger ihrer künstlerischen Vollkommenheit als ihrem Rang als Rarität oder
Kuriosität zu verdanken; selbst naturgeschichtliche
Funde spielten hier eine Rolle. Dies wiederum war nicht
ungewöhnlich: die ›Kuriositätenkabinette‹, die sich von
der Renaissance über den Barock hinweg oft bis in die
Zeit des Klassizismus gehalten hatten, enthielten oft neben Antiken auch Beispiele der Launen der Natur, Mineralien, seltene Pflanzen, präparierte Mißgeburten und
sonstige Abnormitäten. Das Britische Museum bezeich-

nete sich zum Beispiel lange als ›Ausstellung von Altertümern und Natur-Kuriositäten‹, und sein Eingang
wurde flankiert von drei riesigen ausgestopften Giraffen.
Doch derartige Sammlungen waren inzwischen im Aus-
sterben begriffen.

Fauvels Münzhandel war eine seiner lukrativsten Unternehmungen. Sein Vorrat wurde ständig umgeschla-
gen: So verkaufte er zum Beispiel eine ganze Anzahl an
Lord Aberdeen. Dabei verstand er es bestens, seinen
Stücken die Bedeutung der Einzigartigkeit zu verleihen,
die sie wohl nicht immer besaßen.

Zu seinen Lieblingsbeschäftigungen gehörte es, Modelle zu bauen, und an einem fast zwei Meter langen Modell des alten Athen nach den Beschreibungen antiker
Autoren bastelte er viele Jahre lang. Auch Johann Martin von Wagner, von dem wir noch ausführlich hören
werden, erwähnt dieses Modell voller Bewunderung in
seinem Reisebericht.

Auch auf die Sammlung von Gipsabgüssen nach
Skulpturen und ornamentaler Bauplastik aus Athen war
Fauvel besonders stolz, denn Abgüsse wurden nicht nur
bei der Ausbildung der Künstler gerne benutzt, sondern
erfreuten sich auch allgemeiner Wertschätzung. So
tauschten unter anderem der englische Prinzregent, der
spätere König Georg iv., und Papst Pius vii. Abgüsse
von den Parthenonskulpturen und der Niobe-Gruppe
aus; und der wohlhabende französische Bildhauer
Giraud fuhr eigens nach Rom, um für sein Haus an der
Place Vendôme, das er in ein Replikenmuseum verwandelte, die nötigen Abgüsse in Auftrag zu geben. Fauvel
scheint sich in der Tat des gravierenden Unterschiedes
zwischen Original und Replikat nicht deutlich bewußt
gewesen zu sein, denn er schlug seiner Regierung vor,
den Marmorabbau in den pentelischen Brüchen wie in
der Antike wieder aufzunehmen und die Blöcke nach

13 *Ziegen tummelten sich auf dem Museion-Hügel, als Stuart und Revett – dritter und vierter von links – unter Führung von James Dawkins und Robert Wood 1751 das* Denkmal des Philopappos *in Athen studierten, während der Janitschar rechts türkischen Kaffee bereitet.*
14 *Zur gleichen Zeit diente das* Theseion *frühverstorbenen Reisenden als letzte Ruhestätte. Albanier beim Getreidesieben unterstreichen den dörflichen Charakter des damaligen Athen.*

15 *Der* Turm der Winde *unter der Nordflanke der Akropolis und am Rande der einstigen römischen Agorá stand mitten im Gewirr unansehnlicher Häuser des nachmittelalterlichen*

*Athen. Sein Inneres diente eine Zeitlang als Moschee und Kultraum für tanzende Derwische.
Überall fanden sich antike Spolien in den Mauern.*

16 *Als seit dem Ende des 18. Jahrhunderts die von den idealistischen Vorstellungen eines erhabenen antiken Griechentums befangenen europäischen Bildungsreisenden und Altertumslieb-
haber nach Griechenland kamen, fanden sie sich von der Realität schnell ernüchtert: Athen war
eine unbedeutende Provinzstadt des weiten Osmanischen Reiches mit knapp 5000 Einwohnern.*

Zwischen den weit auseinanderliegenden antiken Stätten und den unscheinbaren, von Minaretten überragten Wohnquartieren wogten Kornfelder und weidete das Vieh. Die einzige breitere Straße bot das bunte und bewegte Bild eines orientalischen Bazars. Edward Dodwell hat ihn erlebt und gezeichnet, als er in den ersten Jahren nach 1800 Griechenland bereiste.

17 *Im Jahre 1668 erhielten französische Kapuziner die Erlaubnis, sich in Athen nieder-*
zulassen. Sie errichteten sich 1669 ein Klösterchen und bezogen dabei das antike choregisch
Denkmal des Lysikrates mit ein. Im Befreiungskrieg wurde das Kloster beschädigt und einig
Zeit später ganz abgetragen, wobei das Denkmal freigelegt und restauriert werden konnte.

18-19 *Das* Kapuzinerkloster *bot in den knapp zweihundert Jahren seines Bestehens prak*
tisch die einzige Unterkunftsmöglichkeit für westeuropäische Athen-Besucher: Hier woh

..n, um nur einige zu nennen, Lord Byron, Brøndsted, Stackelberg und auch Fauvel, bevor
.. sich seine Villa (siehe Farbtafel II, Seiten 96/97) baute. Sein Arbeitszimmer lag im
..berstock des Lysikratesdenkmals, *das durch Einziehen einer Zwischendecke in mehrere*
..nde Räume unterteilt worden war (siehe Abbildung 18). Um 1800 hatten auch verschiedene
..thener Familien dem wachsenden Zustrom der Gäste ihr Haus geöffnet, so auch Madame
..asson, bei der etwa Cockerell, Haller, Linckh und Stackelberg wohnten. Linckh hat auch
..n berühmten Salon der Madame Masson *in seinem Tagebuch verewigt (Abbildung 19).*

18

19

Europa zu verschiffen, damit dort junge Bildhauer nach den Abgüssen von Werken der besten Meister kopieren könnten: so, glaubte er, könnten die im Laufe der Zeit unablässigem Verfall entgegengehenden Kunstwerke nicht nur zu neuem Leben gebracht und junge Künstler in den besten Überlieferungen der Kunst ausgebildet werden, sondern darüber hinaus auch noch für den Staat ein anschaulicher Gewinn herausspringen.

Weder Fauvel noch Lusieri erarbeiteten während der langen Jahre ihres Wirkens in Athen irgendeinen dauerhaften Beitrag zur Erforschung der griechischen Kunst und Architektur. Beide hatten dafür weder die entsprechende Ausbildung von Hause aus mitgebracht noch sich das nötige Wissen an Ort und Stelle angeeignet. Lusieris Kenntnis der Antike war oberflächlich; er hielt es nicht für nötig, seine Architekturzeichner nach Ägina oder Bassä zu schicken, weil nach seinen Worten beide Tempel in der dorischen Ordnung erbaut seien und es ja wohlbekannt sei, daß der Parthenon sowieso das Musterbeispiel dieses Stils darstellte. Schon bald danach sollten gelernte Architekten die einzigartige Sonderstellung dieser beiden Tempel, ihre großartige Schönheit und ihren hohen Rang beweisen. Fauvel hielt als korrespondierendes Mitglied der Pariser Bibliothèque Nationale in Paris diese treulich und umfassend über alle zeitgenössischen archäologischen Entdeckungen auf dem Laufenden; aber wenn es um Aufgaben ging, die eine genaue Kenntnis der Klassiker erforderte, war er wenig zuverlässig, etwa beim Kopieren griechischer Inschriften, und er mußte manchmal gebeten werden, seine nachlässigen Abschriften nochmals zu überarbeiten. Er machte sich über seine Fähigkeiten keine Illusionen und überließ seine Transkriptionen mit stets unverminderter Bereitwilligkeit den Kennern, obwohl er natürlich nicht widerstehen konnte, seinem boshaften Vergnügen an den ge-

lehrten Fehden, die die widersprüchlichen Interpretationen und Rekonstruktionen hervorriefen, auch entsprechenden Ausdruck zu verleihen. Er war auch keineswegs der einzige, der unzuverlässig kopierte: Vorwürfe
wegen willkürlicher Ergänzungen und ebenso eigen-
mächtiger wie unbefugter Interpretationen waren damals an der Tagesordnung. Fauvels mangelhafte Kenntnis der Klassiker betraf auch sein topographisches Wissen; auf den von ihm vorbereiteten Karten ließ er die Be-
stimmung der einzelnen Ruinen in kluger Bescheidung
gerne von Gelehrten wie etwa seinem Freund Barbié du
Bocage vornehmen, einem berühmten Geographen, dessen Karten in vielen zeitgenössischen Reisehandbüchern
zu finden sind.

Es ist schade, daß Fauvel es nicht verstand, sein Wissen besser auszuwerten und in publizierbare Form zu
bringen. Die Schwierigkeit lag darin, daß ihm, bei allem
Detailwissen, über das er ohne Zweifel verfügte, die nötige Gelehrsamkeit abging, seinen Text reichlich mit geschickt gewählten Klassikerzitaten zu belegen, ohne die
damals kein Reisebericht ernst genommen wurde. So
manchem dieser Bücher hängt deshalb heute auch ein
penetranter Geruch von Studierstube an. Fauvel be-
schied sich damit, die Reisenden, die nach Athen kamen,
von seinem Wissen profitieren zu lassen, selbst wenn sie
dann seine Funde und Entdeckungen, ohne ihn auch nur
im geringsten zu erwähnen, veröffentlichten.

Von seinen Zeichnungen scheint er sich nur ungern
getrennt zu haben; nur einmal verkaufte er davon und
auch das nur zögernd, als ihm im Türkisch-französischen
Krieg 1799 die Verhaftung drohte. Damals trat er eine
Reihe von ihnen dem englischen Reisenden Hawkins ab,
mehr noch dem jungen Gelehrten Tweddell, der rund
fünfzig Blätter für den Preis von hundert Pfund seiner
Sammlung einverleibte.

Lusieri konnte seine Arbeiten nicht einfach verkaufen, da sie laut seinem Vertrag mit Elgin alle in dessen Eigentum übergehen sollten. Gewöhnlich malte er gleichzeitig an mehreren Panoramen der Stadt von verschiedenen Punkten aus, um so, woher der Wind auch wehen mochte, stets einen angenehmen Platz zum Arbeiten finden zu können. Dabei war er leider um äußerste Genauigkeit und minutiöse Darstellung bemüht, die nicht in Einklang zu bringen war mit der sich stets verändernden Ansicht solcher Objekte und der in ständiger Wandlung begriffenen Umwelt: Noch bevor eine Partie seines Entwurfs fertig war, machten das Wachstum der Bäume oder Veränderungen an Bauten es nötig, schon wieder einen neuen zu beginnen. Fauvel bemerkte, Lusieri habe die Hälfte seiner Zeit mit Zeichnen, die andere mit Radieren zugebracht. Dessen ungeachtet scheint ein Teil der Blätter vollendet worden zu sein, denn ein Besucher sah einige erlesene, fertig wirkende Zeichnungen, und Félicité Roque erhielt die Erlaubnis, zumindest eine davon zu kopieren. Sicher werden wir es nie wissen, denn Lusieris Athener Mappen gingen auf der Heimfahrt nach England bei dem Schiffbruch der ›Cambrian‹ im Jahre 1828 verloren.

So unglaubwürdig es auch klingen mag: Lusieri hat Elgin nie auch nur eine einzige Zeichnung geschickt! Sicher war auch seine schlechte Gesundheit mit daran schuld, denn seit 1812 litt er an einem äußerst schmerzhaften Rheumatismus, von dem er sich erst gegen 1818 etwas erholte; aber sein Hang zum Zaudern und seine Unfähigkeit, etwas fertigzumachen, waren entscheidender. Unter diesen Umständen ist es nur zu verständlich, daß Elgin ungeduldig wurde; er versuchte, einen Abschluß zu erzwingen, und forderte Lusieri auf, ihm die Zeichnungen, vollendet oder nicht, unverzüglich zu übersenden. Lusieri war tödlich beleidigt und ist diesem

Wunsch auch bis zu seinem Tode im Jahr 1821 nicht nachgekommen.

Lusieri wurde im Garten des Kapuzinerklosters beigesetzt. Die Grabplatte verkündete, daß sie von der Englischen Kolonie in Athen in Anerkennung seiner Kunst und in dankbarer Erinnerung seiner Leistungen gestiftet wurde.

TOURISTENSTADT ATHEN

Wo stiegen die Besucher und Touristen während ihres Aufenthaltes in Athen nun eigentlich ab? Lusieri beherbergte nie Gäste bei sich, auch Fauvel bot nur manchmal seinen Landsleuten ein allerdings ziemlich unbequemes Nachtlager. Chateaubriand wurde in einem mit Abgüssen der Parthenonskulpturen vollgestopften Raum einquartiert, dessen Wände mit Ansichten des Theseion, Zeichnungen der Propyläen und Landkarten von Attika tapeziert waren; auf einem Tisch standen Marmorskulpturen, auf einem anderen lagen Münzen, und auf einem dritten drängten sich kleine Terrakottabüsten und Vasen; jemand wirbelte ein bißchen Staub hoch und schlug in der Mitte des Raums ein Feldbett für den Gast auf. Ein späterer Besucher fand sein Bett vor einer Wand aufgestellt; in der ersten Nacht fühlte er, kaum daß er seinen Kopf aufs Kissen gelegt hatte, wie ihm jemand mit der Hand übers Haar strich: Erschrocken griff er nach ihr und stellte fest, daß es die marmornen Finger einer Venus waren, die gegen die Wand gelehnt stand und noch leise zitterte von der Erschütterung, die er verursacht hatte, als er sich aufs Bett warf. Fauvels Haushälterin, Anette, stammte aus Albanien; wir kennen sie aus dem schon erwähnten Bild von Dupré. Sie pflegte den Tisch in einer Laube zu decken, wo die Gäste sich dann an Tauben aus Sunion und an Inselwein labten.

Sehr gastfreundlich war Logotheti, der englische Geschäftsträger. Um die Elgins gut bewirten zu können, zog er sogar aus seinem eigenen Hause aus. Das Klavier Lady Elgins wurde im Salon aufgestellt, und die lange Galerie im ersten Stock in eine Art Wohnzimmer umgewandelt, wo sich die Gesellschaft zum Frühstück, zum Lesen, Schreiben oder auch Münzensortieren versammelte.

Einige Athener vermieteten auch Zimmer. Diese Räume waren meist etwa sieben Meter lang und vier Meter breit; an einem Ende stand gewöhnlich ein Diwan, der als Bett diente und von einer Unzahl Kissen bedeckt war. Im Winter wurden verglaste Fensterflügel eingehängt, denn das Warmhalten der Räume war, wenn der Schnee den Hymettos deckte, ein Problem: man heizte mit Holzkohlenbecken, deren Rauch durch die Risse in den Dielen in die oberen Räume aufsteigen sollte, was natürlich wenig gegen die Kälte vermochte.

Gern wurde das Haus von Theodurulla Mina Makri aufgesucht, die als Witwe eines schottischen Arztes die Sitten und Ansprüche der Westeuropäer genau kannte. Die Pension ihrer Schwiegertochter Theodora Makri an der Odos Theklas genoß ebenfalls einen guten Ruf; Theodora war die Witwe eines ehemaligen britischen Geschäftsträgers und Mutter dreier bezaubernder Töchter, die von den Logiergästen der ›Consulina‹, wie man sie nannte, sehr bewundert wurden, unter ihnen auch von Byron. Sein Freund Hobhouse wohnte bei ihrem Nachbarn Dr. Vitali; beide Quartiere waren durch einen Gang miteinander verbunden. Beliebt waren daneben die Häuser von Madame Masson und dem Maler Demetrios Zographos, und auch die Kapuziner gewährten Fremden in ihrem Kloster beim Lysikrates-Denkmal stets gern ein Obdach; dort wohnten nicht nur Fauvel und Lusieri am Anfang ihres Athener Aufenthalts, sondern auch Leake und Byron, um nur einige wenige zu nennen.

Manche Reisende zogen es vor, ein Haus zu mieten und sich selbst zu versorgen; unter ihnen wäre Lady Hester Stanhope zu nennen, die es verstand, ein solches

Haus rasch in ein gemütliches Heim zu verwandeln, wo sich allabendlich eine kleine, ausgesuchte Gesellschaft versammelte. Die Odos Ermou wurde bald als die Chaussée d'Antin von Athen betrachtet. In ihrer Nähe stieg 1816 Caroline von Braunschweig-Wolfenbüttel, die Gemahlin des englischen Prinzregenten, ab, und auch General Church, der im amerikanischen Unabhängigkeitskrieg berühmt geworden war, der Historiker Finlay und später die Gesandten Rußlands und Englands nahmen dort Quartier. Weiter nördlich waren in der Odos Tholou gute Häuser zu finden, besonders eines aus dem 18. Jahrhundert, das der Architekt Schaubert 1829 kaufte und restaurierte; 1837 vermietete er es an die Universität Athen, deren erster Sitz es wurde; heute beherbergt es eine Taverne.

Wenn ein Sammler vorhatte, außerhalb Athens nach Antiken zu suchen, so mußte er für derlei Expeditionen erst einmal ein Pferd mieten; das Reisen zu Fuß wurde von den Einheimischen als erniedrigend betrachtet, und weder Griechen noch Türken würden gewagt haben, sofern sie nur einigermaßen von Stand waren, sich über Land als Fußwanderer antreffen zu lassen. Wenn ein Türke außerhalb Athens, und sei es auch nur ein paar Meilen vom eigentlichen Ort entfernt, einem Engländer zu Fuß begegnete, zweifelte er sogleich an dessen vornehmer Abkunft, denn kein ›Gentleman‹ würde gehen, solange er noch Geld genug für ein Pferd besaß.

Diese Mietpferde waren, obwohl sie oft einen jämmerlichen Anblick boten, im allgemeinen recht ausdauernde Reittiere; ein Reisender klagte allerdings einmal, sein Tier trabe nicht an, ehe man ihm nicht die Zügel schießen ließe, und wäre nicht zum Stehen zu bringen, wenn man es nicht mit aller Härte durchparierte; doch in jeder anderen Hinsicht sei es nach dem Urteil des Eigners ›untadelhaft‹. Ein guter Sattel war Voraussetzung für alle Unternehmen zu Pferde, denn die hölzernen Packsättel, die aus Brettern in einem dreieckigen Rahmen bestanden und mit zerschlissenen Bändern auf den zerschundenen Rücken der Pferde gehalten wurden, waren nicht nur ein Folterinstrument für Westeuropäer, sondern man zerriß sich auch die Hosen an den überall herausstehenden Nägeln. Doch selbst die Reitsättel der Türken waren unbequem, da die zu kurzen Gurte der Steigbügel die Knie des Reiters in die Nähe seines Kinns brachten; der hohe Sattelknauf stieß ihn in die Brust und der steile

Rückenschutz zerquetschte ihm die Nieren. Byron und
Hobhouse, die allerdings zu den Reisenden mit einem
gewissen Luxus gerechnet werden müssen, brachten
sich deshalb wohlweislich vier englische Sättel und das
dazugehörige Zaumzeug mit.

Das Gepäck wurde im allgemeinen in Reisesäcken
mitgeführt, daneben auch in Satteltaschen oder in Net-
zen, die zu beiden Seiten des Lasttieres herabhingen;
Schlafdecken aus Baumwolle, Feldbetten, Kochutensi-
lien und Lebensmittelvorräte, die Mantelsäcke und Hut-
schachteln der ›Milordi‹ wurden eng zusammengebun-
den oder hochaufgetürmt mitgeführt. All dieser ›Englische Komfort‹ wurde von einigen Reisenden strikt
gemieden: Kein Wunder, wenn man liest, daß Byron
und Hobhouse praktisch nie länger als zwei Stunden un-
gestört ihres Weges ziehen konnten. Bald gab es Zank
unter den verschiedenen Pferdebesitzern, von denen
jeder meinte, daß gerade sein Tier überladen wäre, bald
fehlte es an Seilen, oder hohe schmutzige Polster mußten
zwischen das Rückgrat der Pferde und die ihnen ungewohnten englischen Sättel geschoben werden ... Das
entgegengesetzte Extrem verkörpert der Reisestil Cha-
teaubriands: Auf seiner ›Course effrénée‹ durch Griechenland brach er morgens schon vor Sonnenaufgang
auf; seine Ausrüstung bestand aus einem Teppich zum
Ausruhen, einigen Schals, die er sich nachts zum Schutz
gegen die Kälte um den Kopf wand, und einem Topf
zum Kaffeekochen.

Das Öffnen von Gräbern wurde bald ein bevorzugter
›Sport‹ aller Reisenden: es hatte einen ähnlichen Reiz
wie die Jagd oder die Lotterie. Obwohl die Gräber am
Piräus oft völlig von Buschwerk und Unkraut über-
wuchert waren, konnte man sie recht leicht entdecken,
da sie in die Felsen eingehauen waren. Sie waren gewöhnlich 1,20 bis 1,50 Meter tief, und wenn nach einigen

vergeblichen Versuchen der dumpfe Klang der Spitzhacke eine Höhle verhieß, herrschte eitel Freude. Dann
brach man das Grab auf, indem man mit einem schweren
Hammer die Deckplatte, die sogenannte ›Trapeza‹,
lockerte und sie mit Hilfe einer starken Stange weghob.
Mit dieser Methode kamen zehn Arbeiter bei einer
Arbeitszeit von neun Stunden auf eine Tagesleistung
von dreißig Gräbern! Die Grabbeigaben wurden dann
freigelegt, die schönsten Stücke ausgewählt, der Rest
weggeworfen. Das Freilegen von Grabhügeln erforderte
noch weniger Mühe: Die Arbeiter gruben ihn einfach
von oben her auf und sammelten dabei die in kunter-
buntem Durcheinander zum Vorschein kommenden
Vasenfragmente, Bronzen und mit Goldlaub gezierten
Schwertscheiden, die Spiegel und Schwerter ein.

Das berühmteste Grab am Piräus war jenes, das nach
der Tradition und nach Fauvel die sterblichen Reste des
Themistokles bergen sollte; es lag am äußersten Ende
der Halbinsel Akte. Von ihm war ein aus den Felsen
gehauener doppelter Steinsarkophag zu sehen, durch
dessen geborstene Seitenwände die Wogen der Ägäis
fluteten; in seiner Nähe lag eine Säule, die einst die Ein-
fahrt des Hafens gekennzeichnet hatte. Ebenso unbe-
wiesen wie diese Zuschreibung war die eines anderen
nahen Grabes, das die Mission Elgins als ›Grab der
Aspasia‹ in Anspruch genommen hatte. Doch waren
solche rein willkürlichen Identifizierungen damals gang
und gäbe, und es sollte noch einige Zeit dauern, bis man
es den eilfertigen ›Entdeckern‹ ankreidete, sich selbst
und die Welt getäuscht zu haben; wenn es über eine
Sache nichts zu sagen gebe, bemerkte ein späterer Kritiker, sei es am besten, zu schweigen.

Sandford Graham, von dem Byron eine Gemme gegen
ein ausgezeichnetes griechisches Lexikon eintauschte,
war ein begeisterter Sammler bemalter Vasen; er soll

um 1810 aus athenischen Fundplätzen an die tausend
Exemplare erworben haben. Eine der bekanntesten
Fundstellen für Gegenstände dieser Art war ein antiker
Friedhof mit etwa fünfzig Gräbern, den der levantinische
Kaufherr Burgon um 1813 freilegte; er behielt schließ-
lich die schwarzfigurige Amphore, die sich heute im
Britischen Museum befindet und seinen Namen trägt.

Eine riesige Nekropole war auch das große Lößgebiet,
das sich zwischen dem Hymettos und der See erstreckte.
Fauvel schätzte diesen ergiebigen Jagdgrund für Antiken. Er entdeckte dort zusammen mit dem Kaufmann
Gropius eine Inschrift, die sie an einen Holländer,
Oberst Rottiers, verkauften; heute ist sie im Museum
von Leiden; die Scherben dreier besonders interessan-
ter Vasen gingen an den preußischen Botschafter, der sie
seinem König schenkte, und ein Löwe, den der französische Admiral Halgan erwarb, ziert heute den Louvre.

Gropius ließ aus einigen Särgen, die in besonders
trockener Erde gefunden wurden, Lineale und Winkel-
maße für seine Künstler machen, in der Hoffnung, daß
das ein paar tausend Jahre alte Holz sich nicht mehr ver-
ziehen würde.

Die berühmteste Gräberstätte aber war der Tumulus
von Marathon. Dieser eigentlich unübersehbare Erdhügel wurde von Fauvel fast zufällig identifiziert, als er
neben den Ruinen eines normannischen Torbaus einige
gute römische Büsten (heute zum Teil in Paris und London) ausgegraben hatte und nun die Gegend nach weiteren möglichen Fundstellen untersuchte. Ergebnislos
zog er in die Westflanke des etwa zehn Meter hohen
Grabhügels bis zu seiner Hälfte einen Graben; anscheinend hatte der Hügel nur die Asche der 192 gefallenen
Athener aufgenommen, denen die außergewöhnliche
Ehrung zuteil geworden war, am Ort ihres Sieges über
die einfallenden Perser beigesetzt zu werden. Die Grab-

Der Poseidontempel auf Kap Sunion *ist der vielleicht am schönsten gelegene Tempel Griechenlands. Den Seeleuten der Antike Willkomm und Abschied bei ihren Fahrten durch die Ägäis bietend, ist er heute ein vielumlagertes Ausflugs-*

tafeln mit den Namen der Toten waren schon vor langer Zeit verschwunden; nur noch Blumen zierten den Hügel: Anemonen, Krokus und Narzissen bewachten seinen Fuß, Asphodelen überwucherten die Hänge und reckten ihre hohen rosigen Speere aufrecht dem Wind entgegen, während zwischen ihren Blüten die Bienen summten.

Auch außer Gebrauch geratene Brunnen waren bekannt für antike Funde. In den tieferen Schichten eines solchen Schachtes entdeckte Clarke nicht weniger als siebenunddreißig vollständig erhaltene Tongefäße; die besten Stücke wählte er aus, den Rest warf er fort. Aus einem anderen holte sich Hobhouse zwei recht mittelmäßige Aphrodite-Statuen, während die Anstrengungen eines weiteren Besuchers zu einem recht nützlichen Nebenergebnis führten: Er brachte zur großen Freude

ziel des Massentourismus. Sammeleifer der Antikenjäger und die Leidenschaft vieler Reisender, sich zu verewigen, machten auch vor ihm nicht halt: Unter den zahlreichen Graffiti und Kritzelein findet man auch den Namen Lord Byrons.

der Athener eine vorzügliche Quelle wieder zum Fließen, nachdem man die Abfälle, die den Brunnen so lange verstopft hatten, fortgeräumt hatte.

Die vielen Kirchen und Kapellen, die über die Ebene von Attika verstreut lagen, wurden von den Antikenjägern nicht weniger untersucht. Ein Sammler entdeckte den Torso eines Kouros, der halb unter Unrat begraben war; er habe es nicht über sich gebracht, ihn dort seinem Schicksal zu überlassen und ihn deshalb, unter Hinterlegung einer kleinen Spende, mitgenommen, erklärte er später.

Einen Ritt von Athen entfernt lag Daphni, die Stelle eines uralten Apolloheiligtums, die nun ein hinter zinnenbewehrten Festungsmauern sich duckendes Kloster einnahm. Die Türken benutzten die Kirche häufig als

Rastplatz, wie jedes Gebäude, dessen Tür nur hoch
genug war, Roß und Reiter durchzulassen. Sie hatten
das byzantinische Mosaik mit der Darstellung des
Christus Pantokrator im Kuppelrund völlig verdorben,
indem sie in ihrem islamischen Fanatismus die Augen,
deren Blick sie überall hin zu verfolgen schien und den
sie nicht ertragen konnten, mit Kugeln völlig durch-
löcherten. Auch die Griechen standen bei diesen vandali-
schen Zerstörungen nicht zurück: Piraten hatten einmal
das Kloster überfallen und die Mosaiksteinchen des
Goldgrundes herausgebrochen in der Annahme, sie be-
stünden wirklich aus dem Edelmetall. Vom einstigen
Tempel waren beim Bau der Kirche einige Architektur-
teile wiederverwendet worden; Elgins Mission löste aus
den Wänden zwei jonische Kapitelle, eine Säulenbasis
sowie eine Säulentrommel und nahm sie mit. Einige alte
Pfeiler und plastische Fragmente sind noch heute zu
sehen. Damals fand man in dem Bau selbst nichts, was
des Anschauens wert gewesen wäre: Die byzantinische
sakrale Bau- und Dekorationskunst stieß allgemein auf
Ablehnung; man betrachtete den Stil als barbarisch und
behauptete, er habe seit den Zeiten Justinians mit seinen
Kuppeln und häßlichen Bögen die griechische Kultur-
landschaft verdorben; ihre Umrisse beleidigten die
Augen des an die schlichten, edlen und erhabenen Bauten der Antike gewöhnten Beschauers. Gleich strengem
Verdikt verfielen die byzantinische Malerei und Mosaik-
kunst; man sah in den verzerrten und unnatürlich über-
längten Figuren betender Heiliger vor ihrem leuchtend
blauen, gelben oder roten Hintergrund nur Karikaturen.
Vernachlässigung, ja selbst Zerstörung dieser Reste
waren an der Tagesordnung. Die Griechen waren zudem gehalten, den Türken für die Erlaubnis, ihre Kirchen renovieren zu dürfen, besondere Abgaben zu
zahlen, und darum sahen sie oft schon aus Furcht, sich

neuen Erpressungen auszusetzen, von solchen Erhaltungsmaßnahmen ab. So waren jetzt leider viele Denkmäler und Zeugnisse des christlichen Glaubens, der jahrhundertelang türkischer Unterdrückung widerstanden und das Volk zusammengehalten hatte, anscheinend zum Untergang verurteilt.

Schließlich entgingen auch die wenigen zerfallenen Tempel in der Umgebung Athens, soweit von ihnen überhaupt noch Spuren sichtbar waren, den Sammlern nicht. Eleusis mußte, wie wir im nächsten Kapitel ausführlich hören werden, seine Statue hergeben; Rhamnous an der Ostküste – einst berühmt für seinen Nemesiskult –wurde durch John Peter Gandy-Deering, ein Mitglied der von der englischen ›Society of Dilettanti‹ ausgerüsteten Expedition von 1811, aller seiner Schätze beraubt. Er entdeckte und erwarb das Fragment eines Kolossalhauptes, das wohl einst der Göttin gehört hatte, weiter einen weiblichen Torso und ein Weiherelief, die er aber beide wieder verlor. Der Poseidontempel auf Kap Sunion hatte nicht viel mehr zu bieten als sein Gesims, und auch das verlor er noch. Der Apollotempel auf dem küstennahen Kea mußte den größten Teil der Kolossalstatue des Gottes und mehrere andere Fragmente hergeben; aber wenigstens konnte niemand auf die Idee kommen, den Kolossallöwen, der nahe dem Hauptort des Inselchens aus dem gewachsenen Felsen herausgehauen ist, mitgehen zu lassen, denn er mißt über sieben Meter in der Länge und mehr als zwei in der Breite.

ELEUSIS

DIE GÖTTIN
UND DER ABERGLAUBEN

Edward Daniel Clarke hatte das große Glück, im Alter von erst dreißig Jahren als Reisebegleiter für John Cripps, einen liebenswerten Jüngling, der gerade seine Studien am Jesus College von Cambridge abgeschlossen hatte, engagiert zu werden. Am gleichen College hatte Clarke bereits das Amt des Schatzmeisters innegehabt. Als er mit seinem Zögling zur obligaten Bildungsreise aufbrach, waren ihnen wegen der napoleonischen Kriege die klassischen Ziele, Frankreich und Italien, verschlossen; so wandten sie sich erst nach Nordeuropa und reisten dann über Konstantinopel nach Griechenland; sie waren praktisch die ersten Reisenden, die auf ihrer ›Grand Tour‹ dies Abenteuer wagten: Sie reisten in ein Land, das vom Rest Europas so gut wie vergessen war. Obwohl sie von all dem Elend und Verfall, dem sie sich dort gegenübersahen, zuerst nur entsetzt und enttäuscht waren, gerieten sie allmählich durch die wundervolle Landschaft und die Antiken, die in Athen fast zum Einsammeln dalagen, in Begeisterung. Nachdem sie dort einige Marmorskulpturen zweifelhafter Herkunft erworben hatten, brachen sie zu einer Exkursion durch die Morea auf.

Im Verlauf ihrer Reise durch die Peloponnes schränkten sie ihre Käufe verständlicherweise auf Objekte wie etwa Münzen ein, die leichter zu transportieren waren. Dem Erwerb solcher Münzen konnten nur wenige Reisende widerstehen, so wenig sie auch oft darüber wußten. Ein Engländer nannte seine Sammlung ungeschminkt einen Haufen Plunder, aber hübsch genug, einen Gentleman zu entzücken; einige seiner Stücke,

hoffte er, könnten einen gelehrten Disput darüber entfesseln, ob es sich bei ihrem Prägebild um den Donner-
gott Zeus oder die Artemis von Paphos handele. Fälschungen waren an der Tagesordnung, und später sollen
in Athen und Argos richtige Falschmünzereien gegründet worden sein, deren Besitzer die Frechheit hatten,
ihre Prägungen fast ofenwarm anzubieten. Doch wenn
man die Ankaufsmethoden, die von Clarke und Cripps
entwickelt wurden, berücksichtigt, kann man sie kaum
tadeln: Die beiden Herren stellten fest, daß die Bauern
sich nicht gerne von den Silbermünzen im Kopfputz
ihrer Frauen trennten: Die Griechinnen schmückten
die kleinen Kappen, die sie auf der Stirn trugen, mit
Münzen, andere flochten sie in ihr Haar. Locken konnte
man sie jedoch mit ein paar blanken, neugeprägten Paras;
diese Münzen waren zwar aus minderwertigem Metall
und nur einen Bruchteil der antiken Silbermünzen wert,
doch Clarke und Cripps, die sich mit genügend Vorrat
versorgten, erlangten im Tausch für den schäbigen,
wenn auch glitzernden Köder viele seltene Münzen, von
denen zumindest eine von hoher Seltenheit war. Wenn
sie versucht hätten, mit höheren, aber blinden und abge-
griffenen Münzen zu bezahlen, so hätten sie nach ihrer
Aussage selbst für viele Piaster kaum den Gegenwert
erhalten.

In Delphi machten drei andere reisende Engländer
einen weniger spektakulären Gewinn. Dort war eine
Art von Ausrufer dazu bestellt, auf das Dach seines
Hauses zu steigen und Gott und die Welt über alles, was
vorging, zu unterrichten. Er bot seine Dienste den
›Milordi‹ an, die ihn sogleich baten, den Einwohnern
zu verkünden, sie könnten alles anbringen, was sie zu
verkaufen hätten. Einer von den Reisenden erwarb dabei
für nur zwei Pfund eine antike Goldmünze, die sich
später als sehr wertvoll erweisen sollte. Dann boten sie

durch den Ausrufer eine Belohnung an für einen Geier vom Parnaß, und auch dieser Auftrag wurde getreulich ausgeführt: Sie untersuchten die edle Trophäe und stellten fest, daß die Schwingen des Vogels eine Spannweite von fast drei Metern besaßen, was das sturmgleiche Brausen erklärte, wenn einer dieser Herrscher der Lüfte über ihren Köpfen dahinflog.

Eine der besten Münzsammlungen war die des Obersten Rooke. Er war ein ziemlich ungewöhnlicher Mann mit einem ansehnlichen Vermögen und hatte sich bereits im Jahre 1800 in den Ruhestand versetzen lassen. Er hatte auf fast jeder Insel des Archipels eine Wohnung – hier ein Zimmer bei Freunden, dort ein eigenes Haus –, lebte dabei aber gewöhnlich auf seiner Yacht, die jeden Luxus aufwies, inklusive einer exquisiten Bibliothek. Er machte es sich zur festen Regel, nur vor dem Winde zu segeln, und da er auf allen Inseln gleichermaßen zuhause war, machte ihm eine notwendige Richtungsänderung nichts aus. Um 1813 ist er auf Zypern gestorben. Sammlungen wie Grundbesitz hinterließ er seinen beiden unverheirateten Schwestern in England, aber die ersteren gingen wahrscheinlich verloren. Es könnte sein, daß er mit jenem Edelmann identisch war, der nach Aussagen der Zeitgenossen Skio zu seinem Lieblingsaufenthalt gemacht hatte, weil er die schmeichelnde Luft dieses Eilandes bevorzugte und dort regelmäßig Luftbäder nahm, indem er für einige Stunden im paradiesischen Naturzustand auf dem Gipfel eines Berges herumspazierte.

Der Münzsammler mit dem sichersten Geschmack und dem größten Erfolg war jedoch Fauvels Freund Cousinéry, der viele Jahre als Konsularbeamter in der Levante, überwiegend in Saloniki, verbrachte. Er erwarb alles in allem 26000 Münzen; 1811 verkaufte er eine Auswahl für 6900 Pfund an Kronprinz Ludwig von

Bayern, später eine weitere für 3500 Pfund; 1817 trennte er sich von einem weiteren Teil seiner Kollektion, den er für 1700 Pfund Österreich überließ, während ein vierter 1821 an Frankreich ging. Er hatte als Altertumsforscher eine große Tugend: im Gegensatz zu den Amateurarchäologen notierte er genauestens den Fundort seiner Münzen.

Als Clarke und Cripps auf ihrer Rückreise von der Morea in Eleusis Station machten, entdeckten sie dort, jedem Zugriff offen, eine Statue, die für sie den Inbegriff der Schönheit darstellte – nur, wie sollten sie sie fortschaffen?

Eleusis gehörte zu den berühmtesten Heiligtümern und Wallfahrtsstätten der Antike. Es war die Stelle, wo Demeter auf der Suche nach ihrer Tochter Persephone rastete, die von Pluto in die Unterwelt verschleppt worden war; hier offenbarte sie den Menschen ihre Göttlichkeit und befahl ihnen, ihr einen Tempel zu errichten, in dem sie sich verschloß und sich weigerte, die anderen Götter zu empfangen; hier beschwor sie auch ein für die Erdenbewohner höchst entsetzliches und grauenhaftes Jahr herauf, indem sie der Saat zu sprießen versagte. Zeus selbst, gerührt vom Untergang des von bitterem Hunger gequälten Menschengeschlechts, berief Persephone für eine bestimmte Zeit des Jahres aus der Unterwelt zurück. Bei ihrer Rückkehr wurde sie von Hermes geleitet, und der Götterbote zügelte seine feurigen Rosse, als er in Eleusis eintraf, wo Mutter und Tochter einander in tiefstem Entzücken wiederbegegneten. Bevor Demeter zum Olymp zurückeilte, befahl sie der Frucht, aus der Erde hervorzubrechen, so daß bei ihrem Fortgang die ganze Welt von frischen Blättern und Blüten erfüllt war. Später enthüllte sie ihren Kult und das Geheimnis ihrer Mysterien dem König von Eleusis.

Im Lauf der Jahrhunderte war der Tempel der Demeter immer wieder erneuert worden; jedesmal glanzvoller, bis sich die Altäre, Höfe und Torbauten zu einem vollkommenen Rahmen für die Mysterien fügten. Das Geheimnis der Demeter-Mysterien ist – obwohl Tausende von Griechen und später auch Römern zu den Eingeweihten gehörten – nie entschleiert worden, und sie wurden noch lange nach Einführung des Christentums vollzogen. Doch nie gab jemand ihren Inhalt preis. Die Mysten hatten einen feierlichen Eid zur Geheimhaltung abzulegen, dessen Bruch die Todesstrafe bedeutet hätte. Selbst Pausanias spricht in Andeutung: »Was innerhalb der Mauer des Heiligtums ist, verbot mir ein Traum zu schreiben.«

Um 1800 war alles, was von dem Heiligtum noch übrig war, ein riesiges Durcheinander umgefallener Säulen, zerbrochener Architrave und verstürzter Mauern, wo Ranken und Blumen ihre Girlanden über die Trümmer breiteten. Ringsherum standen etwa dreißig Lehmhütten mit flachen Dächern, beherrscht von einem Turm, in dem der Grundbesitzer, ein Türke lebte. Die Reste der äußeren oder Großen Propyläen, nach dem berühmten Vorbild auf der Akropolis zu Athen gestaltet, waren noch erkennbar, ebenso die Reste des inneren Tores, der sogenannten Kleinen Propyläen, die aus zwei Wänden und einem gepflasterten Torweg bestanden hatten. Man betrat sie durch einen von korinthischen Säulen getragenen Portikus, den ein römischer Konsul, Appius Claudius Pulcher, so um 50 vor Christus gestiftet hatte; fertiggestellt wurde der Portikus jedoch erst nach dem Tode des Konsuls unter seinem Neffen. Am Ende des Tores, im Bereich des Heiligtums selbst, stand der obere Teil einer Statue, die man damals für die der Demeter hielt, in großartiger Majestät inmitten der traurigen Ruinen ihres einst so herrlichen Tempels. Die Figur war leider in einem sehr schlechten Zustand: Das Ge-

Eine halbverfallene Mole war alles, was Eleusis *im Jahre 1800 an Hafenein-
richtungen bieten konnte. Mit großen Mühen und unsäglicher Geduld gelang es
John Martin Cripps und Edward Daniel Clarke, die von ihnen entdeckte soge-*

sicht und ein Teil des Halses waren abgebrochen. Aber
die Ornamente an dem runden Korb, den sie auf dem
Kopf trug, waren gut erhalten: Weizenähren und Mohn
und der ›Kernos‹, der geweihte Kessel, der im Kult von
Eleusis eine Rolle spielte, waren leicht zu erkennen. Der
Faltenwurf ihres Chitons, der über der Brust von einem
Gorgonenkopf gehalten wurde, war offensichtlich von
höchster Eleganz und Feinheit.

Schon frühere Besucher hatten sie als Demeter bezeichnet und wegen ihrer – wenn auch angeschlagenen –
Schönheit gepriesen. Ein venezianischer Admiral soll

nannte ›Demeter‹ durch angeworbene Dorfbewohner von der Fundstelle zum Strand transportieren und an Bord eines zufällig vorüberkommenden Seglers hieven zu lassen. Links im Hintergrund erkennt man noch das Kithäron-Gebirge.

versucht haben, sie mitzunehmen, wurde jedoch mit Waffengewalt an seinem Vorhaben gehindert, da sich die Einwohner schützend vor ihre Göttin stellten: Sie brachten ihr in ihrem tiefen Aberglauben geradezu kindliche Verehrung entgegen und schrieben ihr die Fruchtbarkeit ihres Landes zu; bevor sie den Dung auf ihre Felder brachten, häuften sie ihn erst einmal um sie herum auf, so daß sie zuzeiten bis zu den Ohren in einem Misthaufen stand. Was solle denn, so fragten die Dörfler, aus ihrem Korn werden, wenn man die gute Fee mit dem Korb auf dem Haupt entführe? Schon der bloße Ge-

danke eines solchen Frevels verbreitete Entsetzen, als
habe jemand versucht, den Mond aus seiner Bahn zu
bringen.

Diese Art von Aberglauben, unter Türken und Griechen gleich stark verbreitet, war mit einer allgemeinen
Furcht vor dem ›Bösen Blick‹ verbunden. Den ›Bösen
Blick‹ hielt man für eine Art allgegenwärtigen Dämons,
der unter jeglicher Fruchtbarkeit seufzte, unter jedem
Erfolg litt, zornig wurde ob einer reichen Ernte oder der
Vermehrung der Herden, ja es dem Himmel selbst nach-
trug, wenn er einem jungen Mädchen Schönheit verlieh!
So kam nie jemand auf die Idee, einem anderen wegen
seiner wohlgeratenen Kinder Glück zu wünschen, wie
man es peinlich vermied, das Pferd des Nachbarn zu
loben, damit der Böse Blick die Kinder ja nicht mit Aus-
satz schlage oder das Pferd mit Lahmheit. Wenn man
eine Schönheit pries, so nur unter allerlei Vorsichtsmaß-
regeln: etwa, indem man dabei ausspuckte oder von
Knoblauch sprach, denn nur so war der böse Bann zu
brechen. Knoblauch insbesondere war das große All-
heilmittel: Es hing in jedem neuen Haus und auf jedem
Schiff als abwehrendes Mittel gegen Sturm und Unge-
witter.

Mit Hilfe eines Zauberbanns konnte man Unheil über
seine Feinde bringen. Die Partei, die sich davon betroffen fühlte, nahm dann eine Anzahl Steine und häufte sie
an einer auffallenden Wegstelle auf; dabei sprach sie bei
jedem Stein, den sie niederlegte, einen Fluch über ihren
Feind. Da wohl niemand, der offensichtlich so furchtbarem Bann verfallen war, ohne Schuld sein konnte,
schien es jedem guten Bürger Pflicht, mit wenigstens einem Stein und einem Fluch zum Anwachsen des Hau-
fens beizutragen, der so manchmal eine beachtliche
Höhe gewann. – Ein anderer Zauber wurde benutzt,
wenn ein Mädchen von zwei Männern verehrt wurde,

und der Abgewiesene kein Mittel mehr sah, die Gunst der Geliebten zu erringen: Er flocht dann die Haare seines Hauptes zusammen und flüsterte dabei: »Ich binde A an B und den Teufel in die Mitte«. Mit jedem Knoten, den er so in sein Haar flocht, verzögerte er das Glück seines Nebenbuhlers um eine Nacht. Kam diese Ungeheuerlichkeit dem Gatten zu Ohren, so konnte es geschehen, daß er unbewußt zum Komplizen seines Feindes wurde, indem er sich aus purem Aberglauben und Scham versagte. Ein junger Mann, der während der ganzen Flitterwochen unter dieser Kalamität zu leiden hatte, konnte erst durch die wiederholten Gebete und das Weihwasser des Papas erlöst werden. – Oft betraf der Aberglaube aber auch rein weibliche Sorgen. So gab es nahe der Pnyx einen Felshang, der im Lauf der Jahrhunderte glatt und schlüpfrig geworden war, da nach einer Überlieferung, der Mohammedanerinnen in gleichem Maße wie Christinnen anhingen, eine Frau sicher sein konnte, nur Söhne zu gebären und eine leichte Niederkunft zu haben, wenn sie dort einmal herunterrutschte – so wie Gott sie geschaffen hatte. ›Franken‹, die sie dabei beobachtet hatten, fanden diesen Brauch nicht nur höchst schockierend, sondern auch lebensgefährlich. – Eine andere Stelle, der vom Aberglauben eine besondere Wirkung zugeschrieben wurde, war das Stadion von Athen. Wenn sich junge Frauen eine glückliche Ehe wünschten, die Rückkehr ihres Gatten ersehnten oder die Genesung ihres Kindes erflehten, so wickelten sie ein Geldstück in ein gesticktes Taschentuch, an dem ein rotes Band hing, und legten es in der alten Rennbahn mit etwas Honig, einer Schale Milch, Brot und Mandeln aus. Im Fortgehen riefen sie die Schicksalsgöttinnen an, indem sie sangen: »Ihr, die ihr da wacht über das Schicksal des Weltalls, sorgt doch auch für das meine!«.

Es braucht deshalb keineswegs zu verwundern, daß Menschen, die so tief dem Aberglauben verfallen waren, auch die antiken Reste um sich herum von überirdischen Mächten belebt glaubten. Wie leichtfertig die ›Milordi‹ auch spotten mochten: Sie hatten eben zu lernen, daß man solche Überzeugungen hinnehmen und achten mußte, wenn man die begehrten Antiken erlangen wollte!

DIE ENTFÜHRUNG DER
DEMETER

Clarke und Cripps waren also entschlossen, die Demeter zu erwerben und nach England zu bringen – ein optimistischer Plan, denn die Dame wog mehr als zwei Tonnen.

Sie begannen ihr Vorhaben damit, den Dorfpfarrer nicht nur für sich zu gewinnen, sondern ihn dazu zu bewegen, die Zustimmung der Bevölkerung zur Veräußerung ihrer Göttin zu erreichen. Der ›Papas‹ machte ihnen zunächst klar, daß sie sich vorerst einmal einen Ferman des türkischen Gouverneurs in Athen besorgen müßten. Zum Glück war der ihnen als Begleiter zugeteilte Janitschar Ibrahim mit dem Gouverneur verwandt; er versprach ihnen alle in seiner Macht stehende Hilfe. Am nächsten Morgen suchte er seinen hohen Verwandten auf und teilte ihm die Absichten der Engländer mit. Der Gouverneur stimmte ihrem Verlangen unter der ausdrücklichen Bedingung zu, ihm ein kleines englisches Teleskop aus dem Besitz Lusieris zu überlassen. Obwohl nun Clarke mit dem Künstler befreundet war, stellte diese Bedingung dennoch insofern eine ernste Gefahr für ihr Vorhaben dar, da ja Lusieri als beauftragter Agent für Elgin tätig sein und somit in Pflichtenkonflikt geraten mußte. Es war keine Zeit zu verlieren, denn sicher würde der Gouverneur die Angelegenheit bald dem englischen Konsul Logotheti berichten, der natürlich den Interessen Elgins den Vorrang geben und, wie Clarke befürchtete, den Plan zum Scheitern bringen würde. So entschied man sich also, Lusieri einzuweihen, der sich in der Tat als Gentleman erwies, ihnen – gegen das Versprechen, ein neues aus England zu schicken –

nicht nur sein Teleskop abtrat, sondern es dem Gouverneur sogar noch selber brachte und ihn dazu überredete, dem Konsul gegenüber größtes Stillschweigen zu bewahren. So kamen Clarke und Cripps zu ihrem Ferman, sehr billig noch dazu, wenn man bedenkt, daß einige Jahre zuvor ein Engländer für die bloße Erlaubnis, in Eleusis Grabungen und Messungen durchführen zu dürfen, eine kostbare Schnupftabakdose voller Goldmünzen hatte berappen müssen. Vielleicht aber zeigte sich Lusieri auch nur deshalb so hilfsbereit, weil er Clarkes Unternehmen sowieso keinerlei ernsthafte Chancen einräumte.

Jetzt erhob sich die nächste Schwierigkeit. Das Fährboot, das zwischen der Insel Salamis und dem Festland verkehrte, war zwar ungewöhnlich groß, dazu sehr stabil und schien das einzig mögliche Transportmittel, um den riesigen Marmor von der eleusinischen Küste zum Piräus zu bringen, doch es wurde vom englischen Konsul kontrolliert, der die Insel für hundertfünfzig Pfund im Jahr von den Türken gepachtet hatte. Es war also nicht zu vermeiden, ihn um seine Hilfe zu bitten. Ein solches Verlangen mußte, wie man sich vorstellen kann, sogleich im höchsten Maße die Neugier Logothetis erregen; aber sei es, daß es Clarke gelang, seinen Argwohn durch die geschickte Beantwortung seiner vielen Fragen zu beseitigen, oder sei es, daß er zwar Verdacht über die wahren Absichten schöpfte, aber doch, wie Lusieri, an das sichere Scheitern eines solchen Unterfangens glaubte: Er gab seine Erlaubnis.

So kehrte Clarke erfolgreich nach Eleusis zurück, um sich dort sogleich mit einer Lage konfrontiert zu sehen, die fast das Ende aller Pläne bedeutet hätte: Während die Dorfbewohner noch mit dem Janitscharen Ibrahim über die geeigneten Transportmittel beratschlagten, riß sich ein Ochse vom Joch los, rannte mit seinen Hörnern

mehrmals gegen die Statue an und lief dann, so schnell
er konnte, unter Gebrüll aufs Feld hinaus! Sogleich
erhob sich natürlich ein allgemeines Geraune, in das die
Frauen lautstark einfielen, und es war dadurch nahezu
unmöglich, irgendwelche Vorschläge zu unterbreiten.
Sie seien immer um ihre reichen Ernten beneidet worden, riefen die Dörfler, und wenn die Figur fort wäre,
würde es mit der Fruchtbarkeit ihres Landes aus sein!
Erst spät in der Nacht waren endlich alle Skrupel aus-
geräumt.

Am nächsten Morgen versammelten sich die Leute
zwar rings um die Statue, aber niemand machte die geringsten Anstalten, sie auszugraben. Sie befürchteten,
daß der Arm eines jeden, der es wagen würde, sie zu berühren oder gar zu bewegen, verdorren müsse. Schließlich jedoch legte ihr Seelenhirte – teils veranlaßt von der
Überredungskunst der Engländer, teils von Ibrahims
Drohungen eingeschüchtert – seinen Rauchmantel, den
er sonst nur im Hochamt trug, an und ging zum Gra-
bungsplatz, wo Demeter jetzt, von allem Schutt und Unrat befreit, dastand, und führte den ersten Schlag mit der
Spitzhacke gegen den Boden, um zu beweisen, daß niemand, der an ihrer Entfernung mitarbeitete, von einem
Unglück bedroht wäre. Danach schritt die Arbeit recht
munter voran.

Das nächste Problem bestand darin, den Transport der
Statue vom Dorf zur Küste zu bewerkstelligen, eine
halbe Meile weit und immer einen Abhang hinunter.
Clarke und Cripps hatten in Athen nur ein einfaches Seil
aus Pflanzenfasern auftreiben können und einige lange
Nägel; glücklicherweise fanden sie in Eleusis verschie-
dene lange Holzbalken, eine Axt und eine kleine Säge.
Mit diesen Werkzeugen wurde der kräftigste Balken zer-
sägt und zu einem dreieckigen Gestell zusammengefügt.
Die Bauern schaufelten den Grund rund um die Figur

aus, bis sie sich nach vorne neigte; dann wurde das
Gestell so plaziert, daß die Göttin mit Hilfe des umge-
legten Seiles langsam niedergelassen und allmählich in
die Vorrichtung hineingesenkt werden konnte. Vom
Rest der Stangen wurden Rollhölzer gemacht, um das
Gestell fortbewegen zu können; dann wurden am äußersten Ende des vordersten Balkens die Seile vertäut.
Rund hundert Männer aus dem Dorf und der Nachbar-
schaft waren versammelt, außerdem an die fünfzig Bur-
schen: Einige stellten sich an der Seite auf, um die Seile
zu ziehen, andere waren damit beschäftigt, das Gestell
mit Hilfe von Hebeln anzuheben, wenn sich Felsen oder
große Steine dem Transport hinderlich in den Weg
stellten. Die Jungen versuchten, die Rollhölzer – sobald die Maschinerie darübergeglitten war – so rasch
wie es ging einzusammeln und wieder vorne niederzule-
gen. Auf diese Weise erreichte die Statue gegen Mittag
den Hügelkamm über dem alten Hafen; der Transport
bergab zum Strand gestaltete sich trotz des durch Rui-
nengelände führenden Weges und der Behinderung
durch große Steine einfacher. Alles in allem beanspruchte
das Rollkommando ganze neun Stunden, bis die zwei
Tonnen Marmor an den Strand geschafft waren: ein rich-
tiges Schneckentempo!

Neue Schwierigkeiten tauchten auf. Das Fährboot von
Salamis war mit vier Mönchen an Bord eingetroffen, die
von Panik erfaßt wurden, als sie hörten, daß ihr Boot mit
der heidnischen Statue beladen werden sollte. Dann
stellte man fest, daß im Hafen der Wasserstand zu gering
wäre, um das Boot näher an die Küste zu dirigieren, und
schließlich entdeckte man, daß die alte Mole von Eleusis,
obwohl sie sich weit in die See hinaus erstreckte und aus
massiven Quadern gefügt war, nicht benutzt werden
konnte, weil sie inzwischen völlig zerfallen war und
zwischen ihren Steinblöcken das Wasser gurgelte. Man

hätte mit Brettern einen Laufsteg darüber legen können, nur: Es gab leider kein Holz dafür.

In diesem kritischen Moment war Clarke so weit, das ganze Unternehmen aufzugeben. Plötzlich tauchte ein stattlicher Segler auf, der zwischen Salamis und der Küste von Eleusis kreuzte. Clarke setzte augenblicklich in einem Boot aus und machte sich der Schiffsmannschaft bemerkbar. Als der Kapitän sich bereit erklärte, anzulegen, charterte er nicht nur das Schiff für den Seetransport nach Smyrna, sondern auch die Mannschaft samt Booten und Werkzeug, um mit ihnen die endgültige Verladung zu bewerkstelligen. Die Leute arbeiteten mit Geschick und Verstand und machten den Rest der Arbeit zu einem reinen Vergnügen. Bei Sonnenuntergang stand die Statue an der äußersten Spitze der Mole.

Am folgenden Tag in aller Herrgottsfrühe wurden zwei Boote – eines vom Segler, eines von der Salamis-Fähre – zwischen Segler und Pier längsseit gelegt und dann Planken kreuzweise zu einer Art Bühne gefügt, auf der die Seeleute mit Tauen und Hölzern hantieren konnten. Ein kleines Seil wurde um die Statue gelegt und diese dann mit Hilfe von zwölf untergelegten Hebelstangen, die alle zur gleichen Zeit betätigt wurden, auf die Rahnock hochgehievt, von wo aus sie nach einem kurzen Schwenk auf dem Deck landete! Die Eleusier verabschiedeten sich von ihr, und dann segelte das Schiff nach Smyrna, wo man das Marmorbild auf den Kauffahrer ›Principessa‹ verlud.

Es wird niemanden verwundern, daß die abergläubischen Eleusier dem Schiff, das ihre Demeter auf Nimmerwiedersehen entführte, Schiffbruch prophezeiten. Ihre Vorhersage erfüllte sich denn auch wirklich: Die ›Principessa‹ lief auf Grund. Zum Glück bei allem Unglück geschah dies aber erst an der Küste von Sussex bei Beachy Head, also praktisch vor der Haustür der Familie Cripps in Stanton Manor, ihrem Landsitz. Es klingt wie im Märchen: Der Vater Cripps war gerade anwesend, bemerkte die Havarie und kam sofort zu Hilfe. Seinem rechtzeitigen Eingreifen ist es zu danken, daß nicht nur die Demeter, sondern eine Reihe weiterer Skulpturen wie auch die ganze sonstige Ausbeute der beiden Reisenden vor dem Untergang gerettet wurden: Allein die Erwerbungen seines Sohnes mit über tausend griechischen Münzen, über sechstausend ausländischen Pflanzen und einer großen

In diesem unvollkommenen Zustand (links) hatten Cripps und Clarke die Demeter von Eleusis *gefunden. Überzeugt, daß es sich um die Darstellung einer Göttin handeln müsse, trat Clarke den bald aufkommenden Zweifeln von Kennern entgegen und beauftragte den klassizistischen Bildhauer John Flaxman mit der Rekonstruktion des Fragments. Im Gegensatz zu Berthel Thorwaldsen, der an*

Sammlung von Insekten und Mineralien, von den Zeichnungen, See- und Landkarten ganz zu schweigen, füllten
76 Kisten; und die von Clarke waren eher noch größer.

Clarkes größter Stolz waren seine Figuren, doch seine
vermeintlichen Schwäne erwiesen sich bald als – Gänse.
Ein Fragment, das er von der Akropolis mitnahm, war
nicht wie vermutet ein Stück von einer Metope des Parthenon, sondern stammte von einem unbedeutenden und
ziemlich häßlichen Grabstein; eine Marmorinschrift, die

den Ägineten die fehlenden Teile ergänzte, vervollständigte Flaxman 1809 die
›Demeter‹ nur auf dem Papier zu einer thronenden Göttin (rechts). Inzwischen
weiß man, daß es sich hier nur um das Bruchstück einer kolossalen Karyatide,
noch dazu aus römischer Zeit, handelt, von der ein weit besser erhaltenes Gegen-
stück heute im Museum zu Eleusis ausgestellt ist.

er nach eigener Aussage »Elgins Kaplan und seiner van-
dalischen Plündererbande« vor der Nase weggekauft
hatte, nicht, wie er glaubte, vom Grab des berühmten
Euklid, und seine Pan-Statue war nichts als ein verzierter
Baluster.

Und die Demeter? Sie wurde in aller Form und mit
allen Ehren am 1. Juli 1803 in der Mitte des Vestibüls der
Bibliothek von Cambridge sorgsam auf einem Sockel
aufgestellt. Auf Wunsch der Universität wurden die Namen von Clarke und Cripps im Sockel eingemeißelt. Bald
danach begann man zu vermuten, daß die Statue nur eine
kolossale Karyatide sei und überdies aus römischer Zeit
stamme. Clarke protestierte heftig gegen solche niedri-
gen Verdächtigungen und betraute John Flaxman mit
dem Auftrag, die ursprüngliche Form seiner geliebten
Göttin wenigstens auf dem Papier zu rekonstruieren:
Der Maler stellte sie als thronende Göttin dar. Clarke veröffentlichte die Zeichnung zusammen mit allem, was er
an gelehrten Beweisen zusammenbringen konnte, aber
ohne Erfolg: Sie war tatsächlich nichts als eine Karyatide,
und eine sogar noch besser erhaltene Schwester von ihr
ist heute im Museum von Eleusis ausgestellt und zu bewundern.

Im Gegensatz zu anderen Sammlern, denen wir später
noch begegnen werden, zogen Clarke und Cripps aus
ihren Funden keinerlei finanziellen Nutzen; sie schenk-
ten alle ihre Statuen der Universität. Cripps hatte groß-
zügigerweise die meisten Frachtkosten übernommen;
für die Objekte selbst hatten sie ja kaum etwas bezahlt.
So wurde die ›Demeter‹ – wenn es auch keine war – sogleich einer weiten Öffentlichkeit bekannt, anstatt wie
ihre Tochter Persephone im Reich der Toten auf einem
englischen Adelssitz in Vergessenheit zu geraten. Schon
damals wurden Klagen laut, daß die Zerstreuung der besten Antiken über die englischen Adelssitze es den Stu-

denten schwierig mache, mehr als einen Bruchteil des
Vorhandenen zu untersuchen – vor allem auch im Seiten-
blick auf die Diener, die Trinkgelder gewöhnt waren,
welche die bescheidenen Mittel eines reisenden Studen-
ten bei weitem übertrafen.

Die Schenkung der Demeter an Cambridge bezeichnet
den Anfang einer neuen Einstellung: Von da an wanderten die meisten bedeutenden Erwerbungen aus Griechenland in die Museen: in die Antikensammlungen von London, Paris oder München. Die Tage der großen Privat-
sammler waren gezählt.

Nach der Entführung der ›Demeter‹ blieben die Ruinen
von Eleusis – Elgins Anregung, den Ort zu erforschen,
zum Trotz – für einige Jahre fast unbehelligt. Elgin
hatte gewünscht, daß die Stätte vermessen und ausgegraben würde und daß die Antiken, die des Mitneh-
mens wert wären, in transportable Teile zersägt werden
sollten, möglichst noch alles an einem einzigen Tag.
Solche zeitlichen Fehleinschätzungen – selbst für eine
oberflächliche Untersuchung des Ortes würde ein Tag
nicht ausgereicht haben – waren damals gang und gäbe.
Es braucht kaum erwähnt zu werden, daß auch Lusieri
nichts in dieser Richtung unternommen hat.

Ein paar Jahre später hörte Dodwell die Bewohner von
Eleusis noch immer den Verlust ihrer Göttin beklagen;
sie versicherten ihm, daß seit ihrem Abtransport ihre
Ernte längst nicht mehr so reich sei. Doch als der skep-
tische Hobhouse den Ort 1810 aufsuchte, konnte er feststellen, daß die Ebene nichts von ihrer gepriesenen
Fruchtbarkeit eingebüßt hatte; die Einwohner zeigten
ihm das Loch, wo man die Statue ausgegraben hatte, ohne
sichtbare Trauer um ihren Verlust.

Die Expedition der ›Society of Dilettanti‹ von 1811
unter Gell und seinem Freund Craven sollte, unter Mit-

hilfe der Künstler Bedford und Gandy, zu einer ernsthaften Erforschung der Stätte führen. Da diese aber von
einem Dorf überlagert war, konnten sie nicht viel mehr
tun, als zu bestätigen, daß Demeters großer Tempel –
das ›Telesterion‹, in dem die Mysterien gefeiert wurden –
nach einem von dem Schema der übrigen griechischen
Tempel abweichenden Plan errichtet worden war. Die
Tempel beherbergten nur die Kultstatuen, die in der
Cella standen, während die Opfer an eigenen Altären vor
dem Tempel dargebracht wurden. Zur Cella hatten die
Gläubigen im allgemeinen keinen Zutritt. Das ›Telesterion‹ jedoch, wo die Mysterien vor einer riesigen Menge
von Eingeweihten vollzogen wurden, hatte aus einem
weiten, geschlossenen Bau ohne Kolonnaden bestanden,
vor dem erst von Philo eine ›Stoa‹, eine langgestreckte
Säulenhalle, errichtet wurde. Der Rest der Fundamente
ragte aus den Trümmern der Jahrhunderte noch heraus.
Gells Mannschaft bemühte sich, die Basis des Teleste-
rions auszugraben; dabei gelang es ihnen, ein Marmor-
pflaster freizulegen. Die Decke war sehr dünn und so oft
gebrochen, daß sie sie abtrugen. Dabei entdeckten sie ein
weiteres, darunter liegendes Pflaster, und mit der üblichen Sorglosigkeit erlaubten sie nun den Bauern, die
Marmorplatten der oberen Schicht gänzlich zu entfernen
und zum Dachdecken zu verwenden. Ein englischer Diener, der den Künstlern aus Langeweile bei ihren Grabungen half, war überglücklich über ein Stück Pediment
oder, wie er stolz zu sagen pflegte, ›Peppermint‹.

Craven hat uns eine anschauliche Beschreibung der
ganzen Umstände hinterlassen, unter denen die Altertumsforscher jener Tage arbeiteten. An einem naßkalten
Februartag etwa finden wir die Teilnehmer der Expedition von 1811 in einer gemieteten Hütte: Gell kniet am
Boden und zeichnet eine Karte von Eleusis, im steten
Kampf mit den Regentropfen, die durch die einzige Fen-

steröffnung, die Licht spendete, auf sein Papier spritzen. Ihm gegenüber lehnt Craven auf seinem Feldbett und benützt eine zusammengelegte blaue Hose als Tisch. Er sitzt so, daß er die wenigen einfallenden Lichtstrahlen ausnutzen und zugleich die vielen Flöhe fangen kann, die alle entschlossen scheinen, seinen Brief zu lesen. Zu seinen Füßen kauert Bedford in jener unbequemen Stellung, die einem die Beine heillos durcheinander geraten erscheinen lassen, und ist damit beschäftigt, von den zerbrochenen Säulen und Architravfragmenten Rekonstruktionszeichnungen anzufertigen (die dann in dem Werk ›Unedited Antiquities of Attica‹, das die ›Society of Dilettanti‹ 1817 herausgab, veröffentlicht werden sollten). Und Gandy versucht indes vergeblich, auf einem kleinen runden Baumstumpf eine stabile Schreibunterlage zu befestigen. Eine Batterie von Tiegeln und Töpfen sowie ganze Girlanden von Zwiebeln und verstaubten Spinnweben vervollständigen diese Idylle.

Und doch waren sie mehr als glücklich zu nennen, denn sie hatten wenigstens einen Raum für sich! Gewöhnlich bestanden diese gekalkten Lehmhütten nur aus einem einzigen Raum unter einem Strohdach, der in der Mitte durch eine niedrige Trennwand abgeteilt wurde. In der einen Hälfte schliefen Ochsen und Esel, in der anderen die Wirtsleute und ihre Gäste; beide ›Appartements‹ hatten ein und dieselbe Tür. Im Dachstuhl war das Hühnervolk malerisch verteilt, das ohne Unterlaß krähte und gackerte. Möbel waren, von ein paar Truhen abgesehen, entbehrliche Requisiten, Bettstellen waren so selten wie gute Landstraßen, und dem Reisenden dienten für gewöhnlich der bloße Fußboden oder gar die nackte Erde als Schlafplatz, was einem bald selbst ein einfaches Feldbett oder eine dicke Schlafdecke geradezu als erstrebenswerten Luxus erscheinen ließ. Im Winter wurde in der Mitte des Raumes ein Feuer angezündet; ein Teil des

Rauches entwich durch ein Loch in der Decke, denn
Schornsteine waren völlig unbekannt. Trotz allem zogen
die meisten Reisenden ein solches Quartier den wenigen
Khans oder Wirtshäusern an den Hauptverkehrswegen
vor, da diese im allgemeinen fürchterlich schmutzig und
verwahrlost waren.

Natürlich gab es auch andere Unterkünfte. Da waren
die Häuser der Konsuln in den Hafenstädten wie Patras
und Korinth, wo die gastfreundliche griechische Familie
Notara Gäste empfing, oder in Levadia an der Straße nach
Delphi, wo das Haus von Logotheti, eines anderen wohlhabenden Griechen, den Fremden immer offen stand.
Wirklich luxuriös aber brachten die türkischen Paschas
ihre Gäste unter, besonders Ali von Joánnina; einer seiner Besucher stellte fest, daß er wohl nie wieder in einem
so phantastischen Bett schlafen würde, wie auf dem, das
gerade von zwei schwarzen Eunuchen aus dem Harem
des Paschas für ihn gebracht worden sei: Der Bezug der
Matratze und der Steppdecke war mit Goldfäden durch-
wirkt, Laken und Kissenbezüge aus Seide und die Kissen
zudem mit kostbaren Borten eingefaßt.

Doch wo auch immer der Reisende schlafen mochte,
der Fluch orientalischer Nächte folgte ihm überall:
Scheußliches Getier, das in Häusern und Schenken als
Wanzen von der Decke regnete und als Flöhe aus dem
löcherigen Holzboden hüpfte; in den Hütten kroch es
aus den Wänden heraus und tummelte sich auf dem ge-
stampften Estrich; es attackierte die Reisenden auf der
Wiese, im Gestrüpp und in verborgenen Höhlen, die
man ansonsten nur für die Zuflucht scheuer Nymphen
gehalten hätte. Zu den Lieblingsplätzen der Plagegeister
gehörte auch die Umgebung ehrwürdiger Ruinen, da
dort gerne Schäfer mit ihren Herden zu rasten pflegten:
Der Antikenjäger konnte seine Beine sowohl im Schatzhaus des Atreus wie im Dromos von Tiryns schwarz

von Flöhen finden. Man darf dabei allerdings nicht vergessen, daß damals auch noch in Westeuropa Flöhe und Wanzen der Grund so mancher schlaflosen Nacht waren. All diese Unannehmlichkeiten, die einem auf den Reisen in den Orient begegnen konnten, waren jedoch nicht dazu angetan, auch nur einen Amateurforscher abzuschrekken.

PELOPONNES

DIE TOURISTEN AUS
DEM WESTEN

Sammler und Touristen also schwärmten über Griechenland aus; anfangs hatten sie keinen anderen Führer als die Schriftsteller der Antike wie Pausanias, Strabo oder Herodot; moderne Karten waren entweder unzuverlässig oder gar unerhältlich.

Die beste Hilfe war noch Pausanias. Es ist ein Glücksfall, daß bei den vielen Verlusten an antiker Literatur seine ›Beschreibung Griechenlands‹, ein Zustandsbild des Landes im zweiten nachchristlichen Jahrhundert und möglicherweise als Führer für die Reisenden seiner Zeit gedacht, fast lückenlos auf uns gekommen ist.

Nach 1800 folgten dann die Topographen, die jeden Schritt und Tritt, den sie in Griechenland taten, beschrieben, um künftige Reisende in die Lage zu versetzen, nicht nur den Weg entlang der ›Straßen‹ – die meist nicht viel mehr waren als unzusammenhängende Fährten – zu finden, sondern auch die antiken Stätten und Bauten zu identifizieren. Pouqueville war der erste, der seine ›Voyage en Morée‹ publizierte; sie kam 1805 heraus. Gells detailliertes Reisehandbuch erschien seit 1810; Hobhouses Bericht über seine Reisen mit Byron wurde 1813 gedruckt und Hollands Reisebeschreibung folgte 1815. Dodwell veröffentlichte die seine erst 1819, während Leakes Reisenotizen nicht vor 1821 herauskamen. Doch um 1830 konnte Conders ›Modern Traveller‹ dann schon zwei brauchbare Griechenlandbände einschließen.

Reisende waren gut beraten, sich einen ›Ferman‹ von der Hohen Pforte zu verschaffen oder ein ähnliches Dokument von einem der ortsansässigen Paschas, in dem sie allerorten der Obhut der zuständigen Beamten empfoh-

len wurden und der sie zudem in die Lage versetzte, sich
auf den Poststationen der osmanischen Reichspost, die
als Relikt einer einst wirksamen Verwaltung noch immer die einzelnen Gebiete verband, Pferde zu mieten.
Doch hatte diese Art des Reisens auch ihre Nachteile: das
Gepäck des ›Milordos‹ war begrenzt, und man erwartete
von ihm, daß er sich an die Routen der Post hielt und
nicht zuviel Zeit auf die Besichtigung aller am Wege liegenden Ruinen verwandte. Viele Reisende, die sich un-
abhängiger und mit mehr Muße bewegen wollten, nahmen sich privat Pferde, entweder für einen Ausflug oder
in Tagesmiete. Im zweiten Fall begleitete der Lohnröß-
ler die Gesellschaft gewöhnlich zu Fuß, um das Tier unterwegs zu füttern und am Ende des Tages heimzugelei-
ten. In der Kavalkade schlurften die Saumtiere ihren
Weg im Drei-Meilen-Tempo vorwärts: Nach dieser Ge-
schwindigkeit wurden allgemein Entfernungen gemessen; das heißt, ein drei Stunden entferntes Dorf lag geo-
graphisch etwa neun Meilen weit. Die Dorfbewohner
kannten das Land außerhalb ihres eigenen engen Lebens-
bereichs kaum und gaben – teils aus mißverstandener
Hilfsbereitschaft, teils aus Angst, ihre Unwissenheit zu
zeigen – den ›Milordi‹ häufig völlig falsche Auskünfte,
was begreiflicherweise deren nicht geringen Zorn hervorrief.

Der von all diesen Überlegungen unbelastete Forscher
konnte nach freiem Willen herumschweifen, und wenn
er zu Fuß auf ungepflasterten Wegen, entlang der Wiesen
und Felder, durch Haine und Dickicht über die Berge
wanderte, so entdeckte er einen Zauber, wie ihn keine der
staubigen Fahrstraßen je vermitteln konnte. Folgte er
klugem Rat und reiste im Herbst oder Frühling, konnte
er die Erde mit einem üppigen Teppich herrlicher Blumen bedeckt finden. Jede Art schien mit der anderen zu
wetteifern, alle Pracht eines voll erblühten Blumengar-

tens zu entfalten. Einige reisten am liebsten bei Nacht, wenn der Mond in hellem Glanz emporstieg: Nichts konnte schöner oder romantischer sein als auf solche Weise in der letzten Dämmerung langsam zwischen Felsnasen und düsteren Höhlen dahinzureiten, bevor tiefes Dunkel alles umfing. Aus den Büschen flimmerten die Glühwürmchen, zu Tausenden glimmten Leuchtkäfer auf, und wie göttlich erschien nicht der Abendstern, wenn er über der dunklen Kette der Berge auftauchte! Nicht einmal die Ruinen jedoch beklagten anscheinend das traurige Geschick Griechenlands mit solcher Emphase wie die weiten Ebenen, die einst so fruchtbar waren und nun öd und verlassen dalagen, während sich an den herrlichen Küsten kaum ein einziges Segel zeigte.

Weniger idyllisch freilich war das Reisen, wenn es darum ging, die Rechnung zu begleichen: für die westlichen Reisenden eine Quelle steter Verwirrung. Theoretisch hatte jeder Inhaber eines Schreibens der Pforte Anspruch auf freie Pferdemiete, Unterkunft und Verpflegung, aber die Türken, immer eine Hand am Geldsäckel, hatten sich angewöhnt, zu diesem Zweck in die Dörfer zu reiten, den Bauern die wenigen Vorräte wegzunehmen, ohne dafür einen Piaster zu hinterlassen, so daß bei diesem Verfahren allein die sowieso schon übermäßig besteuerten und rechtlosen griechischen Landleute für die Zeche aufkamen. Die meisten westlichen Reisenden versuchten eine solche rücksichtslose Belastung der Einheimischen zu vermeiden, aber bis die Wirte begriffen hatten, daß die ›Franken‹ meist anständig bezahlten, verging eine Weile, so daß die ersten Reisenden oft noch darunter leiden mußten, daß man sie für Räuber und Wegelagerer hielt.

Als Dodwell einmal von einigen Türken begleitet wurde, war deren Ankunft den Bauern so rechtzeitig gemeldet worden, daß sie Zeit fanden, ihr Geflügel – fast

die einzige Nahrung, die griechische Dörfer boten – in
Sicherheit zu bringen. Eindringlich nach Vorräten dieser
Art befragt, behaupteten die Bauern standhaft, daß sie
keine besäßen; selbst der Abt des dort befindlichen Klosters gab die feierliche Versicherung ab, daß weit und
breit kein Vogel aufzutreiben sei. Der hochwürdige Papas hatte jedoch kaum geendigt, als sich in den geheilig-
ten Hallen ein verräterischer Hahn mit lautem Krähen
hören ließ, was augenblicklich von allen Hähnen des
Ortes freudig erwidert wurde! Dieses plötzliche, so
gänzlich unerwartete Geschehnis rief eine derartige un-
bändige Heiterkeit hervor, daß sich selbst die strengen
Züge des Abtes zu einem leisen Lächeln lösten. Dodwell
wurde versorgt und zahlte das Doppelte.

Alle Reisenden waren zeitweise einem gewissen Hang
ihrer Wirte zu Erpressung und Unterschleif ausgesetzt,
aber solange es um einen offenen Handel um Lebens-
mittel oder Unterkunft ging, konnte man sich arrangie-
ren, wenn es dabei auch manchmal stürmisch zugehen
mochte. Die größte Verlegenheit entstand, wenn der
Reisende in einem privaten Haus als ›Gast‹ empfangen
wurde: Wie hatte dann das Gastgeschenk auszusehen?
Obwohl damals die traditionelle Gastfreundschaft, die
den alten Griechen heilig und unverletzbar gewesen war,
noch teilweise gepflegt wurde – und ohne diese edle Haltung wäre das Reisen in Griechenland nur schwer möglich gewesen –, so muß doch zugegeben werden, daß
diese Form der Gastfreundschaft selten gänzlich un-
eigennützig war. Wie hätte es in einem so armen Land
auch anders sein sollen? Kurz, ein Abschiedsgeschenk
wurde erwartet, ein Geschenk, das vom Gastgeber jedoch oft dringend benötigt wurde. Einige Reisende neigten leider dazu, anmaßend zu sein; sie erstickten die rüh-
renden Versuche, den Schein aufrechtzuerhalten, betrachteten jede freundliche Geste als Selbstverständlich-

keit – bezahlten sie denn nicht dafür? – und behandelten die Wirte wie Domestiken.

Das Mitführen von Geschenken war wegen der Transportprobleme oft beschwerlich, obwohl etwa Gell 1811 seine Expedition mit Tafelsilber im Wert von 16 Pfund ausstattete; das entsprach in England etwa dem Einkommen einer jungen Dame des gehobenen Mittelstandes für ein halbes Jahr, in Griechenland aber war es damals ein Vermögen. Bargeld galt allgemein als akzeptabel, und wenn man am Hofe des Paschas abstieg, so sorgten die Höflinge rasch genug dafür, daß sich die Taschen der ›Milordi‹ entsprechend leerten.

Wenn ein Reisender betrogen worden war, so würde es ihm zwar niemand übelgenommen haben, wenn er sich über eine solche Behandlung beschwert hätte. Es wäre ihm aber wohl schwer gefallen, seine Beschwerde überhaupt mit entsprechendem Nachdruck anzubringen. Das neuzeitliche Griechisch, Romäisch genannt, war selbst und gerade den gebildeten Mittel- und Westeuropäern so gut wie unbekannt; stieß man an Ort und Stelle auf diese Sprache, so war es für den Humanisten ebenso deprimierend, sein homerisches Griechisch von seinem Diener als ›Englisch‹ mißverstanden zu sehen, wie für den Gräzisten, die antiken Ortsnamen bis zur Unkenntlichkeit entstellt zu finden. Beide hatten in dem Traum gelebt, die Griechen hätten ihre Sprache über zwei Jahrtausende hin unverändert bewahrt. Weniger anspruchsvolle Reisende fanden rasch heraus, daß es sich lohnte, die Unterschiede zwischen dem akademischen Altgriechisch und der modernen Umgangssprache zu überwinden und sich romäisch auszudrücken.

Um mit all solchen alltäglichen Schwierigkeiten fertigzuwerden, taten die frühen Reisenden gut daran, einen Janitscharen in Dienst zu nehmen. Diese türkischen Soldaten waren sehr fähig und rührig; sie ließen sich sogar

herbei, hinter dem Zug der ›Milordi‹ herzureiten, um mit
ihren langen Peitschen den Trupp zu angemessenem
Tempo anzutreiben. Die Janitscharen waren es gewohnt,
sich als Aufpasser der Griechen aufzuspielen. Manchmal
war es schwierig, ihren Eifer zu zügeln. Als der Strom
der Reisenden in die Levante zunahm, bildete sich der
Beruf des Dolmetschers heraus, der anfangs die Janitscharen nur unterstützte und sie später ganz ersetzen sollte.
Sie standen im Ruf, ausgekochte Banditen und durchaus
in der Lage zu sein, ihren Vorteil wahrzunehmen, besonders bei den Engländern, von denen man glaubte, daß

Eine Reise durch die Peloponnes begann praktisch in Korinth, *dessen Zustand
um 1810 Otto Magnus von Stackelberg in einer schönen Zeichnung von der Agora
aus festgehalten hat. Die einzige antike Stätte der Stadt zu Füßen des eindrucks-*

sie mehr Geld als Verstand besäßen. Aber auch hier gab
es Ausnahmen: Einer ihrer Zunft namens Dimitri leistete Cockerell hervorragende Dienste, und ein anderer
blieb Stackelberg und seinen Freunden lebenslang verbunden.

Eine unschöne Grundhaltung war, daß viele Westeuropäer die Griechen mit einer Gleichgültigkeit betrachteten, die geradezu an Abneigung grenzte. Selbst
Kenner und langjährige Gäste des Landes wie Lusieri
oder Fauvel betrachteten die Einheimischen sowohl
menschlich wie gesellschaftlich als verkommen. Der Rei-

*vollen, von der Oberstadt Akrokorinth gekrönten Burgfelsens, die damals das
Interesse der Reisenden wecken konnte, war der Apollotempel (in der Mitte des
Bildes), von dem allerdings nur noch sieben Säulen aufrecht standen.*

sende Tweddell schrieb 1799: »Was mache ich mir denn
aus diesem niederträchtigen Haufen moderner Sklaven,
die mit ihrer Unwissenheit und Dummheit diesen er-
lauchten Boden besudeln? Sie sind für mich gar nicht
vorhanden!« Keine zehn Jahre später fand Cockerell ihre
Sitten abstoßend und ihren ganzen Charakter so durch
die islamische Unterdrückung gebrochen, daß sie – wenn
sie nicht selber so darunter litten, daß man Mitleid haben
müsse – wirklich nicht auszustehen wären! Seltsamerweise bestätigte aber Hobhouse 1811 den Griechen, die
bei ihm sonst auch schlecht wegkamen, daß immer noch
viele ihrem Land wie ihrer Nation zutiefst ergeben wären und dies bis zu einem Maße, das verrückt, ja gefährlich erscheinen müsse, da sie ständig ihren Haß auf die
türkischen Oberherren und ihr Selbstvertrauen kund-
täten. Hobhouse gehörte auch zu den wenigen, die sich
klarmachten, daß die modernen Griechen ihre Geschichte selten weiter als bis zu den mittelalterlichen byzantinischen Kaisern zurück verfolgten und daß die staatliche
Wiedergeburt, die sie anstrebten, praktisch die Wieder-
errichtung des Reiches von Byzanz war. Die Türken
dagegen wurden von vielen Westeuropäern bewundert:
Man pries sie als offen, männlich und würdevoll; es hieß,
man könne sich auf ihr Wort verlassen, und im Einklang
mit ihrer Religion führten sie ein ehrenhaftes und an-
ständiges Leben. Nur einige Beobachter, die wie Leake
tiefer blickten, sahen, daß ihr leidenschaftsloser Edelmut
nur eine tiefwurzelnde Abneigung gegen die europäischen Nationen verdecken und zugleich ihre damalige
Unwissenheit, Faulheit und Korruption verschleiern
sollte.

Ungeachtet all dieser Widrigkeiten und Hindernisse
wanderten viele Reisende völlig unerschrocken durch
die urtümlichsten Gegenden Griechenlands, ohne jeden
Schutz und mit einer Menge Gepäck, das etwa im süd-

lichen Italien und selbst vielleicht in zivilisierten Staaten kaum von einem Langfinger verschont worden wäre. Der Philhellene Emerson hat nie einen Griechen um eine Gefälligkeit gebeten, die dieser ihm nicht entgegenkommend gewährt hätte, und oft erlebte er eine geradezu überströmende Höflichkeit, Freundlichkeit und Gastfreundschaft. Andere Reisende, gab er zu, mögen vielleicht weniger gute Erfahrungen gemacht haben, aber wofür sollten die Griechen, denen man ständig nachsagte, daß sie sich für Freundlichkeiten nicht erkenntlich zeigten, denn auch noch besonders dankbar sein? Oder, wie Byron es formulierte: »Wo ist das menschliche Wesen, das den Griechen oder ihrem Land je eine Wohltat erwiesen hätte? Den Türken sollen sie dankbar sein für ihre Fesseln, den ›Franken‹ für ihre nicht eingehaltenen Versprechungen und verlogenen Ratschläge. Den Künstlern müssen sie dankbar sein, weil sie ihre Ruinen zeichnen, und den Altertumsforschern, weil sie ihre Antiken fortschleppen, den Touristen, weil deren Janitscharen sie peitschen, und den Zeitungsschmierern, weil sie sie in ihren Blättern verleumden. Aus all dem errechnet sich die Summe ihrer Verpflichtungen gegenüber den Fremden.«

Ein Ausflug in die Peleponnes war ein Abenteuer. Trotzdem war es so beliebt, daß man auf den Straßen der Morea wohl stets ein paar Engländer antreffen konnte, und in Mistra gab es sogar ein ›English Inn‹, wo Roastbeef und Portwein serviert wurden. Für die Jahre von 1800 bis 1830 lassen sich über zweihundert meist englische Besucher nachweisen, gar nicht gerechnet die in militärischer Mission während der Kriege Reisenden. Die erste bedeutende Station auf dieser Tour war *Korinth*, obwohl es dort höchst wenig zu sehen gab: Vom Tempel des Apollo standen nur noch sieben Säulen; vier waren erst kürzlich vom türkischen Gouverneur zerstört worden, der sie sprengen ließ, um die Steintrümmer für den Bau seines Hauses zu benutzen. Aber selbst wenn sie sie nicht gerade in die Luft sprengten, machten die Türken von antiken Resten reichlich sonderbaren Gebrauch. Da der Islam die Darstellung von Lebewesen verbot, mußten die Moslems alle figürlichen Plastiken entweder auf dem Kopf stehend oder ganz umgedreht, mit der unbearbeiteten Rückseite nach außen, zu ihren Bauvorhaben verwenden. Auch Säulen stellten sie, dem Bericht eines Reisenden zufolge, nach ihrem eigenen Geschmack auf: Einige standen auf ihren Kapitellen, andere wurden von ihren Basen gekrönt. Die Altertumsforscher beklagten sich ebenfalls über die wenig angemessenen Zwecke, denen die Antiken zugeführt wurden, etwa um das Dach eines Stalles abzustützen oder den Rand eines elenden Mühlbaches zu befestigen.

Wenn man Korinth verließ, um nach Süden in die Argolis zu reiten, deren gleichförmige Täler und Höhen den

Beschreibungen antiker Autoren entsprach und die Reisenden weder erstaunte noch befriedigte, erinnerte man
sich, daß das Land, das man durchforschte, einst von den
Heroen und Weisen der Antike bevölkert war. Wenn der
Reisende sich *Mykene* näherte, das ihm noch nicht durch
Ausgrabungen, aber wohl durch Homer vertraut war,
so mochte ihm Athen fast wie ein Emporkömmling erscheinen. Wenn er den steilen Burghügel erklommen
hatte, erreichte er das Löwentor, das damals vor lauter
Trümmer und Gestrüpp kaum zu passieren war; die ge-
meißelten Löwen, die dort so stolze Wache hielten, waren voller Namenszüge, die die Besucher auf sie gekrit-
zelt hatten.

Doch die Hauptattraktion war das ›Schatzhaus des
Atreus‹, wie man dieses Grab damals nannte. Dieses
rund vierzehn Meter hohe, bienenkorbartig geformte
Scheingewölbe war in eine Höhlung des Berges, außerhalb der eigentlichen Burganlage, gebaut. Die Bronze-
rosetten, die einst die Steinringe seines Innern zierten,
waren längst verschwunden, aber von den Nägeln, die
zur Befestigung gedient hatten, waren noch einige da
und wurden von den Reisenden, die nicht säumten, sie
durch eine Signatur zu ersetzen, flugs als ›Souvenir‹ entführt. Der Bau wurde oft zu ungewöhnlichen Zwecken
genutzt, so wenn etwa die Familien eines von Räubern
überfallenen Dorfes dort im Winter Unterschlupf suchten. In Gruppen um die Mauern gelagert, ihre armselige

Folgende Seiten: Das Schatzhaus des Atreus in Mykene *lockte noch vor
Schliemann zur Suche nach Antiken: Elgins Mission hatte hier schon Freilegungsarbeiten durchgeführt, vermessen, gezeichnet und Fundstücke mitgenommen.
Um 1810 vermutete Veli, Pascha der Morea, große Entdeckungen im Kuppel-
grab und unternahm Grabungen, über deren Ausbeute allerdings die widersprüch-
lichsten Meinungen existieren. Zumindest befanden sich darunter zwei Fragmente
von Säulen, die einst den Eingang flankiert hatten. Veli schenkte sie dem Marquess of Sligo, der sich dafür mit zwei Kanonen revanchierte. Heute befinden sich
die beiden Bruchstücke im Britischen Museum.*

Habe zwischen sich gelegt, standen sie mit ihren schäbigen Maissäcken und Strohbetten in einem seltsamen Kontrast zu den gigantischen Mauern und betonten mit ihren schmächtigen Gestalten noch die wuchtige Erscheinung des Bauwerks. Wenn sich der Tag senkte und von jeder Gruppe ein Feuer angezündet wurde, dessen rotgelbe Flammen unter der nachtschwarzen Kuppel züngelten, dann schienen die Steinmauern zu immer unheimlicherer Höhe anzuwachsen und es war, als ob diese Stätte das Werk geheimnisvoller Mächte der Finsternis sei.

Während Elgins Mission die Morea bereiste und die begehrenswertesten Antiken erwarb, versäumte sie nicht, auch das Schatzhaus aufzusuchen. Der Dromos, der ungedeckte Eingang, war durch den Gouverneur von Nauplia teilweise freigeräumt worden, so daß die Künstler zeichnen und vermessen konnten. Zwar ließ Lusieri später noch eine gründlichere Freilegung durchführen, aber als einziges Ergebnis dieser Anstrengungen wurden nur zwei allerdings nicht unwichtige Fragmente von der Schauseite des Tores gefunden.

Um 1810 begann sich Veli, Pascha der Morea und Sohn des Ali Pascha von Joánnina, selbst für Mykene zu interessieren. Dieser Veli war der einzige Türke, von dem man sagen kann, daß er einen Begriff vom Sinn archäologischer Forschungen und ein gewisses Gefühl für die griechische Kunst entwickelt hatte. Als er so viele interessierte Reisende in seiner Provinz auftauchen sah, wurde er zeitweise selbst zum Forschungsreisenden. Einmal machte er einen Abstecher, um die Ruinen von Athen zu besichtigen. Er schlug seine Zelte weit vor der Stadt auf, um bei der Bevölkerung keinen falschen Verdacht zu wecken, und bat sie, in ihm einen jener ›Milordi‹ zu sehen, die gekommen seien, die seltenen Werke des Altertums zu bewundern. – Nachdem er auf diese Weise allmählich den Antikenmarkt erkundet hatte, machte er sich daran, auch das ›Schatzhaus des Atreus‹ einer gründlichen Untersuchung zu unterziehen, in dem man schon immer große Werke verborgen glaubte. Was er wirklich gefunden haben mag, wurde später Gegenstand langwieriger Erörterungen: Einige behaupteten, daß er große Mengen von Gold- und Silberschmuck entdeckt habe; da er aber dafür bekannt war, immer kurz vor dem Bankrott zu stehen, so scheint das nicht sehr wahrscheinlich. Die entgegengesetzte Version dagegen, er habe überhaupt nichts gefunden, wurde durch die Erinnerungen der ältesten Einwohner des nahen Dorfes gestützt. Sicher ist, daß er dem Marquess von Sligo zwei Säulenfragmente von der Eingangsseite des Schatzhauses überließ, und daß sie nach Fauvel – in Unkenntnis des mykenischen Stils – »im persischen oder phönizischen Geschmack« gehalten waren. Sligo revanchierte sich für das schmeichelhafte Geschenk mit zwei Kanonen und ließ die beiden Fragmente auf seinen irischen Landsitz in Westport, Co Mayo, bringen. 1904 schickte der damalige Marquess eine Beschreibung der beiden Stücke an das Britische Museum in London. Nachdem sie dort identifiziert werden konnten, schenkte er sie dem Museum. Zwei andere Fragmente waren dem Museum schon 1843 vermacht worden, ein weiteres folgte 1900; sie alle wurden zusammen mit den ›Elgin Marbles‹ ausgestellt. Weitere Fragmente vom Schatzhaus finden sich in Athen und in mehreren anderen europäischen Museen.

Doch wieder zurück zu Veli Pascha! Ein anderes Gerücht besagt, er habe im ›Schatzhaus des Atreus‹ fünfundzwanzig Kolossalstatuen ausgegraben, aber das beruht wahrscheinlich nur auf einer Verwechslung mit seinen Ausgrabungen beim römischen Theater von Argos, wo er in der Tat eine Reihe überlebensgroßer Figuren aus der Erde holte. Er soll sie laut Fauvel für fünfhundert

Mykene *bot sich um 1800 im Zustand romantischen Verfalls dar. Das* Löwentor *machten Schutt und üppig wuchernde Natur fast unpassierbar. Bis zur auf-*

Pfund an einen Engländer verkauft haben, wahrscheinlich entweder an Gally-Knight oder an Fazakerley; was diese Herren damit angestellt haben, ist nicht bekannt, denn unter den Schenkungen, die sie seit 1818 und 1839 dem Britischen Museum machten, befanden sich nur ein weiblicher Torso und ein Votiv-Relief. In einem anderen Grab fand Veli noch ein paar römische Goldmünzen, und

*sehenerregenden Ausgrabung von Heinrich Schliemann und seinen Goldfunden,
die heute in Athen ausgestellt sind, sollten noch gute siebzig Jahre vergehen.*

einige in Argos gefundene Bronzen schenkte er nach
einem Bericht von Pouqueville dem Leibarzt Ali Paschas.
Als Veli nahe dem Dorf Meloi an der Straße von Argos
nach Tripolis grub, entdeckte er fünfundzwanzig kleine
Säulen, die er wahrscheinlich liegen ließ. Bei Mantinea
hob er einige Gräber aus, wo er kleine Statuen fand, die
er Sligo schenkte. Nur sein Anteil an den Ausgrabungen

in Bassä ist nicht durch Gerüchte entstellt und verzerrt worden; er wird im siebten Kapitel genauer behandelt.

Sligo war als Sammler fast ebenso oberflächlich. Nach Byron besaß er eine Brigg mit fünfzig Mann Besatzung, die keine Lust zum Arbeiten hatte, bestückt mit zwölf Kanonen, die nicht losgehen mochten, und ausgestattet mit Segeln, die jeden Wind schnitten, mit Ausnahme eines von vorn blasenden. In diesem kostbaren Wunderschiff stapelte Sligo seine planlosen und zufälligen Erwerbungen auf – darunter eine Menge Vasen, die nach Fauvel kaum acht Pfund wert waren –, um sie heim nach Irland zu verfrachten. Byron selbst erwarb keine Antiken; seine einzigen Erwerbungen bestanden in einem Schal und in Rosenwasser für seine Mutter und einem für sich selbst bestimmten attischen Schierlingstrank, vier athenischen Schädeln, die er aus Sarkophagen geholt hatte, einer gleichen Anzahl lebender Schildkröten, einem Windhund, der auf der Reise einging, und zwei griechischen Dienern, die bald in ihre Heimat zurückkehrten. Immerhin rettete er in Malta die von Hobhouse verlorenen Antiken.

Weder Sligo noch Veli hatten alle Möglichkeiten, die sich einem Antikenjäger in *Argos* boten, ausgeschöpft, denn wir hören, daß Oberst de Bosset dort 1813 zwei Votivreliefs erwarb und Leake in der selben Gegend mindestens drei Marmorskulpturen kaufte. Ein weiterer Sammler war der Marinekaplan Swan, der Schwierigkeiten hatte, einen Handel über ein Basrelief abzuschließen, das bei einer Ausgrabung im Fundament einer Kirche entdeckt worden war. Er fand, es sei von gediegener Ausführung, und setzte alles daran, es zu retten; aber der griechische Besitzer war entschlossen, so viel wie möglich der Börse des armen Kaplans zu entlocken. Der Grieche trieb den Preis immer höher und bot das Relief endlich – im Glauben, Swan habe seine Absicht aufgegeben – einem Freund des Kaplans an. Dieser freilich handelte im Auftrag von Swan weiter, der unglücklicherweise auf der Szene erschien, worauf der Grieche augenblicklich den Handel abbrach und den Preis erneut höherschraubte. Swan ging voller Groll fort, kam aber am Abend, zu einem letzten Versuch entschlossen, zurück. Er hatte das Geld in der Hand und hoffte, daß dessen Anblick und Klimpern den Griechen endlich zum Abschluß des Handels verführen möchten. Aber das Relief, sagte man ihm, sei inzwischen von einem anderen Griechen zu einem höheren Preis erworben worden. Swan zog sich erneut zurück, der Grieche folgte ihm und schlug ihm vor, ihn zu dem Mann zu begleiten, der es gekauft habe. Swan hegte natürlich den starken Verdacht, daß es sich hierbei um einen Trick handle, entschloß sich aber dennoch, diese Komödie bis zum Ende auszukosten. Der zweite Grieche, der den Käufer spielte, erzählte zunächst eine lange Geschichte, wie er die Antike für einen Freund in Triest erstanden habe. Swan zuckte mit den Achseln und wandte sich ab; wieder folgte man ihm, mit der Neuigkeit, daß das Relief immer noch zu haben sei, allerdings zu einem höheren Preis. Nach langem Hin und Her zog Swan schließlich mit seiner Trophäe ab; er hatte einen Preis bezahlt, der zehn Schillinge über der ursprünglichen Forderung lag. Daß die Griechen diesen raffinierten Handel sehr genossen haben, darf man mit Fug und Recht annehmen; was mit dem Relief weiter geschah, ist nicht vermeldet.

Auch *Epidauros* wurde oft aufgesucht. Sein Theater war vergleichsweise gut erhalten, obwohl aus allen Fugen und Ritzen der Sitzreihen das Unkraut sproß und über die ganze Cavea, wo einst die Zuschauer den Werken eines Euripides Beifall zollten, einen grünen Teppich mit goldenen Fransen breitete. Die Ruine des nahen Äskulap-Tempels dagegen war seit langem schon als

III

EINE GRUPPE WESTEUROPÄER
AUF DER REISE DURCH GRIECHENLAND
UM 1800

Ausschnitt aus einer kolorierten Lithographie
von Louis Dupré, 1819
München, Stadtbibliothek

*Das Reisen in Griechenland kam um 1800 einem gera-
dezu abenteuerlichen Unternehmen gleich: Ohne Fahrstraßen und Reisewagen war der Tourist nur auf das
Pferd angewiesen, das sich in dem gebirgigen Land oft
genug durch schier unwegsames Gelände und über schmale
Saumpfade seinen Weg suchen mußte, und hatte überdies gewärtig zu sein, Räubern und Wegelagerern in die
Hände zu fallen, die ihn ausplünderten oder schamlos
erpreßten. Unter solchen Umständen mögen die nach der
neuesten Mode gekleideten Reisenden in Frack, Paletot
und Zylinder, die Zeichenmappe unter dem Arm und
ständig auf der Jagd nach Antiken, den Einheimischen
seltsam und wunderlich erschienen sein. Auch der französische Maler Louis Dupré reiste so, als er 1819 Griechenland besuchte und dabei auf dem Weg von Joannina
nach Trikkala den Pindus überqueren mußte: In seiner
Lithographie schildert er anschaulich den Zug seiner
Kavalkade unter den anfeuernden Rufen der einheimischen Führer und Treiber.*

Steinbruch ausgebeutet worden; die Christen hatten sich dort drei jonische Säulen, Kapitelle und Bauplastik aus bemalter Terrakotta geholt, als sie in Ligurio eine Kirche errichteten, und besonders in der Zeit, als Nauplia die Residenz des Paschas der Morea war, nahmen die Türken die noch verbliebenen Reste reichlich in Anspruch, um Befestigungen, Moscheen, Häuser und Gehöfte zu bauen oder zu renovieren.

Nächstes Ziel der Reisenden war dann wohl *Sparta*: Es muß allerdings einen ziemlich enttäuschenden Anblick geboten haben, denn von all dem Reichtum an Monumenten, den Pausanias beschrieb, war nur noch das Theater erhalten, und selbst dieses hatte seine Marmorskulpturen eingebüßt. Doch lagen noch immer viele Inschrifttafeln am Boden herum, von denen freilich einige unter dem fanatischen Eifer eines Abbé Fourmont, der im Auftrag Ludwigs xv. von Frankreich 1729 Griechenland bereiste, sehr gelitten hatten. Dodwell erzählt nämlich von seinem Erlebnis in Sparta, daß der griechische Führer alle Inschriftentafeln rasch umdrehte und vor ihm zu verbergen trachtete. Er stutzte, und als er den Führer nach dem Motiv für dieses ungewöhnliche Vorgehen fragte, erfuhr er, daß sein Führer aus Sorge um die Steine handelte, denn einst sei ein französischer ›Milordos‹ dagewesen, der alle Inschriften kopieren und dann die Buchstaben ausmeißeln und die Steine glattpolieren lassen habe. Die Wahrheit dieser unglaublichen Geschichte wird von dem Abbé selber verbürgt, der sich dieses Vandalismus auch noch rühmte! Da er Bacchus überschwenglich ergeben war, hatte er jedoch vielleicht gerade, wie Pouqueville es vornehm umschrieb, allzutief in dessen Becher geblickt, als er seinen Bericht nach Frankreich sandte, in dem es heißt, er habe persönlich die Vernichtung einer Reihe antiker Städte beaufsichtigt, unter ihnen Sparta und einige andere – die er freilich nie besucht

hatte! Denn dies sei das einzige Mittel, das ihm einfiele,
so fuhr der wackere Abbé fort, seiner Reise einen besonderen Glanz zu verleihen: wenn später niemand mehr
wisse, wo die Städte einst gelegen hätten! Seine eigentliche Untat scheint jedoch »bloß« die Zerstörung mehre-
rer Marmorinschriften gewesen zu sein, und die beging
er wohl in der Hoffnung, daß niemand außer ihm sie kopiert habe (seine reichlich ungenauen Abschriften sind
übrigens erhalten). Es braucht nicht zu verwundern, daß
der ruhmsüchtige Abbé sehr plötzlich zurückberufen
worden ist.

Unter seinen stark von Phantasie bestimmten Skizzen
befand sich eine Zeichnung der Skulpturen von Amy-
klai; diese Votivreliefs waren damals in die Wand einer
kleinen, verfallenen griechischen Kapelle eingemauert.
Auf seinem Blatt erschienen diese Reliefs mit Darstellungen von menschlichen Gliedmaßen, Messern und so weiter, was auf Menschenopfer hinzudeuten schien, die den
Griechen der klassischen Periode aller Wahrscheinlich-
keit nach unbekannt waren. Dies verwirrte die Altertumsforscher eine Weile lang sehr, bis spätere Reisende
die Tafeln wieder entdeckten und feststellten, daß sie
weiblichen Tand und Putz wie Sandalen und Spiegel zeigten und daher Weihegaben einer Priesterin waren. Lord
Aberdeen ließ 1803 diese Tafeln aus der Kapelle entfernen und zusammen mit drei Marmorhäuptern, einigen
beschädigten Grabreliefs und dem Fragment eines Sar-
kophages sowie verschiedenen Vasen und Terrakotten,
die er an nicht näher bezeichneten Orten erwarb, nach
England bringen.

Aberdeen hatte auf seinen Reisen wie andere ›Milordi‹
einen Künstler engagiert, Georg Gropius, der halb deutscher, halb griechischer Abstammung war und sozusa-
gen als Expeditionsfotograf fungierte. Als er wieder nach
Hause zurückkehrte, beauftragte er Gropius, für ihn wei-

ter Antiken zu erwerben und zu verschiffen, wofür er ihn
mit entsprechenden Mitteln ausstattete. Wir wissen von
zumindest *einer* umfangreichen Ladung, die Gropius im

*Bereits als Pausanias um die Mitte des 2. Jahrhunderts nach Chr. Griechenland
bereiste, um Stoff für seinen berühmten Reiseführer zu sammeln, fand er Mykene
in Trümmern vor. Edward Dodwell zeichnete kurz nach 1800 die Ruinen der*

September 1808 von Malta aus auf den Weg schickte und
unter der sich der Fuß einer Figur vom Parthenon, ein
korinthischer Torso und ein Altar aus Delos befanden,

minoischen Akropolis vor dem großartigen Hintergrund der argivischen Berg-
welt. Links im Mittelgrund erkennt man noch den Zugang zum sogenannten
Schatzhaus des Atreus (siehe auch die Abbildung auf den Seiten 168 und 169).

daneben Vasen, Terrakotten, Bronzen, Münzen und Zeichnungen. Weitere Sendungen wurden von Gropius angekündigt, und einiges davon muß auch England erreicht haben, denn die Listen führen unter anderem einen Abguß auf, der sich heute im Britischen Museum in London befindet. Dies hätten, abgesehen von den Zeichnungen, auch für Elgin bestimmte Schiffsladungen sein können; dennoch war Lord Aberdeen tief bestürzt, als in Byrons ›Childe Harold‹ eine wilde Attacke auf Elgins Plünderungen und ein etwas gemäßigterer Ausfall gegen Aberdeen selbst erschien. Der Lord hatte damals längst seine Zahlungen an den ›preußischen Piraten‹ eingestellt und sandte Byron einen Vertrauten, der den Dichter davon überzeugen sollte, daß die von Gropius in seinem Namen unternommenen Beutezüge weder von ihm veranlaßt, noch gedeckt seien. Wenn man nach der Anzahl der Antiken, die er kurz zuvor noch von Gropius erhalten hatte, und natürlich auch nach den von ihm selbst entführten Stücken urteilt, hat sich Byron etwas vorschnell umstimmen lassen; er nahm in der dritten Auflage seines ›Childe Harold‹ den Angriff gegen Aberdeen zurück, da er nun, so schrieb er, erfahren habe, daß Gropius von Lord Aberdeen lediglich zum Skizzieren, jedoch nicht zum Sammeln von Antiken bestellt worden sei und daß der edle Auftraggeber jede Verbindung mit Gropius, die über rein künstlerische Belange hinausgehe, in Abrede stelle. Es täte ihm, Byron, leid, wenn der Irrtum in den beiden ersten Auflagen Lord Aberdeen gekränkt habe, doch Gropius sei jahrelang als Bevollmächtigter des Lords aufgetreten, weswegen er, Byron, nicht so streng für einen Irrtum zu tadeln sei, den viele mit ihm teilten; doch sei er glücklich, als einer der ersten über die Täuschung unterrichtet worden zu sein.

Aberdeen jedoch hatte alles andere als ein gutes Gewissen. Dies geht auch aus seiner gewundenen, unauf-

richtigen Antwort hervor, die er auf eine Anfrage des
Parlamentsausschusses in Sachen ›Elgin Marbles‹ abgab:
Er habe nur »einige Inschriften und einige Fragmente,
nicht einmal von der Akropolis, sondern von anderen
Orten Griechenlands«, heimgebracht.

Im Mittelalter hatten die Ruinen von *Sparta* den Bewoh-
nern der nahegelegenen Hügelstadt Mistra als Steinbruch
gedient. Daher hielten mehrere frühe Besucher, die in
Mistra die antiken Reste erkannten, diese Stadt für das
alte Sparta, obwohl die klassischen Berichte die Lage
Spartas in der Ebene des Flusses Eurotas bezeugen.
Einige versuchten sogar, in den verfallenen byzantinischen Palästen oder in den Klöstern und Kirchen, die
Mistras steile, gewundene Gassen säumten, die für Sparta
nachgewiesenen Baudenkmäler zu sehen.Chateaubriand
fand sie ausgesprochen gefährlich; in dem Viertel, das bei
dem griechischen Aufstand von 1770 zerstört wurde,
standen nur noch brandgeschwärzte Mauern, in denen
sich Kinder – nach seinen Worten: so gräßlich wie die
Spartaner, von denen sie abstammten – gerne versteckten, um nach Besuchern Ausschau zu halten und ganze
Mauerteile auf sie zu stürzen. Der Dichter wurde selber
fast ein Opfer solch ›spartanischer‹ Kinderspiele.

Ali Pascha war, genau wie sein Sohn Veli, froh, mit
Ausgrabungen zu Geld zu kommen. Nachdem er die
Ruinen von Nikopolis als Steinbruch vollends ausgebeutet hatte, befahl er, sie nach Schätzen zu durch-
suchen. Dr. Holland begleitete ihn auf einer Inspektions-
fahrt, auf der Ali, umgeben von seinen Ministern, Sekre-
tären und Leibwächtern, von seinem scharlachfarbigen
samtenen Ruhebett aus die Ausgrabung überwachte.
Auf Erfolge konnte der Gelehrte ihm allerdings keinerlei Hoffnungen machen, denn die Stelle war offensichtlich ungeeignet. Ali erkannte rasch, daß es nicht viel

Gewinn brachte, nur auf gut Glück zu graben; man brauchte den Rat eines Wissenschaftlers. Daher quälte er nun Dr. Holland mit Fragen, ob der Doktor etwa auf irgendwelche Edelmetalle auf seinen Reisen gestoßen sei, unter der Erde oder in den Ruinen? Holland erklärte ihm, daß aufgrund der geologischen Beschaffenheit der Felsen in seinem Paschalik weder Gold noch Silber gefunden werden könnten und daß genauso unwahrscheinlich zwischen den Ruinen Schätze verborgen seien. Er konnte Ali jedoch nicht überzeugen. Dann verlor Holland seltsamerweise seinen Mantelsack mit allen seinen Papieren, Tagebüchern und den in Nordgriechenland gezeichneten Karten. Der Verdacht, Ali habe diese Dokumente an sich gebracht, läßt sich nicht von der Hand weisen; doch ist es wohl müßig zu glauben, er habe daraus Nutzen irgendwelcher Art ziehen können.

DELPHI

Eigentlich hätte *Delphi* ein bevorzugtes Ziel der Antikenjäger sein müssen, aber der Apollotempel, die Schatzhäuser und die Denkmäler des Heiligtums waren von Erdbeben betroffen worden und lagen nun unter dem Schutt von Jahrhunderten verborgen, auf dem sich das Dorf Kastri ausbreitete. Für das Auge war dort nichts zu entdecken, was erwerbenswert gewesen wäre. Gewiß: an manchen Stellen schaute ein Zipfel der antiken Stätte noch heraus, und wenn man durch die engen Gassen des Dorfes schweifte, so konnte man wohl hier ein Kolossalkapitell finden, dessen feine Ornamente durch das wuchernde Unkraut schimmerten, oder dort die Fragmente eines Gesimses, das so kunstvoll gemeißelt war, daß es als Altar hätte dienen können. Manche Häuser waren halb antik, halb neu: Die Grundmauern bestanden aus antikem Haustein, auf dem dann die neuzeitlichen Wände aus Bruchstein, Lehm, Holz und Stroh ruhten.

Die ersten Reisenden fanden es unmöglich, den traurigen Anblick dieses schäbigen Ortes mit der glanzvollen Berühmtheit des Heiligtums in Einklang zu bringen, von dem die klassischen Beschreibungen berichten, oder sich vorzustellen, daß hier einst eine Stadt mit einem Durchmesser von wenigstens zwei Meilen gestanden haben sollte. Vielleicht erklärt diese topographische Unsicherheit auch, warum Byron die Lage Delphis als so enttäuschend empfand: Fast verborgen auf einer schmalen Bergterrasse, von der aus man weder den Blick tief hinunter ins Tal noch hinauf auf die drohenden Steilhänge voll auskosten konnte. Doch entdeckten er und

Hobhouse, wie auch zuvor schon Chandler, einen wichtigen Anhaltspunkt für die richtige Lage des einstigen
Apollotempels, als man sie zu einer Hütte des Dorfes
geleitete, in der, halb in der Erde verborgen, ein über
und über mit antiken Inschriften bedecktes Stück Mauer
von mehreren Metern Länge und Höhe zu sehen war:
Es handelte sich in der Tat um einen Teilabschnitt der
polygonalen Mauer, die die Tempelplattform abstützte.
Diese Stelle wurde 1892 auch als Ausgangspunkt für die
Ausgrabungen des Französischen Archäologischen Instituts in Athen gewählt; im Verlauf dieser Grabungen
wurde bis zum Jahre 1902 das ganze Dorf Kastri zwei
Kilometer weiter nach Westen verlegt.

Natürlich entging auch Delphi der Kritzelwut der
Reisenden nicht. Auf einer Säule an der Nordseite der
antiken Palästra des Gymnasions, dem späteren Kloster
zur Heiligen Jungfrau, kratzten 1799 H.P.Hope und
1803 Lord Aberdeen ihre Namen ein; Hobhouse und
Byron konnten dieser Verführung gleichfalls nicht widerstehen, und andere folgten diesem schlimmen Beispiel. Byron und Hobhouse zeigten sich überhaupt sehr
hartnäckig, ihre Namen anzubringen: Als sie mit dem
Romancier Galt zusammen die antiken Marmorbrüche
auf dem Pentelikon besuchten, stiegen sie mit Kerzenbe-
leuchtung in eine kleine Höhle und versuchten dort, wie
viele andere vor ihnen, ihre Namen in die Wände zu
gravieren. Galt mühte sich ohne Erfolg, Byron ging es
nicht viel besser, und nur Hobhouse gelang es, einige
Fortschritte auf dem Wege zur Unsterblichkeit zu machen, bis sein Messer abglitt und er sich kräftig in den
Finger schnitt. Da entschloß sich das Trio, sich mit
Kerzenruß zu behelfen, und hinterließ die entsprechenden Autogramme an der Decke. Auch im Tempel von
Kap Sunion standen sie nicht hinter den früheren Kritz-
lern zurück. Ein anderer Engländer hatte dort, wohl in

der Meinung, daß es sich um einen Tempel der Liebes-
göttin handle, die Namen aller seiner Freundinnen festgehalten und die Liste mit den Worten abgeschlossen:
»Und alle ihr anderen hübschen Mädchen, adieu!«.

Manchmal zeitigte diese Kritzelsucht auch belusti-
gende Ergebnisse: Als einmal mehrere Reisende die
Grotte des Pan bei Sunion besuchten, um die kruden,
seltsamen Statuen zu betrachten, entdeckten sie über
einer kopflosen Figur die Namen von Fauvel und Foucherot. Sie glaubten ihren Ohren nicht zu trauen, als der
Führer sie in vollem Ernst als »antike Inschriften« aus-
gab. Man fragt sich, was wohl spätere Reisende angesichts jenes gefühlvollen Ergusses gedacht haben, den
der Sizilianer Scrofani nach eigenem Bericht auf dem
Felsen der Quelle Kastalia in Delphi hinterließ:

*Mit Hilfe eines Steines, den ich als Meißel benutzte, grub ich
die Namen meiner Lieben in den Fels, dem die Quelle entspringt. Ich ordnete die Namen aller Familienangehörigen
kreisförmig an: den der Mutter in die Mitte, den des Onkels
gleich neben dem des Vaters, den der Tante nahe bei dem der
Mutter; wild durcheinander die der Schwestern und Brüder,
ganz wie in meinem Herzen. Ich netzte mein Werk mit Tränen, die ich in der Seligkeit des Augenblicks vergoß. Dann ließ
ich die Namen meiner Freunde folgen, bis auch sie einen Kreis
bildeten. Welches Vergnügen fühlte ich nicht ob dieser köstlichen
Mühe! Als Praxiteles seinen Satyr, als Phidias den Zeus
meißelte, kann er nichts Vergleichbares gefühlt haben! Zweimal versuchte ich, meinen Namen zwischen den beiden Kreisen
anzubringen, um sie zu einer Girlande zu verbinden, doch beide
Male verwarf ich die Idee: Mein Name, dessen bin ich gewiß,
wird leben, solange meine Familie, meine Freunde sind, und ich
trage kein Verlangen, nach ihrem Dahinscheiden in die Nachwelt einzugehen!*

Williams, ein schottischer Architekt, begnügte sich
dagegen damit, in die Steinmauer gegenüber der Elias-

Die Reste des antiken Delphi *lagen um 1800 zumeist unter dem Schutt der Jahrtausende vergraben, auf dem sich mittlerweile das Dörfchen Kastri angesiedelt hatte. So löste diese im Altertum hochangesehene Orakelstätte bei den neuzeitlichen Reisenden zunächst nur Enttäuschung aus. Hin und wieder stießen sie auf alte Mauern, etwa beim Klösterchen der Heiligen Jungfrau, das sich an die Palä-*

Kapelle beim Stadion von Delphi ein kleines Loch zu brechen und dort eine hermetisch verschlossene Flasche zu versenken, die mehrere Namenlisten enthielt: schottische Dichter und Dichterinnen, Gelehrte, persönliche

stra des einstigen Gymnasions anlehnte, oder bei der Eliaskapelle, die sich auf den Überbleibseln des verfallenen Stadions erhob. 1838 erst begann die systematische Erforschung des Trümmergeländes, und die Freilegung setzte gar erst 1892 ein. Das Dörfchen Kastri, das uns Edward Dodwell hier im Hintergrund zeigt, mußte dabei 1902 zwei Kilometer nach Westen verlegt werden.

Freunde und allerlei Personen, von denen er glaubte, sie könnten zum Ruhme Schottlands und vor allem seines geliebten Edinburgh beigetragen haben, die er die schönste unter den Städten der Neuzeit nannte.

ÄGINA

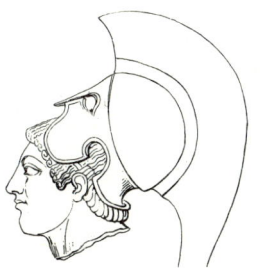

VORSPIEL IN ATHEN

Als Charles Cockerell die Parthenonskulpturen bei ihrer Ankunft in London betrachtete, war er von ihrem Anblick bis ins Innerste betroffen. Er war ein ehrgeiziger junger Architekt, und diese Skulpturen riefen in ihm das Verlangen hervor, alles, was es an Beispielen griechischer Kunst noch in ihrer ursprünglichen Umgebung zu sehen gab, zu studieren und dadurch seine fachlichen Kenntnisse zu erweitern und zu vertiefen.

Der Wert einer Italienreise für aufstrebende Künstler und Architekten war ja schon seit langem erkannt worden und ihre Vorteile kamen den Schützlingen fürstlicher deutscher Mäzenaten ebenso zugute wie den Stipendiaten der Académie de France in Rom oder den englischen Kunstjüngern. Aber eine Studienreise nach Griechenland hatten von den Engländern bisher nur Wilkins und in den Jahren 1802/1803 Smirke und Walter unternommen. Cockerells Plan mochte daher ausgefallen erscheinen, aber sein Vater, ein bekannter und wohlhabender Architekt, unterstützte und finanzierte ihn.

Der damals zweiundzwanzigjährige Charles Cockerell reiste über Konstantinopel, wo er in John Foster, einem »höchst amüsanten Jungen aus Liverpool«, der gleich ihm selbst angehender Architekt war, einen Freund fand, und wo er von dem Botschafter Stratford Canning einen witzigen Paß erhielt, in dem seine Erscheinung in Italienisch, der ›Weltsprache‹ des Mittelmeerraumes, als von mittlerer Größe, mit einem dreieckigen Gesicht, schwarzen, funkelnden Augen, einer feinen Nase, rotem Mund, Marmorstirn, »ums kurz zu machen, Apollo selbst«, beschrieben wurde.

Karl Freiherr Haller von Hallerstein, *Architekt aus einer alten bayrisch-fränkischen Familie, war einer der vier Entdecker der Ägineten, und unter ihnen vielleicht der ernsthafteste und am idealistischsten gesinnte Altertumsfreund. Stets in wirtschaftlicher Bedrängnis, starb er als Frühvollendeter 1817 in Ambelakia am Fieber, noch auf dem Totenbett arbeitend, zeichnend und die Forschungsergebnisse der Ausgrabungen in Bassä auswertend.*

Im Dezember 1810 erreichten Cockerell und Foster Athen. Sie mieteten miteinander ein Haus, in dessen Garten die Orangenbäume in voller Blüte standen und ein Palmbaum zu solcher Höhe aufgeschossen war, daß man ihn schon von weitem erkennen konnte. In Athen trafen sie bald darauf eine Gesellschaft gleichgesinnter junger Leute, an ihrer Spitze Baron Haller von Hallerstein, ein Nürnberger Architekt und mit sechsunddreißig Jahren der älteste. Die anderen Mitglieder der Gruppe waren Jakob Linckh, ein Maler aus Cannstatt, der estländische Freiherr von Stackelberg, der seine diplomatische Laufbahn den Künsten geopfert hatte, und zwei Dänen, Peter Oluf Brøndsted und G. Koës. Diese fünf glühenden Verehrer der Antike hatten sich schon in Rom zusammengetan, erfüllt von dem gemeinsamen Verlangen, ihren Geschmack weiter zu bilden und ihre künstlerischen Fähigkeiten zu erweitern. Der lang-gehegte Traum der beiden Dänen, auch nach Griechen-land zu gehen, steckte die anderen schließlich an, und sie beschlossen einstimmig, diese neue Quelle der Anre-gung aufzusuchen. Das glückliche Zusammentreffen mit Cockerell und Foster konnte nicht verfehlen, ihrer aller Ziel zu fördern, da sie sich bei der Erforschung der denkwürdigen Reste, von denen sie umgeben waren, gegenseitig befeuerten. Darüber hinaus genoßen sie eine Zeit voller Ausgelassenheit.

Cockerell und Haller wurden besonders gute Freunde; sie schlossen sich eng zusammen und tranken nach alter deutscher Sitte Blutsbrüderschaft. Zwar war Haller ein etwas schwieriger Gefährte, da er manchmal in Schwermut fiel und zu moralisieren liebte, was den Umgang mit ihm todlangweilig machen konnte, und er dachte und sprach nie über etwas anderes als über seine Studien, doch gelang es Cockerell meistens, ihn mit seinem befreienden Lachen aus seinem Trübsinn zu reißen. Haller fühlte sehr große Zuneigung zu dem jun-gen Freund, was auch aus einem Brief an Cockerell her-vorgeht, in dem er ihn um verschiedene Besorgungen bat und den er mit dem Wunsche schloß, der Engländer möge immerzu bleiben, was er bisher seinem Freunde Haller gewesen sei. Cockerell verfügte über größere finanzielle Mittel als der Deutsche, die ihm zwar einer-seits einen materiellen Vorteil gegenüber dem Freund verschafften, doch ihm andererseits auch erlaubten, sich durch kleine Beihilfen für den Nutzen erkenntlich zu zeigen, den er aus dem überlegenen Wissen des Deut-schen zog. Hallers Finanzlage war ja stets angespannt: Er hatte unter Fortbezug seines Jahresgehaltes von fünf-

hundert Gulden von seinem Amt als Bauinspektor in
Nürnberg Urlaub genommen, um nach Rom zu gehen;
dort hatte er sich beim bayerischen Gesandten sechshundert spanische Taler geliehen, um nach Griechenland
reisen zu können; zweihundert Pfund streckte Cockerell
ihm vor, und weitere hundertundachtzig Pfund sandte
ihm ein Hamburger Freund. Aber er bezahlte alle Schul-
den peinlich genau zurück. Er besserte seine kleine Kasse
mit dem Ertrag von Ansichten auf, die er für Fremde
zeichnete. Die Verbindungen zu solchen Interessenten
hat teilweise Cockerell hergestellt, und unter den Käu-
fern befanden sich auch Byron und Graham, der bei ihm
fünfzig Blätter in Auftrag gab.

Foster nahm seine Studien nicht so ernst wie die beiden Freunde. Cockerell bemerkte sogar, er vertrödle
seine Zeit in beklagenswerter Faulheit und ging sogar so
weit, seinem Vater nahezulegen, er möchte den Eltern
Fosters einen Wink geben, auf den Jungen einzuwirken,
um ihn zu größerem Fleiß anzuhalten, wenn er aus seiner
Studienreise wirklichen Nutzen ziehen wolle; doch
Fosters spätere Karriere strafte diese Besorgnisse Lügen.
Zu den Fehlern des jungen Mannes gehörte auch eine
große Empfänglichkeit für weibliche Reize. So ließ er
sich – obwohl er sich zuhause bereits durch eine Verlo-
bung fest gebunden hatte – mit einer Sirene französisch-
polnischer Herkunft in Konstantinopel auf ein Verhält-
nis ein, aus dem ihn Cockerell retten mußte, und verlor
schließlich sein Herz an ein reizendes Geschöpf aus
Smyrna, das er denn auch heiratete.

Cockerell war in seinen Beziehungen zum schönen
Geschlecht vorsichtiger, obwohl auch er lange noch
zärtliche Erinnerungen an Félicité Roque hegte, die
schöne und gebildete Tochter eines französischen Kaufherrn und zugleich Base von Byrons ›Maid of Athens‹
und deren Schwestern. Diese vier bezaubernden Mäd-

chen durften im Gegensatz zu den meisten griechischen
Evastöchtern, die vor und oft noch nach der Hochzeit
sorgfältig bewacht wurden, mit den englischen Reisenden Konversation pflegen, spazieren gehen, ja selbst
flirten, und von den Herren erwartete man es fast als
eine Art Pflichtübung, daß sie sich unfehlbar in sie ver-
liebten. Jede Voraussetzung dafür war gegeben, denn
wenn auch das gesellschaftliche Leben in Athen bei weitem nicht den Glanz aufwies, den man von Italien her
gewohnt war, so trafen sich doch Griechen, Türken und
›Franken‹ in erstaunlicher Regelmäßigkeit zu Bällen,
Festen und bei Besuchen, oder, wie Byron es auszudrücken liebte, »einer Folge mannigfaltiger Narreteien
mit den Damen von Athen«.

Die Athener Gesellschaft war den Besuchern natürlich äußerst dankbar für ihre Aktivität, Bälle zu veran-
stalten. Der Ball, zum Beispiel, den Frederick North
einmal gab, wurde von über neunzig Einheimischen
besucht, darunter vierzig Damen in griechischer Tracht;
einige trugen überaus reichen Schmuck. Man übte sich
in Nationaltänzen, etwa in der Romaika, die bei religiösen Festen von Männern und Frauen einzeln und zusammen vorgeführt wurde. Die wichtigsten Figuren fielen
dabei den beiden Tanzführern zu, die sich nicht direkt
bei der Hand hielten, sondern nur mittels eines Taschen-
tuchs; ihren Bewegungen folgten die anderen in einem
Kreis. Der Albanitiko wurde dagegen nur von Männern
getanzt: der Führer des Reigens sprang rasch vor, wirbelte um seine eigene Achse, beugte plötzlich das Knie
und sprang dann mit einem schrillen Schrei zurück.
Natürlich überwog die gemäßigte Romaika an einem
solchen Abend, der nur selten vom wilderen Albanitiko unterbrochen wurde, der hier freilich etwas ver-
feinerter getanzt wurde, als es sonst üblich war. Byron
gab im Haus des englischen Konsuls ein Abendessen

und gleichfalls einen Ball für zwei junge Freunde, die
Brüder Casenove, damit diese die griechischen Damen
der Gesellschaft kennenlernen konnten. Dann beschlossen Stackelberg und Brøndsted, ein Tanzvergnügen aus-
zurichten, das alle bisherigen an Prachtentfaltung über-
bieten sollte. Mit großem künstlerischen Geschmack
und viel Phantasie verwandelten sie die Flure und Zimmer ihrer Behausung in heitere Festsäle, indem sie ganze
Palmenhaine und große Arrangements gelber Rosen an
die Wände zauberten, während eine Unzahl von Ker-
zen schimmerndes Licht auf die farbenfroh gekleideten
Gäste warf. Als die Freunde die Rechnung für das Fest
bezahlen wollten, mußten sie feststellen, daß ihr Dol-
metscher aus Smyrna mit der Kasse durchgebrannt war;
glücklicherweise konnten sie ihn fassen, noch bevor er
Gelegenheit gehabt hatte, das Geld auszugeben. Da sie
nicht das Herz hatten, ihn der unbarmherzigen türkischen Justiz auszusetzen, ließen sie ihn nach einer strengen Verwarnung laufen.

In Athen gaben aber auch die Türken Feste. Bei einem
Gala-Abend des Gouverneurs wurden die erstaunten
Gäste auf den Balkon hinausgebeten, wo zu seinen
Ehren Musikanten sangen und spielten; dann begann
im Hof im Schein riesiger Holzfeuer der Tanz, und
endlich wurden die Holzstöße gelöscht und ein glanz-
volles Feuerwerk mit ausgesucht schönen Raketen ab-
gebrannt.

Manchmal wurden die Athener auch zu den Festen
eingeladen, welche die westeuropäischen Mächte auf
den Schiffen ihrer verschiedenen Mittelmeerflotten ver-
anstalteten. Als einst eine französische Fregatte im
Piräus ankerte, zeigte sich die enge Geistesverwandt-
schaft zwischen den Völkern, die in einer Mischung
gallischer Heiterkeit und attischer Ausgelassenheit die
Romaika in hoher Vollendung darboten. Bald danach

legte ein englisches Kriegsschiff an, und der Kapitän lud die ihm standesgemäß erscheinenden Athener zu einer Gesellschaft. Auch seine Gastfreundschaft wurde von den Athenern in dankbarer Erinnerung gehalten, doch zur Lebensart der französischen Konkurrenz fühlten sie sich weit stärker hingezogen.

Obwohl der Westeuropäer die Förmlichkeit wohl empfand, mit der er von den Türken aufgenommen wurde, so machte er sich doch nur selten klar, wie sehr er unwissentlich gegen osmanische Sitten und Anstandsregeln verstieß. Er war ja selten mit den strengen und komplizierten Geboten der Etikette, die Begrüßung, Tischordnung und Konservation bestimmten, vertraut. So erschien es dem Westeuropäer zum Beispiel geradezu als Folter, wie die Türken oder Griechen mit gekreuzten Beinen zu sitzen; die ›Milordi‹ thronten entweder steif wie ägyptische Statuen auf einer Sofakante oder warfen sich mit gespreizten Beinen im Sitz zurück, eine Haltung, die für einen Türken ebenso ungehörig war wie für einen Europäer die Beine auf den Tisch zu legen. Cockerell und seine Freunde scheinen jedoch die Regeln schnell gelernt zu haben, denn sie waren, wie auch Byron, gern gesehene Gäste beim Gouverneur von Athen. Byron kannte die Freunde gut und war bei ihren Vergnügungen und ihrem Zeitvertreib oft mit von der Partie, wobei er besonders Brøndsted als Partner beim Politisieren und als Zechbruder beim Punsch schätzen lernte. Denn nicht immer ging es bei den jungen Leuten nur gesittet in geselliger Runde zu: Auch schwere Gelage wurden gehalten, und sicher waren ihnen auch die Namen der athenischen Hetären nicht unbekannt, wenn sich auch alle Reisenden gerade über dieses Thema einhellig in Schweigen hüllen; doch erscheint es allzu unglaubwürdig, daß sie sich nur mit harmlosen Salonflirts begnügt haben sollen. Immerhin fiel ihnen auf, daß die

Am 23. April 1811, morgens gegen 7 Uhr, landeten im Hafen der Insel Ägina zwei Deutsche und zwei Engländer, die bald die ganze gebildete Welt mit ihren Funden aufhorchen lassen sollten: Karl Haller von Hallerstein, Jakob Linckh,

Frauen von Chryso bei Delphi eine Art an den Tag legten, die eher auf die Nähe eines Venustempels hindeutete als auf die des Orakels des Apollo. Allgemein bekannt war auch, daß Byron eine Liebesdienerin vor der Strafe des Säckens rettete. – Die Homosexualität war im Osmanischen Reich weit verbreitet. Ali Paschas Gäste wurden oft durch das Verhalten seiner Pagen in nicht geringe Verlegenheit versetzt. Als sein Sohn Veli Athen besuchte, entführte er einen schönen Knaben, dessen Mutter durch ein Geldgeschenk getröstet werden mußte. Der Kapitän eines englischen Schiffes, der sich an Land rudern ließ, um einen türkischen Würdenträger zu besuchen, hatte in seiner Begleitung einen jungen Seekadetten, der den Türken so bezauberte, daß er ihn zu kaufen wünschte; er machte ein Angebot von zweihundert Pfund. Den Versuch einer Verführung konnten

John Foster und Charles Robert Cockerell. Vorbei an den zwei Säulen des Apollotempels (rechts) eilten sie zum Tempel der Aphaia, wo sie noch am selben Tag die Grabungen begannen und drei Tage später die ersten Hopliten fanden.

Cockerell und seine Freunde in Eleusis vereiteln: Der türkische Kadi glaubte, daß die ›Milordi‹ ihren griechischen Diener als Lustknaben betrachteten, und bat den Jungen, »in der Nacht zu ihm zu kommen«. Cockerell benutzte die Vorsicht, diesen Satz selbst in seinem Tagebuch auf griechisch niederzuschreiben. Der Junge informierte bitterlich weinend seine Herren, die statt seiner den Kadi aufsuchten, ihm strenge Vorhaltungen machten und ihn voll Widerwillen verließen. – Man hat auch Vermutungen darüber angestellt, ob Byrons Beziehungen zu seinen jungen Schützlingen – besonders zu Nicolo Giraud, einem Schwager Lusieris – enger waren als zwischen einem Herrn und seinem Untergebenen üblich, aber die Athener Fama, die im allgemeinen erstaunlich gut informiert war, scheint diese Freundschaften nie in Zweifel gezogen zu haben.

Ungeachtet der vielen Zerstreuungen oblag unsere Künstlergesellschaft fleißig ihren architektonischen Studien. Cockerell und Haller verbrachten oft ganze Tage mit Messen und Skizzieren oder arbeiteten die halbe Nacht durch, um ihre Notizen und Zeichnungen zu ordnen. Obwohl die Bauten in und um Athen in ihren Grundrissen bereits durch Stuart und Revett oder auch von den Beauftragten Elgins und anderen Besuchern festgehalten worden waren, stellten sie fest, daß viele Details, die von größter Wichtigkeit für das Verständnis der griechischen Tempel und ihrer Architektur waren – so etwa die Abfolge der Säulenordnungen in den Innenräumen, die Art, wie das Mauerwerk ausgeführt war, und der ornamentale Schmuck – erst noch richtig untersucht und erforscht werden mußten. So gehörten Cockerell und Haller zu den ersten, die nachwiesen, daß ein so subtiles Gestaltungsmittel wie die Entasis der Säulen den griechischen Baumeistern der Antike nicht nur bekannt war, sondern daß sie es auch mit höchster mathematischer Präzision anzuwenden gewohnt waren. Wenn die Römer sich der Entasis bedienten, übertrieben sie dabei meist so, daß ihre Säulen wie Zigarren wirken, und in dieser Zerrform war die Entasis allgemein bekannt; aber die Griechen waren so feinfühlig verfahren – bei den Säulen des Parthenon etwa handelt es sich um eine Schwellung von noch nicht einmal fünf Zentimetern! –, daß man die Entasis oft überhaupt nicht bemerken konnte. Der ganze griechische Tempel war, nach Cockerells Zeugnis, weit entfernt davon, bloß aus leblosen Blöcken aufgeschichtet zu sein, sondern überall durch Bewegung der Linien und Umrisse bestimmt, und die Abweichungen, die er feststellte, geben dem Bau trotz toten Materials so etwas wie einen Atem.

Wer die Entasis der griechischen Säulen als erster entdeckt hat, ist nie ganz geklärt worden. Es könnte

Williams im Jahre 1802 gewesen sein, doch erwähnt er in seiner Publikation von 1812 nichts davon. John Spencer Stanhope schrieb, sein Architekt Allason habe schon 1814 in Athen behauptet, daß er an den Säulen in der Morea eine Entasis bemerkt hätte, doch wird diesem Bericht von Cockerell, Haller und Fauvel widersprochen. Allison war nämlich krank und konnte seine Beobachtung nicht verifizieren, während Cockerell die nötigen Messungen vornahm und die Entasis genau nachwies, von der er dann Allison schriftlich Mitteilung machte. Haller erinnerte Cockerell in einem Brief vom April 1815 daran, daß er und Cockerell die Entasis bereits 1811 bemerkt hätten, Allison also nicht als erster die Entdeckung gemacht habe.

Obwohl das Hauptanliegen der Künstlergruppe das Studium der Antike war und nicht der Erwerb von Antiken, so zeigten sie sich doch auch diesem nicht abgeneigt, als ihre Ausgrabungen ihnen die schönsten Stücke in die Hände spielten, ja sie machten dabei, wie wir gleich hören werden, einen ganz guten Gewinn.

ABREISE NACH ÄGINA

Langsam kam der April und damit die Reisezeit. Stackelberg, Brøndsted und Koes brachen nach Konstantinopel auf, Cockerell und Foster entschieden sich, mit der Insel Ägina zu beginnen, die drei Segelstunden vom Piräus entfernt lag, um dort den berühmten Tempel zu erforschen. Haller und der Maler Linckh – ein fröhlicher Junge, der schon weit in der Welt herumgekommen war und viel gesehen hatte, was für Cockerell immer eine Empfehlung bedeutete – wollten sich ihnen anschließen. Die vier kamen überein, ihr Glück gemeinsam zu versuchen und ihre Mittel in einen Topf zu werfen.

Beim Aufbruch ereignete sich ein seltsamer Zufall. Schon seit einiger Zeit herrschte zwischen den Dienern der Engländer und ihrem Janitscharen Mahomet ein ständiger Kleinkrieg. Als Mahomet hörte, daß er die Gesellschaft nicht nach Ägina begleiten durfte, brachen die Feindseligkeiten offen aus; der Janitschar klagte, man wolle ihn zurücklassen, weil die anderen Diener ihn angeschwärzt hätten, was diese wiederum beleidigt von sich wiesen. Aber er war voller Zorn, ging nach Hause und betrank sich zum ersten Mal in seiner siebenjährigen Dienstzeit. Dann stürzte er auf die Straße, schoß mit seinen Pistolen um sich und plärrte, er allein wäre der rechtmäßige Beschützer der englischen ›Milordi‹. Aus Furcht, er könnte jemand verletzen, eilte Cockerell herbei und stellte ihn zur Rede, doch der Arme war sinnlos betrunken und schüttete in diesem Zustand sein Herz aus, daß er seine Herren wahnsinnig liebe und bereit sei, sie gegen sechs oder auch sieben, ja selbst gegen acht Türken zu verteidigen! Cockerell gelang es, ihn davon abzuhalten, seine Pistolen erneut zu laden, und als der Janitschar wieder nüchtern wurde, konnte der Friede wieder hergestellt werden.

Die ganze Geschichte hielt die Gesellschaft jedoch solange auf, daß sie erst bei Einbruch der Nacht im Piräus eintraf. Als sie aus dem Hafen segelte, überholten sie das englische Schiff ›Hydra‹, das Byron, Lusieri, Nicolo Giraud und einen Teil von Elgins Sammlung an Bord hatte. Linckh berichtet darüber:

... als wir an den Piräus kamen, so war das Schiff mit L. Byron noch im Hafen; wir fuhren noch einmal an Bord, um ihm ein zweites Lebewohl zu geben; es war schon neun Uhr abends, ich fing, als wir dem Schiffe nahe waren, eines seiner Lieblingslieder an zu singen, welches ihn sehr überraschte. Nachdem wir Punsch und Portwein getrunken und uns noch eine Stunde mit unserem Freunde unterhielten, so meldete der Pilot, daß das Schiff unter Segel wäre, wir mußten daher unsere Trennung beschleunigen, worauf wir dann gleich unsere Tour nach Ägina fortsetzten. Wir liefen gegen sieben Uhr den 23. morgens in den Hafen ein und gingen von da zu Fuß in die Stadt, die eine und eine halbe Stunde vom Hafen entlegen ist; nachdem wir gefrühstückt hatten, so gingen wir zu Fuß noch bis zu dem Tempel des Jupiter Panhellenius. Vor dem Ort sahen wir das Schiff mit L. Byron der Insel ganz nahe, es hat konträren Wind, so daß es genötigt war, zu kreuzen, und wir hatten es den ganzen Tag noch vor Augen.

Äginas Hafen besaß nicht viel, was die Künstler hätte begeistern können. Die Steinblöcke des antiken Hafens hatten die Venezianer fortgeschafft, um sie beim Bau der Festung Palamidi in Nauplia zu verwenden. Vom nahegelegenen Apollotempel war fast nichts mehr übrig; noch dreißig Jahre zuvor hatten zwei Säulen, die zudem noch ein Stück Architrav trugen, aufrecht gestanden: Aber jetzt stand nur mehr eine einzige von ihrem Kapitell bekrönt, während von der anderen ein starker Sturm

1817 ein Drittel zu Boden gerissen hatte. Die heutige Stadt um den Hafen herum existierte damals noch nicht, denn als die Bedrohung durch die Piraten ihren Höhepunkt erreichte, hatten sich die meisten der noch verbliebenen anderthalbtausend Einwohner ins Innere der Insel zurückgezogen, nach Palaiochora, das einen Tagesritt entfernt war. Die Reste der Siedlung kann man an der linken Seite der berganführenden Straße sehen. Das verfallene Heiligtum der Aphaia, das Ziel unserer Forschungsreisenden, stand zwei weitere Reitstunden oben in den Bergen; es wurde damals noch fälschlich für den Tempel des Panhellenischen Zeus gehalten und erscheint deshalb auch in Linckhs Tagebucheintrag unter dieser Bezeichnung.

Der Mythos der Aphaia ist kretischen Ursprungs; nach einer von mehreren Überlieferungen floh sie vor den Nachstellungen des verhaßten Minos auf einem Schiff nach Ägina, wo sie in einem Hain Zuflucht fand und dort, wo heute ihr Tempel steht, entschwand. Artemis erhob sie in den Rang einer Gottheit, und später verschmolz dann ihre Gestalt mit der Athenes.

Das Heiligtum der Aphaia war eine hochinteressante und sehr romantisch gelegene Tempelanlage. Die Verlassenheit der Gegend, der eindrucksvolle Anblick der ganzen Stätte mit ihren einsam aufragenden Säulen und verstreuten Marmortrümmern, nicht zuletzt auch wohl die prachtvolle Aussicht erweckten Gefühle von melancholischer Erhabenheit. Man konnte den Tempel vom Eingang des Saronischen Golfs aus ebenso gut erkennen wie von den Küsten Attikas und der Argolis, und wenn er in der Antike mit seiner stuckierten, polierten und bunt bemalten Fassung im Sonnenlicht hell aufstrahlte, wurde er von den äginetischen Seeleuten, denen er als Land- und Seezeichen diente, gewiß freudig begrüßt, wenn sie sich ihren sicheren Heimweg zwischen

den die Insel umlagernden Felsenriffen und Untiefen
hindurch suchen mußten.

Der Tempel wurde schon vor dem Einfall der Perser
in Griechenland errichtet. Er ist aus dem porösen Kalkstein erbaut, den die Insel selber bot. Von den vierundzwanzig Säulen an beiden Seiten standen um 1810 noch
einundzwanzig, während an den Stirnseiten nur mehr
zwei aufrecht standen.

Im Innern der Cella standen zwei parallel angeordnete
Säulenreihen, von denen noch fünf Säulen sich an ihrem
Platz befanden; sie trugen einen Architrav, auf dem sich
eine zweite Reihe kleinerer Säulen erhob, die einst das
Dach trugen. Trotz der Schäden, die von Erdbeben her-
rührten, stand noch soviel von dem Tempel, daß die
Freunde befanden, er verdiene die sorgfältigste Untersuchung, denn bisher war er weder vermessen, noch
zeichnerisch aufgenommen, noch richtig freigelegt worden. Sie entschlossen sich, wenigstens für zwei Wochen
zu bleiben und an Ort und Stelle ihr Lager aufzuschlagen. Das Zelt, das Cockerell mitgebracht hatte, wurde
als Unterkunft für die ›Milordi‹ eingerichtet, während
die Diener und der in Gnaden wieder aufgenommene
Janitschar in einer Öffnung an der Nordostecke der
Tempelplattform kampierten.

Sie bereicherten ihren Speisezettel mit Rebhühnern,
die es hier reichlich gab, und handelten von den Schä-
fern noch Zicklein und Lämmer ein; Feuerholz lieferte
der wilde Thymian. Wenn sie ihr Tagewerk hinter sich
gebracht hatten, wurde in traditioneller Weise am offenen Feuer das Mahl bereitet. Die Lämmer und Zicklein
brieten – mit Öl eingelassen, mit Kräutern bestreut, mit
Mandeln, Rosinen, Reis und Knoblauch gestopft – am
Spieß; war der Braten gar, lehnte man die Bratspieße gegen einen Baum, um das Fleisch mit größter Sorgfalt
tranchieren zu können; die einzelnen Stücke wurden

dann auf einem Brett aus Myrthen-, Orangen- und Lor-
beerzweigen angerichtet. Herz, Leber und anderes Ein-
geweide wurden für sich geröstet und den Tafelnden
vor dem Hauptgang serviert. Nur die ›Franken‹ benutzten Messer und Gabeln; sie klagten, daß stets alles völlig
zerkocht wäre, nur um der Bequemlichkeit und dem
Geschmack von Leuten entgegenzukommen, die mit
den Fingern äßen.

Leichter ließen sich die ›Dolmades‹ essen, mit gehack-
tem Hammelfleisch und stark gewürztem Reis gefüllte
Weinblätter, oder auch jene große, dünne Teigpastete,
die mit Geflügel und Spinat gefüllt war und mit Zucker
bestreut wurde. Milch lieferten meist die Schafe, und
man verzehrte sie am liebsten in Form von Joghurt;
Kühe wurden allgemein nur als Fleischlieferanten gehalten, denn ihre Milch galt als ungesund. Butter war
natürlich meist in einem fast flüssigen Zustand und glich
hellem Honig; sie wurde in Ziegenfellen aufbewahrt,
schmeckte sehr scharf und gab etwa dem Reispilaw einen
widerlich-ranzigen Geschmack. Schaf- oder Ziegenkäse
waren sehr salzig, dafür waren Eier und Zitronen schon
damals als Beigaben zu Suppen und Saucen beliebt, und
Fisch gab es dank der ungewöhnlichen Zahl von Fasten-
tagen im griechischen Festkalender stets reichlich. Rote
und graue Meeräsche, Tintenfisch und Aal kamen oft auf
den Tisch; Schnecken mit viel Knoblauch wurden zumindest von den Einheimischen mit großem Genuß ver-
speist, und der ›Botargo‹, der getrocknete Rogen der
weißen Meeräsche, galt gleich dem in Fässern impor-
tierten Kaviar, der allerdings schwarzer Seife nicht un-
ähnlich sah, als besondere Delikatesse. Man aß ihn mit
Essig und Öl, doch war sein Fischgeschmack nicht allen
Fremden angenehm.

Süße Speisen erfreuten sich großen Zuspruchs, obwohl Öl und Honig, der den Zucker ersetzen mußte, den

Teig außerordentlich schwer verdaulich machten; die griechischen Kuchen lagen allen – außer den Türken und Griechen selber – wie Blei im Magen. Vor allem in den Städten gab es auch frisches Obst und Gemüse, von Pfirsichen und Granatäpfeln bis zu Blumenkohl und Karotten.

Wein war, mit Ausnahme der Inselweine, fast immer stark retsiniert, also mit Harz versetzt; einige Reisende konnten ihre anfängliche Abneigung durch Gewöhnung überwinden, aber andere fanden den Geschmack so unangenehm, daß sie sich lieber an den ›Raki‹ hielten, einen aus Traubenmaische gewonnenen scharfen Schnaps. Die Moslems, die an sich keinen Alkohol genießen dürfen, nahmen es mit diesem Verbot nach dem Urteil vieler Reisenden nicht besonders genau. Das gebräuchlichste türkische Getränk war ›Scherbet‹, ein armseliges Gesöff, das oft nur aus gefärbtem Zuckerwasser bestand, auf dem ein paar blanchierte Mandeln schwammen. Beliebter war damals wie heute der Kaffee.

Die Künstlergemeinschaft entdeckte rasch, daß sie bei der Freilegung des Tempels auf die Hilfe einheimischer Arbeitskräfte zurückgreifen mußte. So ließ sie in den nahen Dörfern nach freiwilligen Helfern Ausschau halten. Die Dorfbewohner, meistens arme Pachtbauern, waren nur zu glücklich, ein wenig zu ihren schmalen Einnahmen hinzuverdienen zu können, denn sie zahlten ihre Abgaben in Naturalien, und wenn die Ernte schlecht war, blieben für sie selbst manchmal keine Vorräte mehr übrig. Als sich die Nachricht von der Grabung verbreitete, stellten sich bald mehr Helfer am Tempel ein, als Cockerell lieb sein konnte. »Griechische Arbeiter«, schrieb er, »haben reizende Sitten. Am Morgen kommen sie mit Rosensträußen und höflichen Wünschen für gute Gesundheit, aber wenn kein Janitschar da ist, sie auf Trab zu halten, können sie rasch höchst unverschämt werden.«

Eines Tages hatte er während der Abwesenheit seines Janitscharen eine lautstarke Auseinandersetzung mit ihnen: Eine Schar Leute, die er nicht einstellen wollte, lungerte um die Ausgrabungsstätte herum, griff auch manchmal helfend zu, stand aber vor allem den Arbeitern im Weg und behinderte den geordneten Grabungsablauf. Schließlich mußte Cockerell eingreifen: Er erklärte ihnen, daß er nur zehn Leute brauchen könne, von denen jeder täglich einen Schilling erhalten würde, und daß er mehr nicht ausgeben könne. Sollten mehr als zehn am Tag arbeiten wollen, müsse er eben die zehn Schillinge unter ihnen allen aufteilen. Sie möchten also unter sich aushandeln, wie das geregelt werden solle. Daraufhin stellten sich die Faulpelze, so erzählt Cockerell voll Ingrimm weiter, um einen Lautenspieler zum Tanz auf. Er war am Ende seiner Geduld und brach die Lustbarkeit mit der Feststellung ab, daß überhaupt nur der, der arbeiten, und zwar hart arbeiten würde, damit die Grabung fortschreite, einen Lohn bekommen solle. Der Anblick seines vor Zorn bebenden Gesichts unterstrich noch wirksam seine Absicht, worauf die Gauner die Arbeiter endlich in Ruhe ließen.

In dem Ausgrabungsbericht, den Cockerell viele Jahre später veröffentlichte, schildert er die Atmosphäre freilich viel idyllischer:

Die Dörfler bewiesen zugleich neben ihrer Gastfreundschaft durch die Willigkeit, mit der sie uns bei unserer Freilegung halfen, ihr Interesse an den Arbeiten, und erleichterten unsere Mühen mit ihrer ländlichen Leier, mit Sang und Tanz: heute, wie in alten Zeiten, die ständige Begleitung jeglicher Arbeit in diesen Ländern.

Doch verstanden und liebten die reisenden ›Franken‹ moderne griechische und türkische Musik nur selten. Dodwell empfand die Sitte der Griechen, immerfort zu singen, als schlimmste unter den vielen kleinen Beschwer-

lichkeiten einer solchen Reise, denn die Helfer beglück-
ten ihre ›Milordi‹ nicht selten von Sonnenaufgang bis
Sonnenuntergang mit ihren Weisen und gingen ihnen
damit kräftig auf die Nerven. Als Dodwell in die Morea
aufbrach, nahm er einige Athener nur unter der unver-
zichtbaren Bedingung mit, daß sie während der Zeit ihrer
Anstellung niemals singen dürften. Dodwell war überzeugt davon, daß sie seinen Mangel an Geschmack mit
Gefühlen des Mitleids und der Verachtung betrachteten,
doch einer der engagierten Diener verzichtete in der Vor-
aussicht, diese unmusische Zeit nicht durchstehen zu
können, sogleich auf die Stellung. Aber auch jene, die
ihn begleiteten, schienen nicht fähig, ihr versprochenes
Schweigen länger als einen Tag durchzuhalten. Ein anderer Engländer, der den Geburtstag seines Königs so
feierlich wie möglich begehen wollte, verpflichtete eine
türkische Kapelle aus Athen, für ihn zu spielen: Unfähig,
den Lärm länger zu ertragen, mußte er schon nach kurzer

Die unvergleichliche Lage des Aphaiatempels auf Ägina *verlockte alle vier
Ausgräber, neben den nüchternen Vermessungs- und Rekonstruktionsarbeiten
immer wieder zum Zeichenstift zu greifen: Hier zwei Skizzen von Cockerell.*

Zeit sein Haus verlassen! Die Athener mieteten diese Kapelle alljährlich während der drei Tage vor Ostern und
zahlten große Summen – darunter der Gouverneur sogar fünf Pfund! – für dieses Gastspiel.

Ein Grieche kann nicht gut singen, ohne gleichzeitig
zu tanzen, und der Rest der Gesellschaft, vom gleichen
Impuls befeuert, kann selten der Versuchung widerstehen, mitzumachen. Am ersten Mai gab es in Athen keine
Tür, über der nicht eine Girlande hing, und die Jugend
beiderlei Geschlechts vergaß mit einer für die Griechen
charakteristischen geistigen Beweglichkeit ihr politi-
sches Los und forderte die türkischen Besatzer heraus,
indem sie mit Kränzen auf dem Kopf und Gitarren in den
Händen zu Ehren des Mai tanzten. – Als einige Reisende
einmal in Mykene an einem Haus vorbeikamen, flog
ihnen ein Teller vor die Füße. »Verdammt, ist das denn
ein Irrenhaus?«, fluchte einer der ›Milordi‹. »Nur bei den
Bacchanalien, Sir«, erklärte der Führer: Dies sei das Haus
eines Reichen, in dem es die Sitte verlange, daß der Wirt
die Teller nach dem Essen zerschmettere, um seine Großzügigkeit zu beweisen.

DIE GROSSE ENTDECKUNG

Die Freilegungsarbeiten, ohne die es unmöglich gewesen
wäre, genaue Messungen vorzunehmen oder maßstabs-
getreue Zeichnungen anzufertigen, schritten allmählich
voran. Der Tempel erhob sich auf einer ausgedehnten
künstlichen Terrasse, unter der das Erdreich stark nach-
gegeben hatte. Auf dem Plateau war ein Gerstenfeld,
denn griechische Bauern hatten die großartige Bega-
bung, noch den kleinsten Flecken ebenen Bodens zu nutzen, um sich die harte Arbeit zu ersparen, die Berghänge
terrassieren zu müssen. Auf den Trümmern im Innern
des Tempels wucherten dicke Büsche sowie schlanke
Pinien und Zypressen. Als sie fortgeschafft waren, konnten die Architekten beglückt feststellen, daß alle für eine
vollständige baugeschichtliche Untersuchung und theo-
retische Rekonstruktion des archaischen Tempels wichtigen Bauteile noch vorhanden waren: Jedes wesentliche
Element vom Stylobat bis zu den Dachziegeln war wenigstens mit einem Musterstück belegt! Haller und Foster beschäftigten sich mit dem Grundriß des Tempels,
Cockerell übernahm das Vermessen und das Zeichnen
der Details, während sich Linckh des Aufrisses annch-
men sollte. Schnell traten interessante Einzelheiten zu
Tage, frühe Beispiele für jene tektonische Subtilität, die
für die griechischen Bauten der Blütezeit so charakteristisch werden sollte: So wiesen zum Beispiel die Ecksäulen eine leichte Entasis auf, weil ihre Umrisse sonst
gegen den freien Himmel schlanker als die der übrigen
gewirkt hätten.

Dann stießen sie auf die erste Überraschung. Einer
von ihnen grub an der inneren Säulenreihe der Ostseite

und fand dort ein Stück parischen Marmors. Da der Bau
selbst aus Kalkstein bestand, war natürlich seine Aufmerksamkeit sofort erregt. Das Fragment erwies sich als
Kopf eines behelmten Kriegers, der mit dem Gesicht
nach unten lag. Als nach und nach seine Züge sichtbar
wurden, gerieten die jungen Männer in einen Zustand
höchsten Entzückens, ja wilder Erregung. Plötzlich waren sie einem Fund auf der Spur, der ihrer Arbeit zusätzliche Impulse geben konnte. Bald wurde ein weiterer
Kopf gefunden, darauf ein Bein, dann ein Fuß, und
schließlich hatten sie nicht weniger als sechzehn Statuen,
dreizehn Köpfe, eine Anzahl Arme, Beine und andere
dazugehörige Bruchstücke ausgegraben, alles in bestem
Erhaltungszustand. Es erwies sich, daß sie damit die
Skulpturen entdeckt hatten, die einst die beiden Giebel
geschmückt und den Kampf um Troja dargestellt hatten.
Die Figuren waren offensichtlich bei einem Erdbeben
heruntergestürzt und durch die nachfolgenden Giebel-
teile zusätzlich beschädigt worden.

In nur viertägiger mühevoller Arbeit hatten sie schon
soviel freigelegt, daß sich die große Bedeutung des Fundes abzeichnete und seine Kunde wie ein Lauffeuer über
die Insel verbreitete. Die ganze fieberhafte Erwartung
und wachsende Aufregung dieser Tage schlägt sich in
Linckhs Tagebuch mit lapidarer Kürze nieder:

Den 24. April hatten wir immer noch Lord Byrons Schiff
vor Augen, bis es gegen vier Uhr abends die Richtung gegen Zea
nahm und hinter der kleinen Insel bei Cap Colonna verschwand.
Wir haben heute mehr Leute zum Graben angenommen. Wir
fanden Stücke von Vasen, Dachziegel vom Tempel, den Fuß-
boden, der von Stukko und rot gemalt ist, besonders auch ganz be-
sondere Stücke von einer Art Gips, die prismatische Formen
haben.

Den 25. April 1811. Wir sind mit unseren Grabungen
glücklich und haben heute zuerst einen kleinen Altar, einen Fleu-

ron und zwei Köpfe gefunden. Der Wind ist aber so stark, daß
man nicht zeichnen kann.

Ägina, den 26. April. Unsere Grabungen sind ganz enorm,
außer einer Menge Fragmente von Figuren fanden wir drei fech-
tende Krieger; es scheinen die Figuren vom Fronton zu sein.

Den 27. April. Da unsere Grabungen so ganz ungeheuer von-
statten gehen, so riet ich der Gesellschaft, die Zahl der Graben-
den zu verdoppeln, die bereits gefundenen Statuen bereitzuhalten
und sie gleich heute nach Athen zu bringen. Wir fanden heute
wieder so viel, daß mir eigentlich schwindelt und ich gar nicht
weiß, wie die Sache sicher einzuleiten ist.

Linckh befürchtete gleich, daß man ihnen kaum wider-
spruchslos erlauben würde, ihre Funde auch fortzuschaffen, was Cockerell zu der Entgegnung veranlaßte, es sei
doch seltsam, daß manche Leute, die ihre Besitztümer
sonst ziemlich vernachlässigten, diese hochzuschätzen
anfingen, sobald sich ein anderer liebevoll um sie küm-
mere.

Linckh traf deshalb die nötigen praktischen Maßnahmen: Er bestellte ein Boot, um alles bisher Ausgegrabene fortzuschaffen. Das Treffen wurde in dem nahen
kleinen Hafen, dem heutigen Hagia Marina, verabredet;
mit Hilfe von zwanzig Männern und sechs Eseln wurden
die Skulpturen den Berg hinabgetragen und mit Linckh
und Foster als Eskorte eingeschifft. Lautlos glitt das Boot
in den Festlandhafen Phaleron, in der Hoffnung, man
könne so jede Aufmerksamkeit von den Schätzen ablen-
ken. Aber vom nahen Piräus traf sogleich ein Zolloffizier
ein ... Doch hören wir Linckh selber:

Als wir, um den Lärm, den diese Sache verursachen wird, zu
verhüten, in den Hafen Phaleron einliefen, so kam, als ich ganz
alleine bei der Barke war, der Doganiere vom Piräus, ein
Schwarzer, der mit einer erzürnten Miene einen Lärm machte,
daß wir in einem verbotenen Hafen eingelaufen wären. Ich habe
eine gleiche Miene angenommen, um ihm Einhalt zu tun, und

Vom Tempel der Aphaia *auf Ägina standen um 1810 noch achtundzwanzig Säulen: er war damit noch vergleichsweise gut erhalten, selbst wenn die Giebel samt ihren Figuren schon längst herabgestürzt und von Erdreich und Trümmern überdeckt waren. Otto Magnus von Stackelberg zeichnete die beherrschende Lage*

antwortete ihm kurz, daß ich dieses als Fremder nicht gewußt hätte, er wollte sich aber über dieses nicht zurechtweisen lassen. Er konnte nicht in das Schiff sehen und kehrte zuletzt bruttelnd zurück. Wir hatten vier Pferde und fünf Esel, von welchen wir zwei Esel für uns hatten und auf die anderen die Körbe mit zerbrochenen Armen, Füßen usw. beluden. Die Torsi wurden auf die Pferde geladen; es war schon neun bis zehn Uhr nachts, als wir von Phaleron fortgingen. Wir wollten vorsätzlich nachts nach Athen gehen. Ein Teil sollte zu mir, ein anderer zu Fauvel und ein dritter zu Foster gebracht werden. Da es aber beinahe Mitternacht war, so entschlossen wir uns, alles bis auf den anderen Morgen beisammen in Fosters Hause zu lassen. Ich schlief bei Foster.

*des Tempels, von dem man einen weiten Blick über den Saronischen Golf und hin-
über auf das Festland hat: Links vom Tempel erscheint der Hymettos, daran
links anschließend der Pentelikon und wieder links davor Athen, während am
linken Rand noch der langgestreckte Gebirgszug des Parnaß zu sehen ist.*

Früh am nächsten Morgen jedoch schon hetzte Linckh
zu Fauvel, um ihm von dem Glück der Expedition zu berichten und ihn einzuladen, die Fragmente zu besichtigen.
Er war nach den Worten Linckhs über die Schönheit der
Arbeiten erstaunt und entschloß sich auf der Stelle, die
beiden Künstler zurück nach Ägina zu begleiten. Bald
danach trafen noch der englische Konsul Logotheti und
der französische Kaufmann Roque ein, und Linckh erkannte, daß man sich des Schatzes sofort entledigen müsse, wenn man ihn vor den Türken sichern wollte: Zwei
Torsi nahm er deshalb selber in Obhut, zwei andere wurden in Fauvels Haus verbracht, und den Rest verbargen
sie bei Foster.

Gegen Abend gingen wir in Gesellschaft von Fauvel an Bord
und fuhren zwei Stunden nach Mitternacht ab. Wir hatten Bo-
nazza und kamen erst gegen sieben Uhr morgens den 29. April
an dem kleinen Hafen wieder in Ägina an. Cockerell, welcher
uns ankommen sah, war schon unten und fiel, aus Begierde schnell
zu uns zu kommen. Als wir oben ankamen, so hatte ich die
Freude, unsere Fortschritte in unserem Glücke durch einen
wunderschönen jungen Körper, welcher weit schöner noch ist als
der in Athen, wahrzunehmen; ein sehr edler Kopf der Minerva
mit ihrem Helm, ein Uliß, ein anderer Torso, alles waren
Früchte vom 27. nach unserer Abfahrt. Den 28. wurde gar
nicht gegraben, weil es Sonntag war.

Cockerell mußte aber auch berichten, daß es mit den
Inselbewohnern Ärger gegeben habe. Die Dorfältesten
waren gemeinsam mit einem Brief vom Rat von Ägina
zu den ›Milordi‹ gekommen, um sie zu bitten, von ihrem
Vorhaben abzustehen, da man die Repressalien des griechischen Oberherrn, des türkischen Admirals ›Capitan
Pascha‹ fürchten müsse, wenn ihm zu Ohren käme, daß
aus seinem Gebiet etwas ohne seine Erlaubnis fortgetra-
gen worden sei. Nur der Himmel könne wissen, welches
Unglück über das Land kommen würde, besonders im
engeren Umkreis der heiligen Stätte, wenn die Grabungen fortgesetzt würden. Cockerell soll sehr wütend gewesen sein und behauptet haben, dies Geheuchel von
abergläubischen Ängsten diene augenscheinlich dem
Ziel, mehr Geld zu erpressen. Natürlich findet sich in
seinem gedruckten Bericht kein solcher Kommentar,
auch scheint es seltsam, daß er den Leuten eine Bezah-
lung mißgönnt haben soll, da der Gewinn aus dem Verkauf der Antiken beträchtlich zu werden versprach.

Die Gesellschaft beratschlagte und entschied dann,
es wäre nur fair, etwas zu zahlen, vor allem, nachdem die
Inselbewohner ihre anfängliche Forderung von zehn-
tausend Piaster auf tausend, also von etwa fünfhundert

auf fünfzig Pfund, ermäßigt hatten. Linckh, der fünfhundert Piaster bei sich hatte, übergab dies Geld Cockerells griechischem Diener Dimitri und instruierte ihn
dahin, die Summe zu übergeben, sich aber nur auf eine
Nachzahlung, die fünfhundert Piaster nicht übersteigen
dürfe, einzulassen, wenn es keinen anderen Ausweg
gäbe. Dimitri erfüllte den Auftrag getreulich und konnte
einen Vertrag abschließen, der nicht nur für die bereits
gefundenen und fortgebrachten, sondern auch für alle
noch auszugrabenden Antiken galt und die Berechtigung
einschloß, so lange zu suchen, bis die ganze Stätte erforscht sei, alles für achthundert Piaster. Für die fünfhundert Piaster Linckhs brachte er eine Quittung mit,
auf der er aber aus übertriebenem Diensteifer gegenüber
seinen englischen Herren nur die Namen Cockerells und
Fosters hatte einsetzen lassen.

Linckh bestand darauf, daß die Quittung berichtigt
werden und sowohl seinen als auch Hallers Namen auf-
weisen müsse, weil sonst beim Verkauf der Skulpturen
ihr Anteil anfechtbar sei. Aber das war leichter gesagt
als getan. Linckh stieg zusammen mit Dimitri ins Dorf
hinunter, um die restliche Summe zu zahlen.

*Die beiden Primati, die mit dem ersten Schreiben kamen,
wo sich die Esel über unsere Grabungen beklagt, sollten für ihre
Mühe zwanzig Piaster bekommen, und um diese zwanzig Piaster nicht müßig verdienen zu lassen, so verlangte ich den Emp-
fangsschein vierfach, damit ein jeder von uns einen hatte. Der
Sekretär setzte sich gleich, um alle vier zu schreiben, und Dimitri sagte, daß wir inzwischen frühstücken könnten, und er wolle
nachher gehen, um die Reçus zu holen. Ich fürchtete dieses einzugehen, wollte aber dem Dimitri nicht zumuten, darauf zu warten. Wir frühstückten zusammen in dem Hause, wo wir vorher
einmal frühstückten, und legte mich nachher schlafen. Nachdem
ich erwachte und die Empfangsscheine wollte holen lassen, so
war die Kanzlei geschlossen und die Herren Primati waren mit*

einem Offizier vom Capitan Pascha in eine Vigne gegangen,
um sich mit dem so leicht erworbenen Gelde zu amüsieren. Ich
erschrak nicht wenig, als ich dieses erfuhr, und machte mir über
meine Nachlässigkeit und ungeprüftes Vertrauen, das ich zu
diesen Kerls hatte, Vorwürfe. Ich ging sogleich mit Dimitri,
um sie aufzusuchen und fand sie mit zwei Türken in einem
Garten; es waren fast alle schon besoffen. Der Türke empfing
mich sehr jovial und gut, wie es alle Türken sind, wenn sie bei
einer Lustpartie sind. Während sie genießen, so wollen sie, daß
alle Teil daran nehmen, und laden alle Vorübergehenden ein,
Teil an ihrer Freude zu nehmen. Die Primaten wollten uns
vertrösten auf morgen und sagten, daß die Scheine noch nicht
fertig seien, ich bestand aber darauf, daß ich sie heute noch haben
wolle und nicht früher zu dem Tempel zurückgehen würde, bis
ich die Scheine hätte. Ich befahl dem Dimitri, immer um den
alten Andrea zu bleiben, weil es mir schien, als wolle er sich
heimlich fortstehlen. Meine Vermutung traf ein; als wir endlich
mit vieler Mühe den Alten bewogen, mit in den Ort zurückzu-
gehen und in die Kanzlei kamen, so fing der alte Spitzbube von
neuem an zu kontraktieren und verweigerte, die Scheine zu
geben. Ich konnte mich kaum enthalten, den Kerl nicht zu prü-
geln, der Dimitri aber blieb gefaßt und brachte durch seine Ge-
duld den Alten endlich dahin, daß er noch hundertfünfzig Piaster
forderte. Wir fingen also wieder von neuem an zu akkordieren,
und mit dreißig Piastern war er zuletzt zufrieden.

Die Freunde waren also noch einmal glimpflich davon-
gekommen, wenngleich Linckh diese Tage noch lange als
sehr unangenehm in Erinnerung behalten sollte, zumal
ihn das Verhalten Cockerells, in dem er einen Freund
sah, enttäuschte und auch Fauvel Grund zu Mißtrauen
gab. Linckh äußerte sich zwar nicht genau über den
Grund ihrer Auseinandersetzung, aber man kann wohl
annehmen, daß er mit seinem Wunsch nach Änderung
der Quittungen zusammenhängt. Doch bald schon gab
es Anlaß zu weiterem Mißtrauen. Linckh berichtet:

Fauvel brachte auch zwei Hacken mit und sagte, daß er auch ein wenig graben wolle, worüber wir natürlicherweise nichts sagten, auf seine Bescheidenheit vertrauend. Wie sehr erstaunten wir aber, als er im Sinne hatte, gerade den Platz zu wählen, wo wir den letzten schönen Torso fanden. Statt zwei sprach er nach und nach von vier Gräbern und wollte diese noch dazu von uns nehmen. Unsere vierzig Personen hätten dann außen herum gesucht, während Fauvel mit seinen vier Menschen uns das Beste aus der Mitte herausnahm. Wir konnten uns unseres Unwillens darüber nicht enthalten und sagten ihm geradezu, daß dieses nicht anginge. Er war sehr wild darüber und fing aus Zorn an, das oberflächlich zu messen, was Haller und Cockerell mit der größten Genauigkeit gemessen hatten.

Doch der Sturm klang bald ab, und selbst Linckh gab zu, daß er Fauvel doch zu streng beurteilt habe und war erlöst, als die alte Freundschaft wiederhergestellt war.

Linckh fuhr fort, für den sicheren Abtransport der Funde zu sorgen: Er brachte die Antiken nach Phaleron und schaffte sie jeweils bei Nacht nach Athen, um sie in den Häusern von Fauvel und seiner Freunde zu verbergen. Mit klug dosierten Bestechungsgeldern gelang es ihm, seine Fracht sicher durch den türkischen Zoll zu bringen.

Gegen Ende der Grabungen gab es noch einige nicht immer ganz erfreuliche gesellige Abwechslungen. So war ein türkischer Steuereinnehmer zu seinem jährlichen Besuch auf der Insel eingetroffen, doch erhob er keine Einwände gegen den Antikenhandel, dessen Zeuge er wurde.

Man darf dabei nicht vergessen, daß die politische Situation auf den Inseln sich stark von der auf dem Festland unterschied. Das wurde beispielsweise am Verhalten von Dodwells Janitscharen deutlich: Dieser Türke war von dem unabhängigen Benehmen der Griechen auf der Insel Poros tödlich verletzt; vor allem traf es ihn wie ein

Schock, daß sie Waffen tragen durften und bunte Pan-
toffeln wie die Moslems. Dodwell fand es äußerst amü-
sant, den Widerstreit in Ibrahims Brust zu beobachten,
wo Klugheit und Ärger miteinander kämpften: Der
Türke wagte nicht gegenüber den Griechen länger von
seinen üblichen Schimpfwörtern wie ›Hund‹ oder
›Schwein‹ Gebrauch zu machen und mußte sich statt
dessen ebenso herabsetzende Beiworte von denen gefallen lassen, die er von Kindheit an als Sklaven zu betrachten gewöhnt war. Dodwell erschien sein eigenes
Unbehagen über die ungastliche Behandlung, die ihm
auf der Insel zuteil wurde, wohl aufgewogen durch den
Anblick Ibrahims, der vom Walten der ausgleichenden
Gerechtigkeit völlig konsterniert war.

Der Steuereinnehmer von Ägina hatte sich entschlossen, die Künstler bei ihrem Tempel zu besuchen. Er traf
schon leicht angetrunken dort ein und wurde während
des Abendessens zunehmend berauscht; in diesem Zustand machte er der Gesellschaft das fragwürdige Kom-
pliment, auf ihre Gesundheit seine Pistolen abzufeuern,
und Cockerell sah sich veranlaßt, diese Höflichkeit zu
erwidern. Am nächsten Tag lud der Türke die ganze
Gesellschaft zu sich ins Dorf ein. Er empfing sie in einem
Mantel, der mit Goldmünzen im Wert von wenigstens
fünfzig Pfund behängt war und hatte, sehr zum Ärger
Linckhs, auch den spitzbübischen Beamten eingeladen,
der ihnen beim Ausstellen der Quittungen soviel Ärger
gemacht hatte. Das Mahl bestand wie üblich aus einem
ganzen Hammel, und der Abend schloß mit dem Albanitiko, einem Nationaltanz. Der arme Haller muß bei dem
ausgelassenen Treiben Höllenqualen gelitten haben,
nicht nur seiner ernsthaften Veranlagung halber, sondern auch wegen seiner Kopf- und Zahnschmerzen, mit
denen er sich während der ganzen Reise herumquälen
mußte.

BERGUNG DER FUNDE 223

Bis endlich alle Figuren und Fragmente geborgen und fortgeschafft waren, hatte die Gesellschaft sechzehn Tage lang schwer arbeiten müssen; neben der Einweisung, Einteilung und Beaufsichtigung ihrer Helfer mußten die Künstler selbst einen guten Teil der Grabungsarbeiten und vor allem die Hebung der Marmorfragmente bewältigen: Alle Köpfe und anderen empfindlichen Stücke holten sie aus Furcht, daß sie von den Arbeitern ruiniert werden könnten, selbst aus dem Boden. Zu ihren Funden zählte unter anderem auch ein Elfenbeinauge, das vielleicht der Göttin gehört hatte, die einst in der Cella stand. Ein wichtiger Fund allerdings entging den Freunden: 1903 wurden bei einer deutschen Grabungskampagne unter Adolf Furtwängler die tief in der Erde stekkenden Reste einer dritten Gruppe von Giebelskulpturen entdeckt.

Ein deutscher Reisender erfuhr Jahre später von einem der einheimischen Helfer, daß einer der vier, als die Athene vom Westgiebel ans Licht geholt wurde, er von Freude völlig überwältigt worden sei, sie umarmte, in sein Zelt schaffen ließ und eine Woche lang als ein lebendiges Geschöpf behandelte, ja selbst sein Bett mit ihr teilte.

Die Rückreise nach Athen war schrecklich. Linckh berichtet uns darüber ausführlich in seinem Tagebuch:

Als wir halbweg waren, so zeigten sich zwei Gewitter, eins gegen Argolis, das andere über Attika; es fing bald darauf ein ziemlich heftiger unsteter Wind an, welcher immer stärker wurde, endlich wurde es gegen Athen zu ganz Nacht, und es blitzte und donnerte unaufhörlich und entsetzlich stark. Ich bemerkte in dem Gesichte des Carabuchiri Furcht, da wir noch obendrein einen Mann zu wenig zu der Bedienung des Schiffes hatten. Ich sah, daß ein Kaiki, das vor uns war, die Segel einzog; als dieses unser Carabuchiri sah, so hatte er kaum noch Zeit, dasselbe zu tun, da aber die Segel durch den Regen zu schwer

*wurden und der Wind sie ganz gefüllt hatte, so zögerte er, als die
Segel zur Hälfte eingezogen waren. Die Gefahr war groß, der
Wind drehte unser Schiff, und darüber verlor der Steuermann
den Kopf und verließ das Ruder; alles war in größter Verwirrung, und unsere Bedienten vermehrten die Unordnung; sie zogen an Stricken, die an beiden Enden befestigt waren, endlich
aber wurden doch die Segel heruntergebracht und wir waren für
den Augenblick gerettet, waren aber auf dem Meere und hatten
gerade das Gewitter über uns. Bei Salamis ist alles voll Klippen,
wir konnten uns also auch dahin nicht retten. Wir bamberten
lange auf einer Stelle herum, und der Wind wurde immer noch
konträrer, zuletzt trieb uns der Wind zwischen die Felsen der
kleinen Insel, die zwischen Salamis und dem festen Lande ist,
Psyttalia – ich weiß nicht, ob wir nicht in der See sicherer gewesen
wären. Von da wurden wir an das feste Land verschlagen, nicht
weit von dem Stuhl des Xerxes; auch da konnten wir nicht bleiben, weil alles voll Klippen war. Wir waren durch alle Mäntel
durchnäßt und hatten die Aussicht, die ganze Nacht in diesem
Zustand bleiben zu müssen. Als sich aber das Gewitter gelegt
hatte, so änderte sich der Wind, und wir erreichten glücklich den
Piräus.*

Auch hier waren sie der Gefahr noch nicht ganz ent-
ronnen, denn der Wolkenbruch hatte die Gegend bis
nach Athen hinein überflutet, Menschen und Vieh waren
ertrunken, und die Wege wurden von Schlamm blockiert.
Nur unter größten Schwierigkeiten erreichten sie schließlich am folgenden Tag die Stadt.

Sie machten sich sofort wieder eifrig an die Arbeit, um
die Fragmente zusammenzusetzen; dafür hatten sie sich
ein Haus als Werkstatt gemietet. Einige Figuren waren
verhältnismäßig leicht zusammenzusetzen; die kühnen
Stellungen der Hopliten hatten eine großartige Wirkung. Besucher, denen man erlaubte, die Skulpturen zu
sehen, starben fast vor Neid; nach einhelliger Meinung
waren sie nicht weniger großartig als die Giebelfiguren

← 20-23 *Reges Leben entfaltete sich am* Tempel der Aphaia *auf Ägina, nachdem im April* *1811 die vier Freunde Karl Haller von Hallerstein (sein Bildnis auf Seite 194),* Jakob Linckh *(Abbildung 20),* John Foster *und* Charles Robert Cockerell *(Abbildung 21) auf* *der Insel gelandet waren und sich in ihrem* Zelt, *das Linckh in seinem Tagebuch festgehalte.*

23

at (Abbildung 22), wohnlich eingerichtet hatten. Bald schon häuften sich die Fundstücke der
Ägineten. Selbst der berühmte englische Landschafter William Turner ließ es sich nicht nehmen, der aufsehenerregenden Ausgrabung mit der nach Cockerells Angaben entstandenen Vor-
zeichnung zu einem Stahlstich (Bild 23) seinen anerkennenden Tribut zu zollen.

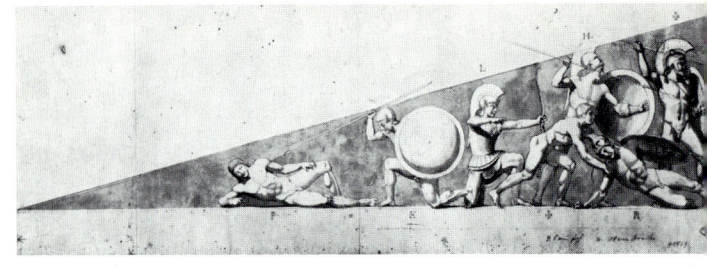

24 *Wohl noch während der Ausgrabung, sicher aber gleich nach ihrer Rückkehr nach Athe[n?]*
beschäftigten sich die glücklichen Finder mit der Rekonstruktion der ursprünglichen Aufstel-
lung der Ägineten. Auch Johann Martin von Wagner, *der die Figuren ja zunächst nur i[n?]*
Abgüssen sah, befaßte sich wiederholt mit der Rekonstruktion der Figurenanordnung

25

26

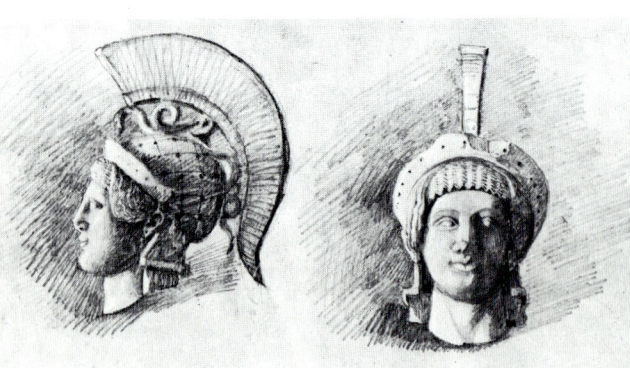

des Westgiebels, *in der er zwar vier neue Figuren in das dramatische Kampfgeschehen bei der Eroberung Trojas einfügen zu müssen glaubte (sie sind in seiner Zeichnung jeweils mit einem Kreuz, die authentischen Figuren dagegen mit einem Buchstaben gekennzeichnet), in der Anordnung der liegenden Krieger außen aber den heutigen Erkenntnissen sehr nahekam.*

7

25-27 *Der Philhellene, Kunstsammler und Mäzen Kronprinz Ludwig von Bayern hatte schon bald nach Bekanntwerden der Funde auf Ägina seinem Kunstagenten Johann Martin von Wagner den schwierigen Auftrag erteilt, die Ägineten ohne genauere Kenntnis und Prüfung der Originale zu erwerben. Die ersten Zeichnungen, die Wagner für seinen hohen Gönner anfertigte, entstanden nach Skizzen Hallers und vor den Gipsabgüssen, darunter die Köpfe eines Hopliten und des Ajas (Bild 25) sowie der Athene (Bild 26) vom Westgiebel und der Herakles vom Ostgiebel (Bild 27) mit einem allerdings falsch angesetzten linken Unterschenkel.*

Egina.

28 *In zwei aufregenden Bootsfahrten hatte Linckh die Ägineten zunächst nach Athen geschafft*
wo sie im Hause Fauvels und in der Wohnung Linckhs und Fosters untergebracht wurden.
Nachdem man von den Skulpturen Abgüsse genommen hatte, wurden sie in Körbe verpackt, an
Pferde und Maultiere verladen und ab Ende Juli 1811 über das Kithärongebirge an den Go
von Korinth transportiert. Den Augenblick der Ankunft des Konvois an der Bucht vo

verte!

orto Germeno, *dem antiken Ägosthena am Halkyonischen Golf, hat Haller in einer*
hwungvollen Tuschzeichnung festgehalten. Ein Kaiki brachte die wertvolle Ladung nach
ante (siehe Abbildung Seiten 240/241), von wo sie der größeren Sicherheit halber im Januar
812 nach Malta übergeführt wurde. Obwohl im November 1812 von Kronprinz Ludwig von
ayern de jure erworben, vergingen bis zur endgültigen Übergabe noch fast drei Jahre.

29-30 *Die Ausgrabung der Ägineten war zugleich auch deren Rettung vor dem endgültigen Untergang, denn noch im späteren 19. Jahrhundert wurde der* Tempel der Aphaia *– hier in Aquarellen Cockerells von Südwesten und Nordosten gesehen – als Steinbruch ausgebeutet.*

vom Parthenon und standen höchstens hinter dem Apoll
vom Belvedere und der Laokoongruppe zurück, die damals noch immer als die überragendsten Beispiele der
klassischen Kunst angesehen wurden. Fauvel durfte
sich für sein ›Museum‹ von den verschiedenen Figuren
wenigstens Abgüsse anfertigen lassen. Er war natürlich
ziemlich enttäuscht, daß der Ruhm einer solchen Entdeckung nicht ihm zugefallen war.

Die Figuren verblüfften durch eine besondere, ja be-
fremdliche Eigenschaft: Sie waren ganz offensichtlich in
kräftigen Farben bemalt gewesen! Wenn auch die originale Farbgebung der Witterung nicht standgehalten
hatte, so gab es doch keinen Zweifel, daß etwa Athene
braunes Haar und blaue Augen gehabt oder ein purpur-
gesäumtes Gewand getragen hatte. Aber nicht nur das:
Der Tempel selber war über und über stukkiert und auch
bemalt gewesen; der Hintergrund der Giebel hatte hell-
blau geschimmert, die Bodenzone war rot gewesen.
Ähnliches hatte man zwar schon zuvor bemerkt: ein
von Fauvel erworbenes Bruchstück vom Parthenonfries hatte Farbreste gezeigt, die erst beim Restaurieren
allmählich verschwunden waren. Auch der Fries vom
Theseion hatte ähnliche Spuren aufgewiesen. Diese un-
bestreitbaren Tatsachen waren unangenehm, denn sie
standen im krassen Widerspruch zu allen von den Zeitgenossen liebevoll gehegten Vorstellungen über die
Erhabenheit und Reinheit der griechischen Kunst. Den
Kennern erschienen die Statuen in der natürlichen Farbe
des unbehandelten Marmors schöner, als wenn sie gefaßt
gewesen wären. Man zögerte natürlich lange, bis man die
Indizien als unbestreitbare Beweise für die Tatsache an-
erkannte, daß die Figuren in der Antike nicht nur bemalt, sondern auch noch vergoldet und mit Schmuck
aus Edelmetallen und Edelsteinen behängt gewesen

sein müssen. Fauvel beklagte sich oft bitterlich, daß Gelehrte es kurzerhand ablehnten, daran zu glauben, daß etwa Grabmale in Basrelief bemalt gewesen wären.

Daraufhin begann man natürlich, entschuldigende Erklärungen für dieses Verhalten der antiken Griechen zu suchen: Man konnte sich einfach nicht vorstellen, daß die besten Baumeister der höchsten Epoche sorgfältig die edelsten Materialien ausgewählt haben sollten, nur um sie dann unter einer dicken Farbschicht wieder verschwinden zu lassen. Also kam man lieber zu dem Schluß, daß es sich hier um eine erst später aufgekommene Praxis handeln müsse, als der schon damals nicht mehr unbekannte Verfall der griechischen Kunst eingesetzt habe. Aber selbst diese Annahme konnte nicht aufrechterhalten werden, und man mußte schließlich und endlich zugeben, daß die Griechen der klassischen Epoche ihre Marmorbildwerke faßten und ihren Bronzen gefärbte Augen, Lippen und Brustwarzen gaben, ja daß sie Statuen aus Gold und Elfenbein zum Gegenstand ihrer höchsten Verehrung machten.

Nach der Ausgrabung der Ägineten begann das Ränkespiel um ihren Verkauf. Fauvel erkannte richtig, daß der
Fund dieser Schätze für alle Beteiligten zum Prüfstein
ihres Charakters werden könnte; vielleicht hatte ihn der
Streit auf der Insel – an dem er freilich auch selbst nicht
ganz unschuldig war! – hellhörig gemacht. Aus Sorge,
daß sich dies zum Nachteil der Sammlung – mit der der
verschlagene Konsul so seine eigenen Pläne hatte – aus-
wirken würde, schlug er vor, die vier Besitzer sollten
einen Vertrag unterzeichnen, daß niemand von ihnen
ohne das Einverständnis der drei anderen irgendwelche
Maßnahmen zum Verkauf oder auch zur Teilung der
Skulpturengruppe treffen dürfe. Dies geschah, denn
auch den jungen Forschern war klar, daß sie hier ein
großes Ganzes in Händen hielten, welches sich kein
königlicher oder sonstiger Mäzen, dem die Förderung
der Künste in seinem Lande am Herzen lag, irgendwie
entgehen lassen würde. Haller informierte den bayerischen Gesandten in Rom und Kronprinz Ludwig von
Bayern darüber, daß die Sammlung zu verkaufen sei;
Cockerell schrieb ähnlich lautende Berichte an die Englische Botschaft in Konstantinopel wie auch an den britischen Außenminister; Linckh beschwor seine Regierung in Württemberg, doch ja zu kaufen, und auch
Fauvel sandte eine mit Abbildungen und Preisangabe
versehene Nachricht nach Paris.

Cockerell hoffte anfangs, daß Lord Sligo ein Preis-
gebot machen würde. »Aber die Deutschen«, schrieb er,
»haben den Preis am Wert römischer Antiken gemessen
und eine so ungeheure Summe genannt, daß er abge-

schreckt wurde. Sie sprachen von sechstausend bis achttausend Pfund!« Sie lagen nicht weit von der Endsumme.

Dann machten die reichen englischen Reisenden Gally-
Knight und Fazakerley ein Angebot, die beiden deutschen Forscher mit zweitausend Pfund aus dem Vertrag
auszukaufen und zusammen mit Cockerell und Foster,
die beide bereit gewesen wären, auf ihren Profit zu ver-
zichten, alles dem Britischen Museum zu schenken. Da
das Angebot weit unter dem Preis blieb, den die Deutschen zu erzielen hofften, und außerdem ihrem Wunsch
zuwiderlief, ihren eigenen Landsleuten eine Gelegenheit
zu geben, die Sammlung zu erwerben, wurde es ausge-
schlagen. Schließlich kam man überein, es gebe nur
einen zufriedenstellenden Weg: nämlich die Skulpturen
auf einer Auktion öffentlich zu versteigern. Doch dazu
mußte man die Figuren erst einmal aus Griechenland
herausschmuggeln, damit nicht plötzlich die Türken
selbst Ansprüche anmelden oder zumindest neue Hindernisse in den Weg legen konnten, wie seinerzeit, als
Lusieri seine Sammlungen ausführen wollte. Der englische Konsul sah sich in nicht geringer Verlegenheit,
als man ihn um seinen Rat in dieser Sache anging, und
empfahl, den Abtransport entweder bei Nacht und Nebel
vorzunehmen oder durch Bestechung zu bewerkstelligen.

In dieser Situation tauchte Gropius auf. Wir sind ihm
schon einmal in seiner Eigenschaft als Bevollmächtigter
des Grafen Aberdeen begegnet, mit dem er damals noch
auf gutem Fuße stand; Cockerell überbrachte ihm freund-
schaftliche Nachrichten von seiner Lordschaft und
freundete sich rasch mit ihm an; sie wurden vertraute
Zechbrüder, aber auch die anderen Künstler mochten
ihn. Es war ihm zwar nicht gelungen, Logotheti als englischen Bevollmächtigten in Athen zu verdrängen, aber

er hatte den Posten eines englischen Vizekonsuls auf der Insel Trikkeri im Golf von Volos erlangt, die in ihrer Bedeutung als Hafen zwar dem von Saloniki nachstand, aber dennoch ein geschäftiger Handelsplatz war.

Auf Anraten von Gropius nun entschied sich die Gesellschaft, die Ägineten auf eine der jonischen Inseln zu bringen und zwar nach Zante (heute Zakynthos), das seit 1809 unter englischem Schutz stand und der nächste sichere Ort war. Die siebzehn Statuen wurden also wieder auseinandergenommen, in Sacktuch gewickelt und auf dem Rücken von Maultieren, Eseln und Pferden festgezurrt. Der erste Teil wurde nachts fortgeschmuggelt und trat die lange Reise zu einem kleinen Hafen im Golf von Korinth an. Zwei Tage später folgte Cockerell mit dem Rest. Seine Erleichterung war groß, als er am Ziel feststellte, daß die erste Ladung bereits versandfertig war. Durch einen Glücksfall stießen sie auf ein Schiff, das müßig in der Bucht ankerte und für den Transport nach Zante gechartert werden konnte. Sie segelten mit gutem Wind und kamen rasch voran, bis sie gegen Abend einen Schuß hörten. Zuerst dachten sie an Piraten, und als sie plötzlich ein großes Schiff auftauchen sahen, das sie aufforderte, beizudrehen, gerieten sie in ziemliche Sorge. Doch der Segler war ein zantiotischer Kauffahrer, der seinerseits vor kurzem von vier Booten aufgebracht worden war, die verlangten, seine Ladung im Namen von Ali Pascha zu untersuchen. Der Kapitän hatte sich dem widersetzt und auf Befragen, was er denn mitführe, lakonisch geantwortet: »Kanonenkugeln«, woraufhin man ihn seines Weges segeln ließ. Als er begriff, daß auf dem von ihm angehaltenen Boot vier ›Milordi‹ weilten, bat er höflich um Pardon und ließ sie weitersegeln.

In Zante wartete schon der britische Beauftragte Foresti auf sie, um sie willkommen zu heißen. Er hatte in seinem Haus eigens einen Raum vorbereitet, in dem die Skulpturen vorteilhaft aufgestellt und vor einer Auktion besichtigt werden konnten. Auch der kommandierende Offizier, General Airey, und seine Familie zeigten sich äußerst gastfreundlich.

Jetzt bestellten die Freunde Gropius offiziell zu ihrem Bevollmächtigten und statteten ihn mit den nötigen Vollmachten für den Verkauf der Skulpturen aus. Seine erste Aufgabe bestand darin, in den westeuropäischen Zeitungen die Verkaufsbedingungen bekannt zu machen; als Ausgangspreis waren sechstausend Pfund angesetzt, davon ein Viertel in bar zu bezahlen; außerdem sollte der Käufer jedem der vier Künstler einen vollständigen Satz Gipsabgüsse von den Statuen überlassen. Alle Gebote sollten bei Gropius in Trikkeri abgegeben werden, und die Auktion würde am 1. November 1812, also nach Ablauf von achtzehn Monaten, stattfinden.

Als Cockerell nach Athen zurückkehrt, wartet dort eine unangenehme Überraschung auf ihn: Eine Handvoll Briefe, die ihn über die in der Zwischenzeit in England getroffenen Maßnahmen unterrichteten, sich der Skulpturen zu versichern. Sein Vater hatte die ganze Angelegenheit sehr energisch in die Hand genommen und den Prinzregenten solange bestürmt, bis dieser den Befehl zum Ankauf erteilt hatte, allerdings unter der Voraussetzung, daß ihm die Antiken nach Besichtigung gefielen: als Preis waren sechstausend Pfund angesetzt, dazu bot der Regent Zollfreiheit – das entsprach weiteren zweitausend Pfund – und ein Kriegsschiff, um die Skulpturen zu holen. Das Schiff konnte bereits jeden Augenblick eintreffen. Cockerell begriff, daß er – völlig absichtslos – seine Regierung in dem Glauben gewiegt hatte, sie brauche nur nach den Antiken zu senden, um sie sich zu sichern. In dieser Situation erreichte ihn die Botschaft, daß Kapitän Percival mit der Brigg ›Pauline‹

bereits im Piräus vor Anker gegangen sei. Cockerell war nun in der schlimmsten Verlegenheit. Zusammen mit Haller und Linckh brach er trotz strömenden Regens gleich zum Hafen auf, wo zu seinem Entsetzen nicht nur ein, sondern gleich zwei große Schiffe lagen, die ›Pauline‹ und ein Frachter: Beide hatten, zum Teil durch seine Schuld, einem imaginären Ziel nachgejagt.

Kapitän Percival unterrichtete ihn, daß er schon in Zante vorgesprochen habe, daß ihm dort aber die Erlaubnis, die Skulpturen zu betrachten, verweigert worden wäre; er sei jetzt nach Athen gekommen, um die Erlaubnis der Besitzer einzuholen. Als diese ihm die Lage klargemacht hatten, war er zunächst – was kaum Wunder nimmt! – sehr verärgert; aber er hatte seine Pflicht in jeder Weise erfüllt, und so setzte er sich mit ihnen zusammen, um die Frage zu erörtern, wie man die Statuen von Zante, das ständig von den Franzosen bedroht war, fortbringen könnte. Malta erschien ihnen als ein sicheres Asyl. Haller und Linckh waren nur mit großer Mühe davon zu überzeugen, daß dies der beste Weg sei. Sie glaubten sich an die angekündigte Versteigerung in Zante gebunden und argwöhnten vielleicht auch, daß die Statuen in Malta eher dem Zugriff des englischen Prinzregenten ausgesetzt wären; nicht zu Unrecht, denn das war in der Tat eine der Überlegungen Kapitän Percivals, der selber ein begeisterter Altertumsfreund war. Er besaß die schönste Sammlung von Silbermünzen, die Cockerell nach eigenem Urteil je gesehen hatte. Schließlich jedoch kam man überein, die Skulpturen doch fortzuschaffen, und der Kapitän lud die Freunde zu einem Dinner mit Porter und Ale ein, die Cockerell so lange entbehrt hatte; er trank soviel vom heimatlichen Bier, daß er an diesem Abend wie ein Stein ins Bett sank und bis in den Morgen schlief, erst von der Wecktrommel der ›Pauline‹ aus dem Traum gerissen.

Nach einer geradezu abenteuerlichen Seereise erreichte Johann Martin von Wag-
ner, der Kunstagent des Kronprinzen Ludwig von Bayern, am 29. Oktober 1812
die Insel Zante, wo am 1. November die Versteigerung der Ägineten stattfinden
sollte. Er erhielt mit einem Gebot von 60 000 Gulden den Zuschlag, mußte aber
zu seinem nicht geringen Erstaunen feststellen, daß die Antiken selbst sich aus

Kapitän Percival brachte daraufhin nicht nur die Ägineten von Zante nach Malta; er nahm auch noch zwei
große Kisten mit Marmorfragmenten für Elgin und
einige Besitztümer von North an Bord. Als er mit dieser
Ersatzladung in England eintraf, wurde er nicht gerade
begeistert begrüßt.

Unsere Künstler-Equipe hatte sich indessen in alle
Winde zerstreut. Cockerell und Foster setzten ihre Reisen fort. Linckh und Brøndsted befaßten sich mit archäo-

Sicherheitsgründen auf Malta befanden, wo sie schließlich von den Engländern längere Zeit festgehalten wurden. Erst nach verschiedenen diplomatischen Vorstößen gelang Kronprinz Ludwig die Freigabe. Im Juli 1815 überführte Wagner sie nach Rom. Weniger dramatisch ging es um die Auktion des Bassä-Frieses am 1. Mai 1814 in Zante zu, bei der der englische Kronprinz als Gewinner hervorging.

logischen Forschungen in Griechenland und auf den griechischen Inseln, und nur der gewissenhafte Haller war zunächst mit nach Zante gefahren, um das Verladen der Statuen zu beaufsichtigen; dann aber galt all sein Interesse der Erfüllung eines schmeichelhaften Auftrages, den ihm der kunstbegeisterte Kronprinz Ludwig, der spätere König Ludwig I. von Bayern, erteilt hatte.

Ludwig löste nun Choiseul-Gouffier und Elgin als Sammler und Mäzen in der griechischen Szenerie ab. Er

ernannte Haller zu seinem Bevollmächtigten, in der
Hoffnung, er werde in die Fußstapfen von Fauvel und
Lusieri treten. Haller sollte Antiken ausgraben und an-
kaufen; er erhielt zu diesem Zweck eine Summe von
4000 Gulden zu Grabungszwecken und 7000 Gulden
für Ankäufe zur Verfügung gestellt. Einer der ersten
Aufträge des Kronprinzen galt dem Erwerb der noch
verbliebenen Pferdeköpfe vom Ostgiebel des Parthenon; er zog ihn zurück, nachdem Haller ihm berichtet
hatte, daß sie zu stark beschädigt seien, um einen Transport zu überstehen. Ein weiterer Auftrag galt einer Kore
des Erechtheions: Nach Meinung Ludwigs war die
Halle seit der Entführung einer der Steindamen durch
Lusieri ohnehin unvollständig, so daß die Entfernung
einer weiteren Karyatide im Grunde nichts mehr aus-
mache; aber aufgrund von Hallers Vorhaltungen ließ er
auch diese Idee wieder fallen. Haller durchstöberte statt
dessen nun die vielen noch ungeöffneten Gräber in Athen
und grub unter anderem auf Ithaka und in Megara, so
daß die Funde ziemlich gleichmäßig tröpfelten. 1816
erwarb er einen Acker auf der Insel Milo (Melos) für
zwanzig Pfund und den vierten Teil jedes dort erhofften
Fundes. Unter der Krume waren die Sitzreihen eines
ehemaligen Theaters unschwer zu erkennen, und man
durfte bei der Ausgrabung entsprechender Funde sicher
sein. Leider war es nicht ganz die richtige Stelle: Die
große Entdeckung erfolgte mit der ›Venus von Milo‹
außerhalb dieses Grundstückes des Kronprinzen. Doch
davon später!

Der Kronprinz soll auch ergebnislos versucht haben,
die Genehmigung der Hohen Pforte für größere Gra-
bungen auf der Peloponnes zu erlangen; ebensowenig
Erfolg hatte er mit seinem Angebot an Lord Elgin, die
Parthenonskulpturen zu erwerben, falls das englische
Parlament den Ankauf verweigern sollte. Aber was er

kaufte, hatte er mit sicherem Urteil ausgewählt, und wenn
die Münchner Glyptothek den Louvre überflügelte, so
ist das weitgehend ihm zu verdanken.

Die Franzosen nahmen am Geschick der Ägineten regen
Anteil. Fauvel hatte sie mit Vorsicht gepriesen – wobei
er zu berücksichtigen bat, daß sie einem frühen Stil, den
er ›hyperantique‹ nannte, zuzuschreiben wären und
weder die Anmut noch die Feinheit der Werke aus der
Schule des Phidias besäßen – und Skizzen nach Paris
gesandt. Dort erkannte jedoch Visconti, der Leiter der
Antikenabteilung des Louvre, sofort ihre Bedeutung;
denn Skulpturen aus einer so frühen Periode waren im
Musée Napoléon nur sehr spärlich vertreten. Er empfahl
darum mit Nachdruck, diese überragenden Werke aus
archaischer Zeit zu erwerben. Allerdings wäre es, so
meinte er, ein waghalsiges und kostspieliges Unterfangen, die Sammlung sicher nach Frankreich zu bringen,
solange die Engländer die Seeherrschaft über das Mittelmeer besäßen. Das letzte französische Gebot betrug
zwar 160 000 Franken, ein kleiner Teil bar, der Rest zahlbar bei Übergabe in Marseille: Aber der Transport sollte
auf Kosten und Wagnis der Verkäufer gehen.

Gropius war im Sommer 1812 in Gesellschaft von
Haller, Linckh, Foster und Stackelberg mit der Ausgrabung des Tempels von Bassä beschäftigt, wie wir im
nächsten Kapitel hören werden. Dorthin sandte ihm
Fauvel das französische Angebot, das den Eigentümern
sehr anständig schien; Gropius teilte ihm mit, daß er es
zur Kenntnis genommen habe und daß – sofern bis zur
Auktion kein höheres Gebot einträfe – die Statuen nach
Frankreich verschifft werden sollten. Er machte allerdings darauf aufmerksam, daß Fracht, Versicherung,
Zoll undsoweiter für die Verschiffung von Malta nach

Marseille 30 000 Franken betragen würden, die man von der Gebotssumme abziehen müsse, was den Reingewinn natürlich entsprechend verringere.

Die Engländer hatte den Kampf auch keineswegs aufgegeben. Sie schickten den Leiter der Antikensammlung im Britischen Museum, Taylor Combe, mit reichlichen Mitteln und einer uneingeschränkten Vollmacht gleich nach Malta. Er erreichte die Insel auch rechtzeitig, doch hatte er den Beauftragten von Gropius, MacGill, so verstanden, daß die Auktion in Malta, wo sich ja die Skulpturen befanden, stattfinden solle, und nahm selbstverständlich an, daß MacGill wisse, wovon er sprach. So wartete er hier also den Versteigerungstag ab. – Gropius scheint tatsächlich für kurze Zeit erwogen zu haben, die ganze Auktion nach Malta zu verlegen, denn als er Fauvel über die Verkaufsbedingungen informierte, betonte er zugleich, daß sie, selbst wenn sie für Zante ausgeschrieben wären, auch für Malta als Versteigerungsort gelten sollten. Andererseits erwähnte er in seinen Anzeigen nie – obwohl Cockerell ihm in dieser Sache mehrfach geschrieben hatte und ihn sogar gedrängt hatte, die Auktion nach Malta zu verlegen –, daß man die Skulpturen dorthin verbracht habe. Wie dem auch sei, während Taylor Combe erwartungsvoll auf Malta harrte, fand die Auktion in Zante statt. Die endgültige Kaufsumme lag unter dem Betrag, zu dessen Zahlung der Engländer bevollmächtigt gewesen wäre ...

Es läßt sich nur schwer erraten, was Gropius davon abgehalten haben kann, seinen Beauftragten in Malta eindeutig über den Ort der Auktion zu informieren. Niemand von der Gesellschaft scheint gewußt zu haben, daß die Engländer das vom Prinzregenten unterbreitete Gebot weiter aufrecht erhielten, denn im Unterschied zu den Franzosen reichten sie kein schriftliches Gebot ein, und MacGill versäumte es, Gropius mitzuteilen, daß

Taylor Combe die Versteigerung auf Malta erwarte. Was Gropius so versagen ließ, könnten schlicht mangelnde Sorgfalt und Unfähigkeit gewesen sein. Ein Motiv wäre auch darin zu suchen, daß unter den Kaufbewerbern die Engländer die einzige Partei waren, bei der er nicht mit einem Profit für das Transportgeschäft rechnen konnte; wenn er schon für die Beförderung von Malta nach Marseille eine Summe von 30000 Franken veranschlagte, so würde er bei jedem anderen Transport wohl einen noch ansehnlicheren Gewinn für sich errechnen können.

Sieger in diesem Wettbewerb der Nationen war der Bildhauer Johann Martin v. Wagner, der schon in Italien für den bayerischen Kronprinzen als Kunstagent tätig gewesen war und nun – allerdings ohne Wissen Hallers – zum Ankauf der Ägineten bevollmächtigt worden ist. Seine Reise nach Zante war ein dramatischer Wettlauf mit der Zeit, da immer wieder unvorhergesehene Schwierigkeiten und Hindernisse die pünktliche Ankunft auf der Insel in Frage stellten.

Bereits bei der ersten Meldung, welche die ›Allgemeine Zeitung‹ am 20. Juni 1811 über Funde in Griechenland und auf Ägina gebracht hatte, war Kronprinz Ludwig hellhörig geworden. Er wandte sich an Haller, der den Erwerb der Ägineten sogleich dringend nahelegte. Am 5. Dezember 1811 erschien in der genannten Zeitung dann ein ausführlicherer Bericht, der im Kronprinzen den endgültigen Entschluß reifen ließ, die Figuren zu erwerben. Die schwierige Aufgabe des Agenten hatte Ludwig zunächst dem Galerie-Inspektor Johann Georg von Dillis zugedacht, dem vertrauten Gefährten auf seinen Reisen in Frankreich und Italien, der sich jedoch dieser Aufgabe nicht gewachsen glaubte und Johann Martin von Wagner in Vorschlag brachte. Dieser nahm denn auch nach anfänglichem Zögern den Auf-

trag, die Ägineten zu ersteigern, an und erhielt bereits
eine Woche später die genauen Instruktionen seines
fürstlichen Gönners. Dieser Brief vom 28. Juli 1812 ist
nicht nur ein typisches Dokument für die höchst persönliche Ausdrucksweise, ja geradezu skurrile Syntax
des Kronprinzen, sondern auch ein aufschlußreiches
Zeugnis für die übertriebene Pedanterie, mit der Ludwig seinem Agenten jeden wesentlichen Schritt genau
vorschreibt. Wie der weitere Ablauf jedoch noch zeigen
wird, war diese penible Sorgfalt jedoch in der Tat von
ausschlaggebender Bedeutung: Ohne die Umsicht und
Vorsicht, die Wagner von Haus aus schon mitbrachte
und die nun von seinem Auftraggeber noch besonders
genährt wurden, wäre der Erwerb der Ägineten für
Bayern wohl kaum erfolgreich verlaufen. Geradezu
köstlich aber ist die Art und Weise, mit der Ludwig seinem Agenten verschiedene Zinsvorteile, die er sich bei
den unterschiedlichen Möglichkeiten der Zahlungsab-
wicklung ausgetüftelt hat, vorrechnet: Hier findet sich
einmal mehr die von vielen überlieferte und auch beklagte
Knauserigkeit Ludwigs bestätigt, die aber letztlich nicht
Selbstzweck war, sondern nur der optimalen Förderung
seiner vielen Ziele und Absichten dienen sollte, wie er ja
auch im persönlichen Leben sehr anspruchslos war.
(Dieses Auftragsschreiben des Kronprinzen an Wagner
ist im Anhang abgedruckt.)

In Begleitung seines Reisegenossen Pacifico Storani
brach Johann Martin von Wagner am 8. September 1812
von Rom nach Neapel auf. Es war die Zeit der Kontinentalsperre, die Napoleon über Europa verhängt hatte
und die auch das Reisen noch beschwerlicher machte als
es ohnehin damals schon war. Bereits in Gaeta gab es
den ersten Zwischenfall. Wagner in seinem Tagebuch:

*Es wurden des Abends die Pässe abverlangt und kurz darauf
von einem französischen Soldaten wieder zurückgebracht, mit*

IV

KRONPRINZ LUDWIG VON BAYERN
IM KREISE SEINER KÜNSTLER
IN DER SPANISCHEN WEINSCHENKE
IN ROM

Ölgemälde von Franz Ludwig Catel, 1824
München, Neue Pinakothek

Ludwig von Bayern war bereits als Kronprinz als Mä-
zen und Kunstsammler berühmt. In Rom pflegte er
gerne ungezwungenen Umgang mit den von ihm geför-
derten Künstlern und Gelehrten, die sich in der Spanisch-
portugiesischen Weinniederlage des Don Raffaelle Ang-
lada an der Ripa Grande regelmäßig zu ernsten Ge-
sprächen und heiteren Gelagen trafen. Eine dieser fröh-
lichen Zusammenkünfte, die am 3. März 1823 statt-
fand, hat Catel in diesem Bild überliefert. In geselliger
Runde zechen hier (von links) Kronprinz Ludwig, der
gerade dem Wirt winkt, weiteren Wein zu kredenzen,
der Architekt Leo von Klenze, der Kunstagent und
Bildhauer Johann Martin von Wagner (mit Zylinder),
der 1812 die Ägineten für Ludwig erworben hat und
eben mit Bertel Thorwaldsen anstößt, welcher damals
gerade die Ergänzung der Giebelfiguren vornahm; dann
Johann Veit, der Leibarzt Johann Nepomuk von
Ringseis, den alle Welt nur mit einem Buch in der Hand
kannte und der hier wohl gerade ein Trinklied ange-
stimmt hat, daneben der Maler Julius Schnorr von
Carolsfeld, der Adjutant Freiherr von Gumppenberg,
der Maler Catel selber beim Skizzieren und schließlich
Graf Seinsheim.

dem Bedeuten, daß die übrigen Herren weiterreisen könnten, ich und mein Gefährte aber wieder nach Terracina zurückkehren müßten, weil unsere Pässe dorten von dem französischen Konsul nicht unterschrieben seien. Man denke sich unsere Verlegenheit. Ich konnte mich nicht dazu entschließen, und nahm daher mit dem Vetturino des Abends die Verabredung, den anderen Morgen in Gottes Namen mit unserer Bagage abzufahren, und nicht auf uns zu warten. Wir würden ihn schon unterwegs wieder finden. Noch bei finsterer Nacht machten wir uns zu Fuße auf den Weg, kaum aber hatten wir im Dunkeln einige Schritte gemacht, so wurden wir von französischen Wachtposten angerufen, wir gaben unser ›Bon ami‹ von uns und zogen weiter, aber kaum waren wir einige 50 Schritte vorgeschritten, erfolgte ein anderer Ruf, und so von Distanz zu Distanz wieder. Dies setzte mich in Verlegenheit, weil mir bekannt war, daß wir nun bald an die Hauptwache kommen würden. Ich sagte daher leise meinem Gefährten unter irgendeiner Haustüre stille zu halten und abzuwarten, bis etwa Eseltreiber mit ihren Bestien vorüberziehen würden. Dies ereignete sich auch bald, wir mengten uns unter die Eselstreiber, schlugen tapfer, als ob wir zur Gesellschaft gehörten, auf die armen Esel hinein. Wir wurden noch mehrere Male angerufen, kamen aber glücklich unter der Firma als Eselstreiber durch, ohne angehalten zu werden bei der Hauptwache vorbei und zum Orte hinaus ins Freie.

Vier Tage nach ihrem Aufbruch in Rom erreichten sie Neapel, wo Wagner sich Kreditbriefe auf levantinische Handelshäuser ausstellen ließ. Dann ging es weiter. Winfrid Freiherr von Pölnitz berichtet in seinem Lebensbild Wagners darüber:

In atemloser Hast wurde nun das unwirtliche Felsgeklüft des Apennin überstiegen und nach vielen Schwierigkeiten das kleine stille Küstenstädtchen Barletta erreicht. Sein Hafen lag verödet. Die Furcht, von den englischen Kriegsschiffen, die in der Adria kreuzten, gekapert zu werden, verbot den Seeleuten die Ausfahrt. An eine Überredung war nicht zu denken, man wies Johann

Martin nach Otranto, wo einige Getreideschiffe beim nächsten Neumond die Überfahrt nach Korfu wagen wollten. Bis dahin waren noch sechs Tage. In rastloser Eile ging die Reise weiter. Immer an der Küste entlang durch die herbstliche Landschaft, vorbei an Bari und Brindisi, die keine Fahrgelegenheit bieten wollten. Endlich am 29. zeigten sich die Mauern und Türme von Otranto. Die Reisenden waren eben noch rechtzeitig angelangt. Hier fand sich wirklich ein unternehmender Kapitän. In der Nacht des 30. September stach sein Schiff in See.

Die Erlebnisse auf dieser Überfahrt hat der geplagte Wagner in seinem Tagebuch genau geschildert:

Es mochte etwa eine halbe Stunde nach Sonnenuntergang gewesen sein, als wir nebst noch vier anderen mit Getreide beladenen Schiffen aus dem Hafen fuhren. Das unsere war das erste, und der beste Segler von allen. Wir hatten glücklicherweise einen frischen und günstigen Wind. Aber wir hatten uns kaum eine halbe Stunde von der Küste entfernt, als uns schon die Engländer verfolgten. Die Kanonenschüsse ertönten fortwährend hinter uns. Auch von unserer Seite unterließ man nichts, um möglichst der Gefahr zu entgehen, Segel wurden aufgespannt so viel als das Schiff nur fassen konnte. Inzwischen stellte sich bei mir die Seekrankheit ein. Ich hatte mich in Mantel gehüllt auf die aufgezogene Barke gelegt, mit dem Kopf dem Meere zugekehrt, um mir nach Bedürfnis Luft machen zu können. So lag ich im erbärmlichsten Katzenjammer, während die Matrosen in der eifrigsten Arbeit über mich wegstiegen und auf mir wie auf einem Getreidesack herumtraten. Dabei der unaufhörliche Kanonendonner und das ängstliche Schreien und Arbeiten der Matrosen. Der Kapitän hatte immer sein Fernrohr zur Hand und sah, obschon es stockfinster war, nach dem Horizont des Meeres hin, um die englischen Fahrzeuge zu entdecken.

Am folgenden Morgen landeten sie auf Fano und wechselten gleich von dort weiter auf das unter französischem Schutz stehende Korfu. Doch hören wir dazu wieder Baron Pölnitz:

Aber hier war die Hoffnung, ein Schiff für die Weiterfahrt nach Griechenland zu gewinnen, trotz neuntägigen Aufenthalts vergeblich. Die berechtigte Furcht, den Termin versäumen zu können, ließ Johann Martin eine Weiterreise auf eigene Faust wagen. Immer neue Hindernisse stellten sich in den Weg, doch gelang es den beiden entschlossenen Männern, bald zu Wasser, bald zu Land sie zu umgehen und glücklich aus dem französischen Gebiet in das englische hinüberzuwechseln. So wurde Preveza erreicht. Da wurden die französischen Pässe der Reisenden zu Verrätern. Der englische Konsul verweigerte die Erlaubnis zur Weiterfahrt. Wagner hoffte sie in einem unfreiwilligen elftägigen Aufenthalt durch immer neue Vorstellungen zu erzwingen, doch vergebens. Mit der stündlich sich steigernden Gefahr wuchs auch die Tatkraft des bedrängten Agenten, der Zante noch vor dem 1. November erreichen mußte. Auf eigene Rechnung wurde ein Schiff genommen, das ohne Schiffspapiere die kühnen Reisenden nach der Insel Santa Maura übersetzte.

Bis zum 26. Oktober, nur noch fünf Tage vor der Auktion, waren Wagner und sein Begleiter also erst bis zur Insel Santa Maura (heute Leukas) vorgedrungen, wo er als Inhaber eines französischen Passes gleich inhaftiert wurde. Der englische Platzkommandant, General Campbell, wußte aber von der bevorstehenden Auktion und war so hilfsbereit, ihnen Papiere zu verschaffen, mit denen sie weiterreisen konnten. Dann geriet ihr Boot in einen furchbaren Sturm, ein Mann ging über Bord, und als sie am 29. Oktober endlich eine Stunde vor Sonnenuntergang im Hafen von Zante anlangten, kamen sie mit anderen Reisenden in Quarantäne und wurden ohne Licht, Feuer und Essen in einen Stall gesperrt. Und dies, wie es hieß, für sieben Tage.

Gleich nach seiner Ankunft ließ Wagner den Äginetenfindern seine glückliche Landung melden, und am folgenden Morgen erschienen Haller, Linckh, Stackelberg und Brøndsted, mit denen er schon von Rom her bekannt und befreundet war, zusammen mit dem ihm noch unbekannten Gropius bei ihm im Quarantänelager.

Er begrüßte sie und fragte sogleich, zitternd vor Ungeduld, wann er die Skulpturen sehen könne – und war nicht schlecht erstaunt, als er erfuhr, daß sie sich auf Malta befänden. Er machte ihnen verständlicherweise die heftigsten Vorwürfe, daß sie die ganze Welt zum Narren gehalten hätten, die Interessenten zum 1. November 1812 nach Zante einzuladen, ohne sich der Mühe zu unterziehen, wenigstens mit ein paar Worten bekannt zu machen, daß sich die Skulpturen inzwischen an einem anderen Ort befänden. Ein solches Gebaren könne man nur als Schwindel bezeichnen. Haller und Linckh versuchten sich damit zu entschuldigen, daß es die beiden englischen Freunde gewesen seien, die die Skulpturen aus Sicherheitsgründen fortbringen lassen wollten, und schoben ihnen die Schuld an der ganzen Verwirrung zu.

Haller befand sich in einer sehr unangenehmen Lage: er war durch das plötzliche Auftauchen Wagners völlig aus der Fassung gebracht, nicht nur, weil sein hoher Mäzen einen anderen mit dem Erwerb der Statuen betraut hatte, sondern vor allem, weil Wagner außerdem einen Befehl Ludwigs mit sich führte, daß Haller alles, was er bisher gesammelt habe, Wagner übergeben solle; zugleich wurde der ihm erteilte Auftrag zurückgezogen. Wagner gab außerdem Hallers Freunden zu verstehen, es sei nicht ganz ausgeschlossen, daß Haller sich Unterschlagungen aus dem Fonds des Kronprinzen habe zuschulden kommen lassen. – Der Kronprinz hat sich möglicherweise zu dieser Handlungsweise hinreißen lassen, weil die Berichte Hallers über seine Bemühungen und Fortschritte seit Beginn seiner Tätigkeit eine Zeitlang nicht greifbar waren. Später konnten alle Mißverständnisse aufgeklärt werden, und Haller nahm seine Bemühungen wieder auf, für seinen Mäzen, der regelmäßig

Mittel zur Verfügung stellte, Antiken zu erwerben und zu sammeln.

Aber auch Wagner befand sich in einem Dilemma. Sollte er den anvertrauten hohen Kredit des Kronprinzen dazu verwenden, eine Sammlung zu kaufen, die er noch nicht einmal gesehen hatte? Er war nicht geneigt, so die »Katz im Sack« zu kaufen. Andererseits war ihm wohl bewußt, daß Ludwig die Skulpturen um jeden Preis zu besitzen wünschte – vorausgesetzt, sie waren so großartig, wie man sagte. Waren sie das? Den Eigentümern mußte man zugute halten, daß sie für ihren Fund voreingenommen waren – vielleicht sogar sehr voreingenommen? Und doch, wie würde er es bereuen, wenn er sich aus falscher Vorsicht die Ägineten entgehen lassen würde, und sie wirklich so gut waren, wie Haller behauptete… Schließlich schlug er vor – da die Entscheidung an diesem Tag nun einmal fallen mußte, andererseits aber die Versteigerungsbedingungen nicht erfüllt waren, da sich die Skulpturen nicht, wie inseriert, auf Zante befanden –, man solle einen provisorischen Kaufvertrag schließen, dem zufolge ihm die Skulpturen nach Besichtigung gegen 135 000 Franken ohne Fracht etc. überlassen werden sollten. Dieser Vorschlag wurde von Gropius im Namen der Eigentümer angenommen, da die Engländer – aus den uns bekannten Gründen – nicht mitgeboten hatten und das französische Gebot nicht nur unter dem Wagners lag, sondern auch an zu viele Bedingungen geknüpft war. – Wagner stimmte dem Vorschlag zu, sich die Abgüsse in Fauvels Haus in Athen anzusehen, so daß er nicht erst nach Malta fahren mußte. Er kam mit Gropius dort am 12. Dezember an und fand seine kühnsten Erwartungen übertroffen. Aber lassen wir ihn dies mit seinen eigenen Worten erzählen:

Das erste, was ich nach meiner glücklichen Ankunft in Athen vornahm, war, jene Gipsabgüsse, welche Monsieur Fauvel von

den besterhaltenen Stücken der äginetischen Bildwerke genom-
men hatte, in Augenschein zu nehmen und zu untersuchen. Ich
fand dieselben über meine Erwartung. Vorzüglich überraschte
mich jener eigentümliche altgriechische Stil, verbunden mit einer
Naturwahrheit und Vollendung, so wie man solche selten an an-
dern antiken Bildwerken späterer Zeit findet. Freilich waren es
nur drei oder vier mehr oder weniger verstümmelte Körper. Doch
reichte dieses hin, mir einen Begriff von dem hohen Kunstwerte
dieser bis dahin noch unbekannten äginetischen Skulpturen zu
geben. Ich entschloß mich daher, obschon ich die Marmorwerke
selbst in ihrem ganzen Umfang nicht gesehen hatte, jenen in
Zante bedingnisweise abgeschlossenen Kauf zu bestätigen, da mir
Gropius so wie die übrigen Herren Finder dieser Bildwerke mir
auf Ehrenwort versicherten, daß derselbe Stil der Skulpturen
bei allen übrigen Bruchstücken durchaus gleich und vollkommen
derselbe sei. Jener provisorische Kontrakt von Zante ward auf
das hin von mir in Athen ratifiziert und in optima Forma ab-
geschlossen. Ich erlegte demzufolge die im Kontrakt stipulierte
erste Zahlung an Herrn Gropius als den gemeinschaftlichen Pro-
kurator der vier Eigentümer und Finder, als da sind die Herren
Cockerell, Foster, Linckh und Haller.

Obwohl nun der Kaufvertrag unter Dach und Fach gebracht war, sah sich Wagner noch nicht am Ende seiner
Besorgnisse. Er hatte das Vertrauen in die Ehrlichkeit
von Gropius verloren, nachdem ihm einige Herren ver-

Folgende Seiten: Nachdem Bertel Thorwaldsen die Ergänzung der Ägineten
in Rom abgeschlossen hatte, gelangten die bereits damals schon weltberühmten
Skulpturen 1830 nach München und fanden in dem von Leo von Klenze gestalteten
Äginetensaal der Glyptothek Aufstellung. Auf langen Steinpodesten reihten
sich die Figuren in der damals vermuteten Abfolge, während einzelne Fundstücke
– Köpfe, Glieder, Akroterien – an den Wänden postiert waren und hoch oben an
der linken Wand die Front des Aphaiatempels von Ägina im Modell erschien.
Nach dem Wiederaufbau der im Krieg zerstörten Glyptothek präsentieren sich
die Ägineten, 1962–1965 von den Zutaten Thorwaldsens befreit und neu geord-
net, seit 1972 in den vereinfacht wiederhergestellten Räumen des Museums.

trauliche Mitteilungen nicht nur über das frühere Leben und seine Geschäfte in Griechenland, die zumindest abenteuerlich genannt werden müssen, gemacht hatten, sondern auch über seine Zukunftspläne, die noch spekulativer geworden waren, seit man ihn zum Vizekonsul von Trikkeri berufen hatte. Und Gropius selber hatte Wagner gegenüber bei einer Unterhaltung auf See unvorsichtigerweise seine Methode, schnell reich zu werden, ausgeplaudert: Versicherungsschwindel. Er hatte sich dabei den Trick ausgedacht, den Wert der Ladung von Handelsschiffen – den er als Vizekonsul auf den Frachtbriefen bestätigen mußte – höher als erforderlich anzusetzen, den Kapitän durch ›Gewinnbeteiligung‹ zu veranlassen, auf hoher See einige Ballen über Bord zu werfen und hinterher die Versicherung mit der Erklärung in Anspruch zu nehmen, ein Sturm habe die Leichterung des Schiffes nötig gemacht. Selbst nach Teilung des erschwindelten Profits mit dem korrupten Kapitän ermögliche dies, so meinte der feine Vizekonsul, eine rasche Vermögensbildung. Möglicherweise hat Wagner die Prahlereien von Gropius ernster genommen, als es die Sache wert war. Aber es wird doch berichtet, daß die Kaufleute von Trikkeri sich bald in heftigem Widerstand gegen ihn verschworen, sei es nun aus Konkurrenzneid oder aus anderen Gründen, und daß die Auseinandersetzungen darüber ein solches Ausmaß annahmen, daß sich Gropius gezwungen sah, Trikkeri schließlich auf Nimmerwiedersehen zu verlassen.

Wagner bat jetzt um Aushändigung der Dokumente, die ihn berechtigten, die Figuren in Malta abzuholen und sie nach Rom zu verbringen, wo sie restauriert werden sollten. Von diesem Moment an stieß er bei Gropius auf eine ihm zunächst unverständliche Verzögerungstaktik. Wagner erklärte sie sich damit, daß Gropius gehofft habe, Wagner zu einem Vertrag über den Transport der

Ägineten bewegen zu können, wovon er sich wohl einen handfesten Gewinn versprach. Gropius legte Wagner jedes nur mögliche Hindernis in den Weg, bis dieser wutentbrannt einen Protest an das Französische Konsulat richtete, Gropius für alle durch die Verzögerungen entstandenen Unkosten heranzuziehen drohte und endlich von Athen aufbrach, um sich in Zante mit Cockerell zu treffen.

Cockerell hatte zu diesem Zeitpunkt von den fragwürdigen Umständen gehört, unter denen der Handel zustande gekommen war. Da er befürchtete, daß man ihm und Foster Vernachlässigung der Interessen ihres Landes zur Last legen würde, begab er sich sofort von Syrakus nach Zante, wo er außer Wagner auch Linckh und Foster antraf. Haller wurde gebeten, sich an einer gemeinsamen Untersuchung der Praktiken von Gropius zu beteiligen, lehnte jedoch ab, da er nicht fähig wäre zu glauben, ein Freund könne die Gesellschaft mit voller Absicht hintergangen haben. Er machte Cockerell, der Gropius einen bitteren Brief gesandt hatte, sogar Vorwürfe und beschwor seinen jungen Freund, sich wieder mit ihm auszusöhnen, der sicher seine Irrtümer und Schwächen bereue, aber nicht aus Bosheit oder unlauterer Gesinnung gehandelt habe. Dennoch wurde am 21. April 1813 eine gerichtliche Untersuchung angesetzt, bei der Konsul Foresti den Vorsitz führte. Die Anwälte kamen überein, daß Gropius seine Vollmachten mißbraucht habe, und entzogen sie ihm in aller Form; sie entschieden aber auch, daß der Kontrakt mit Wagner nicht mehr rückgängig gemacht werden könne. So mußte Cockerell aus Gründen der Ehre wie des Rechtes die Folgen der Handlungen seines allzu vertrauensselig bestellten Bevollmächtigten auf sich nehmen. Ein neuer Vertrag wurde abgeschlossen, der das ganze von Gropius in Athen so kunstvoll gewobene Netz von Paragraphen aufhob.

In England hatte man noch immer auf die Statuen gehofft. Cockerell senior reichte eine Petition ein, die Regierung möge die Ausfuhr-Erlaubnis für die Skulpturen
aus Malta verweigern und unter Berufung auf die un-
korrekte Durchführung der ersten Auktion auf einer
neuen bestehen. Er vermutete, daß Gropius von Wagner
bestochen worden sei, doch als er behauptete, daß die Be-
stechungssumme ein Viertel des Kaufpreises betragen
habe, hielt er wohl die erste an Gropius ausgezahlte Rate
irrtümlich für ein Schmiergeld. Taylor Combe forderte
das Handelshaus, MacGill, in dessen Lager sich die Figuren befanden, auf, ihn die Statuen ohne weitere Umstände nach England transportieren zu lassen; die Verkäufer könnten mit dem vereinbarten Preis abgefunden
werden, da der Vertrag ungültig sei. Aber endlich mußten sich die Engländer dem Unvermeidlichen fügen, und
Kronprinz Ludwig erhielt die Genehmigung, die Ägineten auszuführen, nachdem er 1814 einen Besuch in London zu diplomatischen Schritten in dieser Richtung benutzt hatte. Am 2. Juli 1815 reiste Johann Martin von
Wagner von Livorno nach Malta ab, um die Figuren
endlich in Empfang zu nehmen und zu verladen. Doch
wieder gab es Schwierigkeiten. Winfried Freiherr von
Pölnitz berichtet darüber:

*Es sollte sich bald zeigen, wie klug die Vorsichtsmaßregel des
Kronprinzen gewesen war, einen gewiegten Geschäftsmann mit
der Übernahme der Figuren zu betrauen. Das Handelshaus
MacGill berechnete die Unkosten, die ihm durch die mehrjährige
Aufbewahrung der wertvollen Skulpturen erwachsen seien, auf
1231,5 spanische Taler. Die Verkäufer wollten für diese Summe nicht aufkommen, weil sie nach ihrer Auffassung nur bis zu
dem Augenblick für die Aufbewahrungskosten herangezogen
werden durften, in dem in London die Ausfuhrbewilligung gegeben worden sei. Der vorsichtige Händler verweigerte die Aus-
lieferung der Kisten, bevor seine Kosten ihm nicht ersetzt worden*

seien. Dadurch sah sich Johann Martin genötigt, die geforderte Summe unter Protest zu erlegen, wenn er die Abwicklung der Geschäfte nicht abermals hinausziehen wollte.

Dann kamen die Zollbeamten und forderten ihren Tribut. Der pfiffige Wagner – mit den levantinischen Gepflogenheiten wohlvertraut – erlegte zunächst einmal nur den niedrigeren Satz, der auf unbearbeitetem Marmor lag. Die Nachforderung blieb zwar nicht aus, aber er fand sie mit rund achtzig spanischen Talern noch vergleichsweise günstig ab. Aber hören wir nun Baron Pölnitz weiter:

Am 19. Juli waren endlich alle Kisten an Bord gebracht und Johann Martin [von Wagner] konnte sich einer Flotille von zehn englischen Schiffen anschließen, unter deren überall geachteter Flagge er den wertvollen Besitz glücklich an das Festland zu bringen hoffte. Boten die begleitenden Fahrzeuge auch Schutz vor den Seeräubern, so war sich doch jedes bei dem gewaltigen Sturm, der in der Nähe der Insel Ischia die Segler überraschte, selbst überlassen. Keines der Begleitschiffe, die Wind und Wellen nach allen Richtungen auseinander trieb, konnte Wagners kleinem Fahrzeug Hilfe leisten. Sein Mast war ein Opfer des Orkans geworden, man trieb willenlos auf den Wogen. Schon schien der kühne Agent und seine kostbare Fracht unrettbar verloren, als plötzlich der Sturm nachließ. Von den anderen Schiffen war keines mehr zu sehen, sie zu suchen, war mit dem zersplitterten Mast eine Unmöglichkeit. Doch gelang es den Anstrengungen der ganzen Besatzung, am 28. Juli an der italienischen Küste in der Nähe von Neapel zu landen.

Nun wurden die 63 Kisten geöffnet und für den Transport auf dem Landweg umgepackt. Am 29. August 1815 zog Johann Martin von Wagner mit seiner wertvollen Fracht in Rom ein. Der Transport hatte schließlich und endlich nur die Hälfte der Kosten verschlungen, die von Gropius seinerzeit mit 4000 spanischen Talern veranschlagt worden waren.

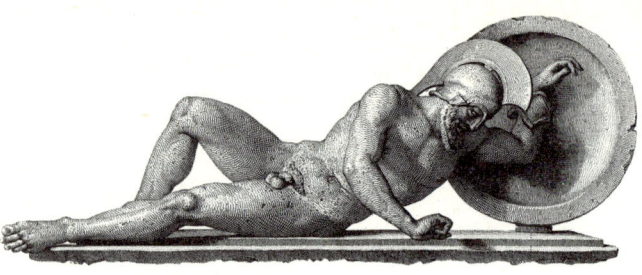

Mit den Ägineten lernte die Welt erstmals die Plastik der Archaischen Zeit kennen, besonders die kühnen Stellungen der Hopliten begeisterten die damaligen Kunstfreunde. Nachdem Thorwaldsen die Figuren ergänzt hatte, was zu seiner Zeit schon auf Widerspruch stieß, fanden sie 1830 ihre Heimstatt in der Münchener Glyptothek.

Die Franzosen waren ebenso wütend wie die Engländer. Fauvel gab zu, daß er unter dem Einfluß von Haller, Gropius und Wagner eine illegale Zusatzspanne eingeräumt habe, um zu einer bindenden Zusage zu kommen. Hätte sich Gropius streng an die veröffentlichten Bedingungen gehalten, so hätte der Zuschlag am 1. November 1812 an die Franzosen erfolgen müssen. Die Sache wurde sogar Napoleon unterbreitet, der damals jedoch ganz andere Sorgen hatte, so daß kein Protest erhoben wurde.

Die Zahlung des Kaufpreises zog sich über Jahre hin: Der vorsichtige Kronprinz Ludwig wollte die zweite und dritte Rate nicht bewilligen, ehe er nicht sicher war, daß die Statuen wirklich ihm gehörten, und die letzte Rate nicht vor deren Eintreffen in Rom. Nach der Entlassung von Gropius liefen die Zahlungen für Cockerell und Foster über Haller, der sie an Foresti weiterleitete; die letzte traf 1817 ein. Hallers Tod komplizierte dann die Angelegenheit, und ihren letzten Anteil erhielten die Engländer nicht vor 1820, wieder über Foresti. Linckh wurde in Deutschland direkt ausbezahlt; er erhielt seine letzte Rate schon im August 1816. Alles in allem hatten die vier Finder ein gutes Geschäft gemacht: Jeder konnte an die 15 000 Taler verbuchen, wobei man allerdings die nicht unbeträchtlichen Unkosten nicht vergessen darf.

In Rom wurden die Ägineten durch den dänischen Bildhauer Thorwaldsen einer Restaurierung unterzogen, wobei ihn Wagner mit Rat und Tat unterstützte. Zu jener Zeit sah man es als wünschenswert an, antike Torsi zu ergänzen und die fehlenden Teile zu ersetzen. So sehr diese Praxis nach der heutigen Erkenntnis abzulehnen ist, kann man doch darüber streiten, ob die Antiken je eine solche Wirkung in der Öffentlichkeit gehabt hätten, würde man ihr die verstümmelten Figuren vorgestellt haben; und die meisten Statuen waren glücklicherweise von solcher Qualität, daß ihnen die Ergänzung kaum ideellen Schaden zufügen konnte. Doch ist Canovas einsichtsvolle Weigerung, die Parthenonskulpturen in dieser Absicht auch nur zu berühren, höchst bemerkenswert. Cockerell bestritt denn auch nachdrücklich den Wert von Thorwaldsens Arbeit: Häupter, Helme und Gliedmaßen waren ohne genügende Kenntnis willkürlich ersetzt; ein Schild war so angeordnet worden, daß seine Höhlung das Regenwasser aufgefangen haben würde – ein schlimmer Fehler, dessen sich ein griechischer Bildhauer nie schuldig gemacht haben würde. Heute sind alle Ergänzungen und Restaurierungen wieder entfernt.

Über den Wert der Skulpturen gingen die Meinungen weiterhin stark auseinander. Obwohl man sich theoretisch darüber einig war, daß die griechische Kunst nach Epochen geordnet werden mußte, hatten die Altertumsforscher in der Praxis meist nur wenige griechische Originale gesehen, schon gar keine Werke archaischer Kunst. So ließen diese Skulpturen sie ziemlich ratlos: Die Körper der Krieger waren zwar höchst realistisch dargestellt, aber die Künstler hatten nicht versucht, den Gesichtern individuellen Ausdruck zu geben, sondern hatten allen das gleiche archaische Lächeln verliehen, oder

wie ein Engländer spöttisch anmerkte: »das gleiche tö-
richte, süßliche Lächeln auf jedem Antlitz«.

Aber ›Geschmack‹, damals eine hochgeschätzte Fähigkeit zu scharfsinniger Beurteilung von Kunstwerken,
wechselt. Zur Zeit, als die Ägineten 1830 in Münchens
Glyptothek Aufstellung fanden, waren die von Kennern
wie Richard Payne Knight aufgestellten Kriterien – Eleganz, Harmonie und verfeinerte Anmut – bereits durch
die Strenge und Kraft der Parthenonskulpturen ins
Wanken geraten, und gerade archaische Werke erfreuten
sich zunehmender Bewunderung, während die hellenistischen in der allgemeinen Gunst sanken. Man begann,
in der griechischen Kunst die spezifischen Eigenheiten
der verschiedenen Entwicklungsphasen und Stilepochen
zu entdecken und zu würdigen, und nahm allmählich davon Abstand, dem Phantom nachzujagen, nur die Verkörperung eines von Theoretikern kanonisierten Schön-
heitsideales in einer bestimmten Stilstufe als vollgültig
und allein verbindlich anzusehen.

Eine wichtige Entdeckung machte ein deutscher
Archäologe, Ludwig Roß, der ab 1832 in Griechenland
tätig war. Obwohl durch Pausanias bezeugt ist, daß der
Tempel des Panhellenischen Zeus auf Ägina *auf* dem
Berge gestanden hat, und obwohl dort Reste einer polygonalen Mauer entdeckt wurden, hielt man den Tempel
der Aphaia damals immer noch fälschlich für den des
Zeus, und zwar weitgehend aufgrund eines Possen-
streichs, den Roß endlich entlarven konnte: Es gab nämlich eine Marmorplatte mit einer Weihe-Inschrift an den
panhellenischen Gott, die von den Künstlern bei der Ausgrabung des Aphaia-Tempels gefunden worden war und
die im dritten Band der ›Expédition de Morée‹ sogar ab-
gebildet wurde. Roß suchte vergeblich nach ihr, bis er
den Hinweis erhielt, es handele sich dabei um eine be-
wußte Fälschung der Künstler, um damit William Gell

zu foppen. Als die Platte dann bekannt geworden sei, hätten sie nicht mehr den Mut gehabt, den Streich einzugestehen. Schließlich trieb Roß die Platte auf und konnte feststellen, daß es sich in der Tat um eine schlechte Nachahmung handelte. Seit 1857 ist sie erneut verschollen.

Danach nahm man zuerst an, daß der Tempel der Göttin Athene geweiht gewesen sei, da man ihre Statue im Giebel vorfand, und erst um 1900 wurde eine Inschrift entdeckt, die den Tempel endgültig für die Göttin Aphaia gesichert hat.

BASSÄ

DIE EINSAME RUINE

Pausanias räumte dem Tempel des Apollon Epikurios von Bassä wegen der Schönheit seines Steines und des Adels seiner Proportionen den ersten Rang unter den Tempeln der Morea ein. In christlicher Zeit hatte man seine Existenz fast vergessen, da er einsam zwischen den hohen kahlen Bergen Westarkadiens stand. Irgendwann einmal hatte ein Erdbeben einen Teil des Bauwerks zum Einsturz gebracht, aber die Ruinen waren nicht in der üblichen Weise geplündert worden, um Baumaterial zu liefern: Wer hätte diese immensen Steinmassen auch über die öden Gebirge, die die Stätte umkränzten, fortschaffen mögen? Nicht einmal, wenn man sie in kleine Blöcke zerteilt hätte – wie es bei so vielen leichter zugänglichen Ruinen der klassischen Zeit der Fall war –, würde sich der Aufwand gelohnt haben.

Der erste Besucher in der Neuzeit war ein französischer Architekt, Joachim Bocher, der beauftragt worden war, auf der unter venezianischer Schutzherrschaft stehenden Insel Zante elegante Villen zu errichten. 1765 machte er sich von der kleinen Stadt Pyrgos nahe der arkadischen Küste auf den Weg ins Hinterland, um sich Klarheit über Gerüchte zu verschaffen, die von einem antiken Bau wissen wollten. Er stieß durch einen Zufall auf Bassä und unternahm gleich darauf eine zweite Expedition dahin, von der er jedoch nie zurückkehrte; man nimmt an, daß er ermordet worden ist.

Fauvel, Smirke und die unermüdlichen Topographen Gell, Dodwell und Leake waren die nächsten Besucher; sie priesen rückhaltlos die malerische Lage und den großartigen Eindruck der Tempelruine. 1811 beschlossen

dann Cockerell, Foster und Haller, nachdem sie sich auf
Zante von ihren Ägineten getrennt hatten, auf ihrem
Rückweg nach Athen auch Bassä einen Besuch abzu-
statten.

Sie kamen durch einsame Täler und Schluchten, hinter
denen sich die Felsen zu immer gewaltigeren Gebirgen
aufzutürmen schienen. Ihre blauen und purpurnen Schatten stuften sich je nach ihrer Entfernung in den verschie-
densten Nuancen ab: Die fernsten leuchteten klar und ma-
jestätisch unterm ewigen Schnee. Die Reisenden begegneten auf Meilen keiner Siedlung, ja nicht einer Menschen-
seele, bis sie an einem schönen Augustmorgen Andritsäna
erreichten, ein Dorf in der Nähe ihres Zieles. Die Häuser
erhoben sich hinter- und übereinandergestaffelt zwischen
Bäumen und Gärten am Rande eines tiefen Abhangs und
schienen unter Eichen, Platanen und Zypressen Schutz
zu suchen. Der Ort bot einen so malerischen Anblick, daß
die Künstler seinen Reizen nicht widerstehen konnten,
und so machten sie erst einmal Rast, um zu zeichnen. Sie
waren noch nicht lange bei der Arbeit, als auch schon
eine Schar junger Arkadier mit Körben voller Blumen
und Früchte als Willkommensgabe angestürmt kam:
So war diese Landschaft, schrieb Cockerell, nicht nur
mit dem ihr von der Natur verliehenen Zauber erfüllt,
sondern auch mit einer menschlich-moralischen Schönheit, da jeder es richtig zu finden schien, den fremden
Gast voll Aufmerksamkeit zu bewirten. Einige junge
Mädchen erschienen von besonderem Liebreiz und über-
reichten ihre Gaben voll anmutiger Würde.

Die Dorfältesten von Andritsäna versuchten, die
Freunde von einem Besuch des Tempels abzuhalten; die
›Säulen‹, wie die Ruinen bei ihnen genannt wurden (und
noch heute so heißen), würden, wie sie ihnen in schrek-
kensreichen Geschichten erzählten, von einem gewissen
Barulli, einem Räuberhäuptling, mit seiner Bande heim-

gesucht. Straßenräuber waren eine durchaus ernstzuneh-
mende Bedrohung; Brøndsted war gerade in Mani seiner
Wertsachen beraubt worden, und als sich Stackelberg
später auf die Heimreise machte, wurde er von Banditen
gefangengenommen, die sein Gepäck durchwühlten und
plünderten, ihn monatelang über Land und Meer schleppten und 18 000 türkische Piaster Lösegeld für ihn forderten, zahlbar innerhalb von zehn Tagen unter der Dro-
hung, daß ihr Gefangener bei jeder etwaigen Wiederholung ihrer Forderung ein Glied – Nase, Ohr etc. –
und schließlich sogar das Leben verlieren würde. Der
standhafte Haller kaufte den Freund schließlich für ein
Lösegeld von 10 000 Piaster frei, hatte aber darüber hinaus noch 4500 Piaster Unkosten.

Doch die Freunde ließen sich durch die drohenden
Wagnisse nicht aufhalten und brachen nach Bassä auf.
Sie konnten ihr Ziel aus der Ferne nicht erblicken, da es
durch die vorgeschobenen Berghänge dem Blick völlig
verborgen war, bis sich plötzlich hinter einem letzten
Felsvorsprung vor ihren erstaunten Augen der Tempel
wenige Schritte entfernt darbot.

Die entrückte Lage des Heiligtums und die erhabene
Bergwelt ringsum schilderte Otto Magnus von Stackelberg später in empfindsamen Worten. Sein Tagebucheintrag ist ein meisterliches Stück deutscher Prosa:

*Am Rande tiefer Bergschluchten, in denen die Neda ent-
springt, steht auf dem Berge Kotylios in Arkadien der verfallene
Tempel des Apollo Epicurius. Die jähe Tiefe, die er überragt,
ist in den Windungen der Schluchten an Quellen mit Platanen,
an Berghängen mit Eichwäldern bedeckt. Aus dem dunklen,
schattigen Abgründen erheben sich nackte, graue Felsenrücken,
über welche häufig Adler kreisen. Regenströme haben in der Zeiten Dauer tiefe Furchen diesen uralten Gebirgen eingegraben,
ihre durch Verwitterung zerschellten Gipfel Steingerölle in die
Furchen gehäuft. Die Pfade verlieren sich in der Wildnis der*

Das Innere der Cella *des Tempels von Bassä nach der Freilegung mit den Hauptfundstücken: Die Friesplatten lehnen an den Wänden, darunter auch die als erste gefundene Platte (zweite von rechts), auf der Säulentrommel links thront das später verlorengegangene erste korinthische Kapitell, während ein jonisches*

*Kapitell und Dachziegel malerisch verteilt liegen. In der Mitte des Vorder-
grunds fügen sich Malerstühlchen, Künstlermappe, Mütze und Gewehr Stackelbergs zu einem köstlichen Stilleben zusammen, in dem das Lieblingshündchen als
einziges Lebewesen um so mehr die fast surreale Einsamkeit betont.*

*Gebirgsgegend; vor Alter niedergestürzte Stämme und Gieß-
bäche sperren den Zugang; überall stellen sich Schwierigkeiten
und Beschwerden der Annäherung zu dem Tempel entgegen. Der
steile Abhang des Kotylios bietet dem Wanderer nur einen Ruhe-
ort, die dem Gipfel nahe Beugung eines kleinen, abgesonderten
Bergtals, welches das Ende der ansehnlichsten Schlucht des Berges ist und das Heiligtum mit seinen Nebengebäuden enthielt ...
Hier in der wilden Umgebung von Felsengruppen und hohen
Eichen überraschen noch jetzt die Gebilde vollendeter Kunst, die
geregelten, zierlich gearbeiteten Säulen des Tempels; deren glän-
zende Weiße, durch das dunkle Laub der Bäume gehoben, einen
sanften Schimmer verbreiten, wie die edle Reinheit ihrer Formen
ein stilles, inniges Behagen erweckt. Nichts läßt einen tieferen
Eindruck von Einsamkeit zurück als dieser Anblick. Selten
wird die Stille hier oben unterbrochen, und geschieht es einmal, so
ist es entweder die große Natur, die sich mit mächtigen Lauten
hören läßt, oder es ist ein aufgescheuchtes Wild oder das Rufen
eines Schäfers, der seine Herde vorübertreibt. ... Die Einsamkeit vermehren selbst die Wolken, die manchmal unterhalb des
Tempels sich bildend die Gegend in Dunkel hüllen, diesen Ort,
dem sie allein den Schein der Sonne lassen, gleich einer Insel mit
einem Nebelmeer umschließen und dem Auge den Anblick alles
übrigen Landes entziehen, das sich ringsum in die Ferne breitet.
Der Zauber des wechselnden Lichts und der Farbe, die beim
Sinken der Sonne immer mehr wachsen und sich erhöhen, verbreiten einen so wunderbaren Reiz über diese Gegenden, geben ihnen
einen so steigenden Ausdruck, daß es scheint, als hätten sie wirklich Seele und Leben, wie der Glaube der Griechen ihnen beilegte.
Noch ruht in dieser Natur ein eigener Genius, der nicht mit der
heiteren Götterwelt entwich.*

Cockerell, Foster und Haller – Stackelberg gesellte
sich erst später hinzu – gingen rasch an die Arbeit, gruben, zeichneten, vermaßen und versuchten gleich, den in
seinen Grundfesten durch Erdbeben erschütterten Tempel in der ursprünglichen Form im Geiste zu rekonstru-

ieren. Sein Baumeister sollte nach der Überlieferung
ja Iktinos, der Schöpfer des Parthenon, gewesen sein;
Cockerell war überzeugt, die ihm von seinen Athener
Studien wohlvertraute Hand des antiken Künstlers in
den Säulen, die in ihrer Anlage so sehr denen des Parthenon glichen, wieder entdeckt zu haben.

Bald danach traf der zuständige Beamte ein, der sie bat,
von allen weiteren Grabungen und Maßnahmen Abstand zu nehmen, da sich das Dorf sonst den Zorn der
Türken zuziehen würde, die solche Aktivitäten gar nicht
gerne sähen. Unsere Künstler antworteten – freilich nicht
ganz der Wahrheit gemäß – sie besäßen einen Ferman
der Pforte, der ihnen hier zu graben erlaube, und ver-
sprachen in scherzhaftem Ton, sie hätten nicht vor, eine
der Säulen fortzutragen.

Ähnlich wie in Ägina hatten sie ihr Lager gleich an der
Ausgrabungsstelle selbst aufgeschlagen und lebten von
Milch und Hammeln, die sie von den Hirten kauften.
Diese Hirten waren albanischer Abstammung, wanderten mit dem Gewehr über der Schulter und langen Pistolen am Gürtel herum und schauten entsprechend gewalt-
tätig und wild aus. Für die Reisenden war es verwirrend,
überall in Griechenland Siedlungen dieses Volkes zu
finden: einige von ihnen waren Moslems, andere Christen, fast alle sprachen sie griechisch. Die einen lebten als
Schafhirten, die anderen als Banditen in den Bergen;
manche gehörten der Leibwache türkischer Paschas an
und wurden Arnauten genannt, manche lebten auf den
Inseln und waren unerschrockene Seeleute wie auf
Hydra, wieder andere bebauten die Ebenen von Thessalien und Böotien, von Athen und in der Morea.

In Bassä wiederholte sich für unsere Freunde der auf-
sehenerregende Fund von Ägina.

Wie es zur Entdeckung des Frieses kam, schildert uns
Otto Magnus von Stackelberg in seinem 1826 erschie-

nenen großen Tafelwerk über den Tempel von Bassä.
Er schreibt darin:

*Bei genauer Betrachtung und Erwägung der Gestalt und der
Maße jedes Werkstücks in der Verwirrung der großen Steinmassen, aus welcher die Symmetrie und Ordnung der Konstruktion des Gebäudes gefunden werden mußte, waren die Architekten durch ein aufgescheuchtes Tier zufälligerweise auf eine Lücke
zwischen den Steinen aufmerksam geworden, die einzige in dem
Haufen der Trümmer, welche, nach Wegräumung einiger Stücke,
ihnen vergönnte tief hinabzusehen. Ein Fuchs hatte sich diesen
Schlupfwinkel zur Wohnung gewählt, und hier auf einem Relief, welches die Verfolgung eines Lapithen durch einen Cen-
tauren vorstellt, sich ein friedliches Lager bereitet. So mußte
das listige Geschöpf, welches einst den Aristomenes im Messe-
nischen Kriege zur Befreiung aus dem Grabe des Gefängnisses
verhalf, hier denselben Dienst den Amazonen- und Centauren-
kämpfern leisten. Noch jetzt zeigt die Marmortafel, auf welcher sich diese Gruppe befindet, in der erlittenen Beschädigung
die Fußstapfen ihres Angebers. Nur mit größter Mühe und
Gefahr gelang es den Künstlern damals sich in die Lücke herab-
zudrängen, um einen Entwurf zu machen von dem Relief, welches die Findung eines ganzen Frieses ankündigte. Dieses
schlossen sie aus der anscheinlich seit dem Sturz unveränderten
Lage der Steinmassen und aus der Vollständigkeit der Reste
des Gebäudes im allgemeinen. Die herrliche Architektur desselben versprach ihnen eine interessante Ausbeute. Sie faßten
daher den Vorsatz, die Ausgrabung des ganzen Tempels sogleich zu beginnen.*

Zu dem betont sachlichen Bericht Stackelbergs liefert
uns Charles Robert Cockerell in seinem erst 1860 erschienenen Werk über die Tempel von Ägina und Bassä noch
eine willkommene Ergänzung, welche die Abenteuer-
lichkeit dieses Fundes noch besser ins Licht rückt:

*Bei unserem ersten Besuch im Jahre 1811 bemerkte einer der
Reisenden in dem wirren Durcheinander der in der Cella liegen-*

*den Trümmer einen schmalen und gewundenen Spalt, der gerade
so breit war, daß man zwar Kopf und Schultern durchzwängen,
sich sonst aber kaum mehr rühren konnte. Er schob sich also
kopfüber in den Schacht hinunter, während ihn seine Gefährten
bei den Beinen hielten, um ihn auch wieder sicher heraufziehen
zu können, was ihm aus eigner Kraft wohl sehr schwer gefallen
wäre. Unten entdeckte er die zum Glück gerade verlassene La-
gerstatt eines Fuchses, und als er sie beiseite räumte, kamen der
Lapithe und der Centaur, in ihren verbissenen Kampf ver-
wickelt, zum Vorschein.*

Diese Entdeckung eröffnete natürlich sofort die ver-
lockendsten Aussichten, denen alsbald die Ernüchterung
folgte. Zuerst ließen die angeworbenen Arbeiter unter
dem Druck der Behörden unsere Ausgräber im Stich.
Den ›Milordi‹ blieb daraufhin nichts anderes übrig, als
selbst weiterzugraben, was schließlich damit endete, daß
Cockerell sich die Hand verstauchte und alle anderen
sich furchtbar verausgabten. Und als sie gerade auf
einige Kassetten der herabgestürzten Decke gestoßen
waren, traf ein Reiter mit·vier Bewaffneten ein, der sich
ihnen als der Besitzer des Grund und Bodens vorstellte
und ihnen ebenso höflich wie bestimmt jedes weitere
Vorgehen untersagte.

Die sich häufenden Einwendungen und Proteste
gegen ihre Grabungsarbeit machten den Freunden bewußt, daß es gefährlich werden könne, ohne offizielle
Erlaubnis weiterzumachen. So ritten denn Cockerell
und Foster nach Phanari, um den türkischen Gouverneur aufzusuchen, der sie mit zärtlichem Händedruck
fast überhöflich empfing. Er war, nach Cockerell, zu
sehr Weltmann, um auch nur anzudeuten, daß er auf ein
Geschenk rechnete, aber als er eine Zeichnung Fosters
mit ungewöhnlicher Aufmerksamkeit betrachtete, wurden sie doch hellhörig. Foster versprach ihm, eine
Miniatur nach der Skizze herzustellen, während Cocker-

ell fast schüchtern einen Beutel mit Fieberrinde und ein Porträt des Königs von England anbot. Der Türke stellte sich entzückt und versicherte ihnen, er würde es nach Konstantinopel mitnehmen, um auch dort an seine jungen Freunde erinnert zu werden. Doch bei all seiner ausgesuchten Höflichkeit blieb er ihrer Bitte gegenüber hart wie Diamant. Ohne ausdrückliche Erlaubnis von Veli, dem Pascha der Morea, könnten sie ihre Arbeiten nicht fortsetzen, denn Veli hätte eine strikte Anweisung erlassen, in der er sich die Erteilung von Grabungsgenehmigungen ausdrücklich vorbehalten habe. Weiter bestünde er darauf, alle Reisenden in seinem Paschalik persönlich in Augenschein zu nehmen und ihre Fermans zu überprüfen. Der Gouverneur fügte hinzu, schon die bloße Tatsache, daß sich die Gesellschaft unerlaubt in Bassä aufgehalten habe, genüge, sie zu ruinieren; Despoten stellten nun einmal nur wenige Fragen und hörten sich keine Entschuldigungen an ...

So schien ihnen nichts anderes übrigzubleiben, als so schnell wie möglich alles, was ihnen ohne Grabungen zugänglich war, zu untersuchen und in Zeichnungen festzuhalten, dann die Skulpturen wieder zu verdecken und die Einsamkeit der Bergwelt schleunigst zu verlassen. Ihre einzige Trophäe war ein Volutenfragment von einem der jonischen Kapitelle, das Cockerell später dem Britischen Museum in London zum Geschenk machte.

Für die Ausgräber war die Grabungserlaubnis Veli Paschas nicht nur deshalb wichtig, um mit der Freilegung des Tempels in Bassä fortfahren zu können, sondern vor allem auch, um am Ende die Funde auch in Sicherheit bringen zu können. Außerdem war keine Zeit mehr zu verlieren, denn das Gerücht von der Entdeckung eines Frieses war bereits bis zu Lusieri vorgedrungen, der natürlich gleich selber kommen wollte. So wandte sich die Gesellschaft wieder an den verhandlungserfahrenen Gropius – der Zwist über die Versteigerung der Ägineten lag ja erst noch vor ihnen in der Zukunft. Damals aber begann sich die finanzielle Lage Veli Paschas zuzuspitzen: sein Luxus, seine Liebschaften und die Unzahl von Soldaten, die er in Sold hatte, belasteten den Haushalt seines Hofes in Tripolis schwer. Außerdem mußte er an die Hohe Pforte mehr Abgaben abführen, als seine Vorgänger: gute hundertfünfzigtausend Pfund. Das alles hatte ihn dazu gebracht, die Bauern mit äußerster Härte zu besteuern und jede neue Einkommensquelle voll auszuschöpfen, darunter eben auch den Verkauf von Antiken in seinen Gebieten. Gropius bestimmte ihn nun, der Gesellschaft gegen die Hälfte aller künftigen Grabungsfunde nicht nur die erbetene Erlaubnis zu erteilen, sondern darüber hinaus sogar die Hälfte der Expeditionskosten zu tragen. Gropius selbst sollte natürlich für seine Dienste auch einen Anteil erhalten, und gleichermaßen wurde dem englischen Reisenden T. Legh – der neben einem anderen Reisenden namens Markle für die Kampagne ein Darlehen bereitstellte, ohne persönlich an den Grabungen mitzuwirken – ein Anteil eingeräumt. Schließlich steuerte auch noch Kronprinz Ludwig zu den Grabungskosten bei und erbat sich dafür ein Sechstel der Funde oder wenigstens Gipsabgüsse der schönsten Stücke.

Veli hielt Wort und sorgte für einen Ferman, der an den Bischof von Andritsäna gerichtet war und diesen anwies, Arbeiter, Werkzeug und Verpflegung zur Verfügung zu stellen. Außerdem sandte er auch Stellvertreter, die bei den Ausgrabungen zugegen sein sollten, um über die genaue Durchführung seiner Befehle zu wachen.

Die Ausgräber fanden sich in den ersten Julitagen des Jahres 1812 in Andritsäna ein: Foster und Haller, dazu Linckh, Stackelberg, Brøndsted und Gropius, während Cockerell diesmal nicht mit von der Partie war und gerade Sizilien bereiste. Gleich nach ihrer Ankunft wurden die Hirten aufgefordert, sich für das Ausgrabungswerk zur Verfügung zu stellen und sich am Tempel einzufinden. Entzückt über die Aussicht, sich etwas zu ihren mageren Einkünften hinzuzuverdienen – der Lohn sollte einen Schilling pro Tag betragen – ließen sie ihre Herden in der Obhut der Alten, der Frauen oder der Kinder und kamen, um mit den ›Milordi‹ bei den ›Säulen‹ zu arbeiten. Sie waren nicht nur von der Aussicht auf klingenden Lohn fasziniert: Sie waren auch neugierig darauf, was es wohl an diesem seltsamen und gottverlassenen Ort, der ihnen immer als verzaubert gegolten hatte, an Schätzen zu heben gab. Stackelberg erzählt auch:

Wohl lebt noch jetzt unter ihnen der Ruf der Hellenen. Mit diesem Namen bezeichnen sie alles Helden- und Riesenmäßige, aber weit entfernt, sich selbst als Erben der Glorie früherer Bewohner einzusetzen, worin sich hingegen das Selbstgefühl der anderen Griechen auch jetzt nicht verleugnet, hält der einfache Sinn dieser Hirten die Hellenen für Vorfahren der Franken,

31 *Kaum im Mai von Ägina nach Athen zurückgekehrt, wandten sich die Freunde Haller, Linckh, Foster und Cockerell bereits im Juli 1811 nach Bassä, wo sie ebenfalls gleich fündig wurden, aber die eigentliche Ausgrabung um ein Jahr verschieben mußten. An die Stelle Cockerells, der andere Ziele verfolgte, trat der Balte* Baron Otto Magnus von Stackelberg. *Karl Vogel von Vogelstein hat ihn mit seinem Lieblingshund vor dem Apollotempel von Bassä dargestellt.*

32 »Am Rande tiefer Bergschluchten, in denen die Neda entspringt, steht auf dem Berge Kotylios in Arkadien der verfallene Tempel des Apollo Epicurius.« Mit diesen Worten beginn

Stackelberg seine klassische Beschreibung der Landschaft von Bassä. *Seine Zeichnung radierte* Johann Christian Reinhart *in Rom in Kupfer*.

33 *Mit Feuereifer machten sich die Hirten Arkadiens und die Bewohner der umliegenden Dörfer daran, das Innere des teilweise eingestürzten* Apollotempels von Bassä *freizulegen. Die Familien im Gefolge der Helfer und die heitere Ursprünglichkeit der musizierenden und tanzenden Griechen ließen in* ›Camp

»Frankopolis«, wie die Ausgräberkolonie bald hieß, die Atmosphäre vertrauten
Umgangs und begeisternder Gemeinschaftsarbeit entstehen. Diese lebendige
Zeichnung Stackelbergs diente nicht nur als Illustration seines Ausgrabungsbe-
richtes von 1826, sondern auch für Cockerells erst 1860 erschienenes Tafelwerk.

34 *Ein glücklicher Zufall hatte 1811 den Weg zur Entdeckung des Frieses von Bassä gewiesen: Ein flüchtender Fuchs ließ die Forscher auf einen Hohlraum zwischen den Trümmern aufmerksam werden. Haller zwängte sich hinunter, fand das Lager des Fuchses, schob dessen Streu beiseite und traute seinen Augen nicht, als er sich einem* Relief mit der Darstellung des Kampfes zwischen einem Kentauren und einem Lapithen *gegenüber sah. Dieser Fund verhieß offensichtlich weitere Überraschungen. Ihnen nachzuspüren mußten sich die Freunde mangels entsprechender Grabungserlaubnis vorerst noch versagen.*

35 *Im Jahr darauf war es dann soweit: Der Boden von Bassä gab unter anderem die 23 Platten vom Fries der Cellawand preis, welche die Kentauren- und die Amazonenschlacht dargestellt hatten. Dem Beispiel der Ägineten folgend, sollten auch diese Antiken in einer Auktion versteigert werden, die auf den 1. Mai 1814, wieder in Zante, anberaumt war. Rund 150 Mann schafften die schweren Reliefs und sonstigen Funde durch das Gebirge hinunter zum Hafen von Bouzi, von wo sie ein Segler nach Zante brachte. Hier sah auch* Johann Martin von Wagner, *der soeben zur Ersteigerung der Ägineten herbeigeeilt war, im November 1812 den Fries. Da ihn dessen Stil irritierte, riet er auch Kronprinz Ludwig vom Kauf ab. Diese seine reservierte Haltung hielt Wagner jedoch nicht ab, der von den Findern geplanten Veröffentlichung durch die »überraschende Herausgabe der nicht zu solchem Zweck von der Gesellschaft gestatteten ... Skizzen des Frieses« zuvorzukommen. Haller war verständlicherweise wütend über diesen Vertrauensbruch, und Stackelberg nannte Wagners Zeichnungen, die im Jahr der Versteigerung als Umrißradierungen – hier eine Szene aus der* Amazonenschlacht – *erschienen, »weder getreu, noch den Geist des Originals wiedergebend.«*

36 *Erst 1826 war Stackelberg so weit, seine Forschungsergebnisse, Bauaufnahmen und Zeichnungen vom Bassä-Fries in einem opulenten Tafelband zu veröffentlichen. 1829 unternahm die französische Ausgrabungsexpedition unter Abel Blouet erneut Messungen am Tempel, deren Ergebnisse neben neuen Reproduktionen des Frieses in einem Prachtwerk ab 1833 erschienen: Hier eine* Szene der Amazonenschlacht.

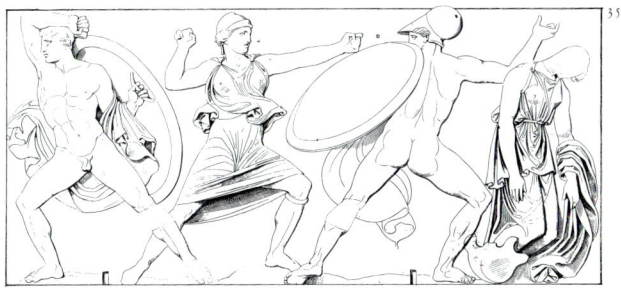

37 *Wie das ganze gebildete Europa nahm auch Goethe lebhaften Anteil an den Ausgrabungen in Griechenland und besonders an den spektakulären Funden in Ägina und Bassä: Wenn immer es ging, suchte er sich oft von weither Reproduktionen und Ansichten davon zu verschaffen. Im Februar 1818 überraschte ihn die Malerin Louise Seidler (1786 bis 1866) mit der Zeichnung einer Platte, die sie in München nach dem Abguß des ›Phigalischen Frieses‹, wie der Fries von Bassä damals genannt wurde, angefertigt hatte. Goethe hängte das Blatt, das ihn zu vielen Überlegungen und Betrachtungen anregte, sofort auf und schätzte es sehr.*

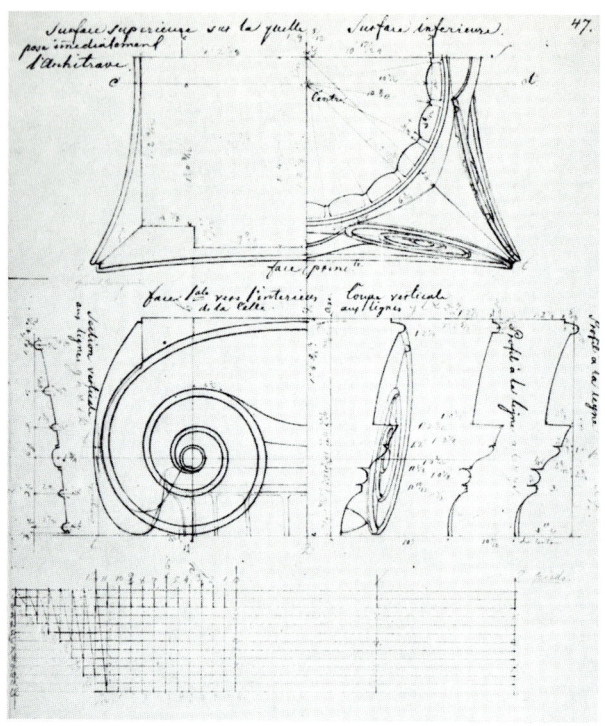

38 *Unermüdlich war* Karl Haller von Hallerstein *um das Vermessen und die zeichnerische Wiederherstellung der antiken Tempel bemüht. In zahlreichen Skizzen und Entwürfen beschäftigte er sich mit solchen archäologischen Problemen, und als er auf hoher See den größten Teil seiner wertvollen Aufzeichnungen verloren hatte, versuchte er, sie aus dem Gedächtnis zu rekonstruieren. Selbst auf dem Totenbett, vom Fieber geschüttelt, arbeitete der frühvollendete Architekt, dem das praktische Wirken auf seinem Fachgebiet versagt geblieben ist, noch an seinen Skripten. Hier eine Seite mit den Schnitten, Profilen und Maßangaben der* Halbsäulenkapitelle von Bassä.

für kunstfertige Fremde, die einst im Besitz ihres Landes waren, und erklären sich hieraus die häufigen Besuche der reisenden Europäer und den Wert, welchen diese auf alle von jenen herrührenden Überbleibsel legen.

Da sie noch völlig im Einklang mit der Natur lebten, waren die materiellen Bedürfnisse der Hirten gering. Ein Stück braunes Tuch diente, über einige Äste gespannt, als Zelt; ein Milchtopf, ein paar Schafe, ein Hund und ein Gewehr zum Schutz – mehr brauchte es nicht, um einen Hausstand zu gründen. Aber darum konnte sie auch schon die kleinste Verschärfung ihrer Armut zu Straßenräubern machen. In seltsamem Kontrast zu der Schlichtheit ihrer Lebensführung stand ihre Freude an reicher Gewandung: Die Frauen verbrachten Stunden damit, Westen aus rotem, grünem oder purpurfarbenem Samt zu besticken. Runde Silberschnallen hielten die breiten Schärpen, die sie um die Taille wanden; in der Schärpe trugen sie Pistolen und türkische Krummdolche mit üppiger Ziselierung; darüber trugen sie Kapuzenmäntel aus Schaf- oder Ziegenfell. Der wunderlichste Teil ihres Aufzugs war die Frisur: Sie rasierten den vorderen Teil des Kopfes über der Stirn kahl und ließen das übrige Haar in langen, fließenden Locken wachsen, was ihnen ein unbeschreiblich wildes Aussehen gab.

Die Wichtigkeit, die man kostbarer Kleidung beimaß, war charakteristisch für das ganze Osmanische Reich: Westliche Mode in ihrer Einfachheit wirkte hier wunderlich, wenn nicht gar unschicklich. Eine Gesellschaft von Reisenden bemerkte, wie sie wegen ihrer ›verrückten‹ Kleidung bei den ansonsten sehr höflichen Dorfbewohnern laute und wiederholte Lachanfälle hervorrief. Natürlich machten die Mühen und Anstrengungen des Reisens im Orient einen modernen Überrock schnell unansehnlich, und oft befanden sich die Besucher in so

arger Kleidernot, daß sie sich nur am Sonntag ein saube-
res Hemd leisten konnten.

Da der Tempel von Bassä so weit von jeder menschlichen Siedlung entfernt lag und der Weg zu ihm herauf
zudem sehr beschwerlich war, entschlossen sich die
Freunde, ihr Lager wiederum an Ort und Stelle aufzuschlagen. So wurde ›Camp Frankopolis‹ geboren. Da die
mitgebrachten Zelte nicht für die ganze Mannschaft aus-
reichten, wurden Laubhütten gebaut, die zum Schutz
gegen Tau und Kälte, die selbst in den Sommernächten
einfallen konnten, an astreiche Bäume oder Felswände
angelehnt wurden. Auf dem ›Marktplatz‹ der Zeltstadt
wurden Stangen in den Grund getrieben und darüber
einheimische Stoffbahnen gebreitet, um für die ›Milordi‹
einen Aufenthalts-und Speise-›Salon‹ zu schaffen. Als
Tische und Stühle dienten dorische Kapitelle und Säulentrommeln vom Tempel. Ein großer Platz wurde mit
Zweigen abgetrennt und zum ›Museum‹ bestimmt, wo
die Funde gesammelt, untersucht und registriert werden
sollten.

Die Kunde von Camp Frankopolis verbreitet sich fern
und nah. Die vornehmeren Bürger aus den umliegenden
kleinen Städten kamen zu Besuch und wurden nach
einem unveränderlichen, strengen Protokoll empfangen:
Während sie sich auf dem mitgebrachten Teppich nieder-
ließen und ständig die Perlen ihres Kolombos zwischen
den Fingern bewegten, wurden von jungen Hirten Kaffee und Pfeifen herumgereicht. Dann pflegten sie den
Ausgräbern, erstaunt über das Interesse, das die ›Franken‹ den alten Steinen des zusammengestürzten Tempels widmeten, bei der Arbeit zuzusehen.

Bald folgten die Bauern der ganzen Umgegend ihrem
Beispiel. Wenn die Nacht einfiel, wurden Feuer angezündet, über denen sich an hölzernen Spießen die Lämmer und Hammel drehten, während des Bacchus groß-

herzige Gabe wie in der Antike in primitiven Ziegen-
lederschläuchen angeboten wurde. Bald hob dann die
Musik an und die Tänzer traten vor, um ihrer Lebens-
freude mit wilden Sprüngen und Drehungen Ausdruck
zu geben. Wenn man dem Treiben zusah, war es ein
Leichtes, sich vorzustellen, wie die Stätte im Altertum
gewirkt haben mußte: Belebt von einer Menge, die ihre
jahreszeitlichen Feste nach den heidnischen Riten mit
der ganzen Feierlichkeit choregischer Tänze und pythi-
scher Hymnen zelebrierte. Apollon selbst könnte, aus
langer Ruhe geweckt, geglaubt haben, daß die ruhm-
reiche alte Zeit zurückgekehrt sei.

Aber im Lager wurde nicht nur getanzt und gefeiert,
es wurde ernsthafte, harte Arbeit geleistet. Inmitten des
Tempels türmten sich ja die Trümmer bis zu fünf Metern
Höhe auf, und obwohl von den achtunddreißig Säulen
der Außenreihe nur zwei an der Südseite umgestürzt
waren, zeigte die Westseite eine gefährliche Neigung
nach außen; außerdem waren auch alle vier Säulen von
Pronaos und Opisthodom zu Boden geworfen. Oft
waren gleichzeitig mehr als hundert Arbeiter mit der
Freilegung beschäftigt; Musikanten erleichterten ihnen
mit ihren Weisen die Mühe, gaben die Signale für Arbeits-
beginn und Feierabend, begleiteten mit ihren Leiern die
Rufe der Arbeiter und das Rollen der Steinblöcke, während der Klang der großen Trommel, vom Echo ver-
doppelt, durch die Stille der Bergwelt hallte. So fehlte
nie die begeisternde Kraft der Musik, die den modernen
Griechen zu Bassä so nötig war wie den alten, die einst
unter Epaminondas das antike Messene errichtet hatten,
auch wenn die ländlichen Panflöten des zeitgenössischen
Arkadien nur ein magerer Ersatz waren für die Flöten
des Altertums.

Die Arbeiter waren in langen Reihen aufgestellt und
versuchten mit Seilen und Flaschenzügen die Stein-

blöcke zwischen den noch aufrechtstehenden Säulen
fortzurollen. Es bedurfte oft der vereinigten Kraft von
dreißig Mann, die übereinandergetürmten und ineinan-
der verkeilten Trümmer aus ihrer manchmal gefähr-
lichen Lage zu bewegen. Dann wieder brach die Musik
abrupt ab, und in der plötzlich eintretenden Stille wurde
wieder ein Skulpturenfragment ins ›Museum‹ geschafft,
um seinen dort bereits harrenden Kameraden Gesellschaft zu leisten. So legten die Männer allmählich in
Schwerstarbeit Stück für Stück den Tempelboden frei.
Im Adyton lagen die inneren Säulen, die einst den Fries
getragen hatten, geborsten und wild durcheinander am
Boden, und unter ihnen begraben der ebenfalls zer-
schmetterte Fries.

Das Innere der Cella war in das nach Süden ausgerich-
tete Adyton, eine schmale Kammer, und einen größeren
Raum unterteilt gewesen. In den größeren Raum hatten
einst je fünf Wandzungen an beiden Längsseiten herein-
geragt; je vier von ihnen waren im rechten Winkel zu
den Längswänden angeordnet gewesen, aber die beiden
letzten vor dem Adyton hatten zum Raum hin einen
spitzen Winkel gebildet. Den Wandzungen waren Halb-
säulen mit jonischen Kapitellen vorgeblendet gewesen,
die den Architrav mit dem Fries getragen hatten, der
rund um die Cella lief. Von diesen Zungenmauern stand
nur noch eine. Adyton und Cella waren durch eine einzige, freistehende Säule getrennt gewesen; ihr Kapitell
gilt als das früheste bekannte Beispiel der korinthischen
Ordnung. Haller vermutete, daß auch die beiden benach-
barten Säulen der spitzwinkligen Wandzungen korinthische Kapitelle getragen hatten, denn er fand einige
Fragmente, für die sich sonst keine Erklärung bot; die
Ausgrabungen von 1908 sollten seine Vermutung bestätigen. Diese drei Säulen hatten den Hintergrund für eine
überlebensgroße Statue des Apollon Epikurios gebildet,

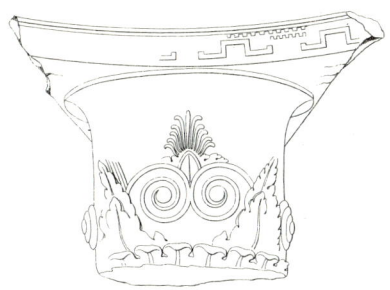

Als einer der überraschendsten Funde, den die Ausgräber von Bassä neben dem Fries zutageförderten, erwies sich das Kapitell der Mittelsäule: Es ist bis heute das älteste nachweisbare korinthische Kapitell. Leider wurde es zunächst von den Ausgräbern nicht mitgenommen und ging später auf ungeklärte Weise verloren, so daß den Zeichnungen der Ausgräber ganz besondere Bedeutung für die Forschung zukommt.

die jedoch im Jahre 369 nach Megalopolis gebracht und durch ein Kultbild aus Holz und Marmor ersetzt worden war, von dem die Forscher einige Fragmente entdeckten.

Sie behandelten und bewegten selbst die kleinsten Fragmente bearbeiteten Steins nur mit größter Sorgfalt. Durch Untersuchen und Vergleichen der Bruchstellen gelang es ihnen, große Teile des Frieses in der richtigen Folge wieder zusammenzusetzen. Das Beobachten und Miterleben, wie die Teile nach und nach ihren ursprünglichen Platz einnahmen, hielt das stete Interesse der Arbeiter wach: Fast wie die eigentlichen Schöpfer einst unter ihrem Meißel den Fries zum Leben erwachen sahen, erlebten die Künstler seine Wiedergeburt, indem sie Steinchen zu Steinchen fügten, bis sie die Abfolge fast vollständig rekonstruiert hatten. Aber obwohl auch Fragmente der jonischen Kapitelle von den inneren Säulen mitten unter den Kalksteinkassetten, die einst die Decke über den Nischen zwischen den Zungenmauern gebildet hatten, gefunden wurden, waren sie so stark beschädigt, daß jede Rekonstruktion reine Phantasie bleiben mußte. Das Fehlen von Klammern und Haken, die einst die Friesplatten in ihrer Lage gehalten haben mußten, bewies, daß man den Tempel schon früh auf der Suche nach Metall ausgeplündert hatte; auch die Einzelsäule mit dem korinthischen Kapitell war nicht einfach umgestürzt, sondern lag unerklärlicherweise ein Stück weit entfernt.

Außerhalb des Tempels fand man Teile von den sechs Metopen, die einst die Eingangseite geziert hatten; in weiterer Entfernung ließ eine Bodenerhebung die Künstler hoffen, ähnlich wie in Ägina die begrabenen Giebelskulpturen entdecken zu können. Zwei hohe Eichen, die wie Tempelwächter wirkten, waren auf dem Hügel gewachsen, und die Gesellschaft überlegte längere Zeit, was mit ihnen geschehen sollte, denn ihre weitverzweigten Wurzeln verhinderten eine Erforschung des Hügels. Da an Bäumen ringsum kein Mangel war, entschloß man sich, sie zu fällen.

Zuerst wurde die Erde um die Wurzeln abgegraben, dann wand man Seile um die Stämme, und achtzig Hirten begannen unter gemeinsamem Hauruck zu ziehen. Eine Zeitlang schien ihren Bemühungen kein Erfolg beschieden zu sein, denn jedesmal, wenn sie losließen, schnellte der Baum wieder in seine alte Lage zurück, gleich einem Opfertier, das sich nur widerwillig zum Altar zerren läßt. Endlich gab der Baum nach, und sein Stamm sank, von einem frischen Wind begleitet, mit einem gewaltigen Getöse nieder. Die Hirten bejubelten ihren Sieg, bis sie von einem Gefühl des Mitleids mit dem großen Baum ergriffen wurden, der nun leblos am Boden lag. Unter den Wurzeln aber kamen weitere Teile der Metopen und das schöne Akroterion, das den Giebel bekrönt hatte, zum Vorschein. Als ihnen jedoch klar wurde, daß sich keine Giebelfiguren unter dem Wurzelwerk verbargen, war die Enttäuschung der Ausgräber groß. Es wurden tatsächlich auch später keine entdeckt, und man nimmt an, daß sie schon zur Römerzeit verschwunden sind.

Lange sollten freilich diese geradezu idyllischen Arbeitsbedingungen nicht mehr andauern. Eines Abends, als Veli Paschas Oberaufseher die Löhne austeilte, brach ein Streit über fehlendes Werkzeug aus. Der Wärter verdächtigte einen der Hirten; der Beschuldigte stürzte sich auf die Umstehenden, um seinem Grimm freien Lauf zu lassen, und versuchte, sie mit Fausthieben und Verwünschungen zu traktieren. Er klagte Gott und die Welt der Verleumdung an und floh in die Berge. Ein anderer Hirte wurde wegen seines allzu deutlich zur Schau getragenen Stolzes von einem von des Paschas Leuten geschlagen und wagte es, sich der Mißhandlung zu widersetzen; plötzlich waren die Waffen gezogen, ein Schuß fiel, dann ein weiterer; die Weiber kreischten und lamentierten zur weiteren Verwirrung, und bald war alles Aufruhr, Flucht und Verfolgung.

Die Auseinandersetzung konnte zwar beigelegt werden: die Hirten sandten eine Abordnung an den türkischen Magistrat, um – unterstützt von einem wortgewaltigen Brief der Forscher – Abbitte zu leisten, und der Schuldige wurde gefunden und eingesperrt. Aber von nun an war die Atmosphäre vergiftet und die Stimmung gereizt.

Während der ganzen Zeit hatten die Freunde regelmäßig Berichte über den Fortgang der Ausgrabungen an Veli Pascha gesandt, aber Gerüchte hatten das ihre getan, um aus den Marmorskulpturen solche aus reinem Silber werden zu lassen und die Gewinnaussichten des geldgierigen Paschas auf die Spitze zu treiben. Zeichnungen befriedigten ihn nicht mehr; er wollte sich mit eigenen

Schon während der Ausgrabung der insgesamt 23 Platten des Frieses von Bassä machten sich die Finder ihre Gedanken über dessen ursprüngliche Anordnung.

Augen überzeugen. Er ließ den unzweideutigen Befehl ergehen, die Hälfte aller Skulpturen zu ihm nach Tripolis zu schaffen, obwohl der Transport über das Gebirge und noch dazu auf schlechten Straßen diese stark gefährden mußte. Trotz aller Sorgfalt der Freunde ging auf dem Weg ein Stück verloren; es wurde glücklicherweise ein Jahr danach von John Spencer Stanhope in der Hütte eines Bauern entdeckt. Veli war von dem, was er zu sehen bekam, nicht sonderlich begeistert: Alles bloß Marmorfragmente, die meisten noch dazu vom Alter verfärbt und unansehnlich! Er schickte sie zurück mit einer Botschaft, in der er seiner Verwunderung über die

Hier ein früher Rekonstruktionsversuch: Die Gebälkzone der Cella *mit einem Teil des Frieses sowie das erste korinthische Kapitell.*

kunstvolle Ausführung und die erstaunlich lebensvolle Darstellung Ausdruck verlieh.

Bald sollten ihn freilich ganz andere Sorgen beschäftigen. Sein Ränkespiel gegen die Hohe Pforte wurde entlarvt und seine Absetzung verkündet. Die Folge war, daß augenblicklich Räuberbanden in der Morea auftauchten, in der Hoffnung, aus der unruhigen Zeit zwischen dem Rücktritt des Paschas und dem Amtsantritt des Nachfolgers handfesten Gewinn zu schlagen. Die Freunde stellten jetzt Nachtwachen auf: eine kluge Vorsichtsmaßnahme, wie sich gleich zeigen sollte. Zwei Kundschafter einer Bande, die einen Überfall vorberei-

tete, hatten sich eines Abends unbemerkt hinter gestürzten Säulen verborgen. Der Wächter hatte sich ein großes
Feuer angezündet, und mit einem Mal fielen ihm auf dem
Tempelboden Schatten gebeugter Gestalten auf, die er
anfangs noch für Fundstücke hielt, bis der Schein des
Feuers auf ein Flintenschloß fiel. Er war unbewaffnet,
hatte aber die Geistesgegenwart und die Kaltblütigkeit,
seinen Hirtenstock wie ein Gewehr zu schultern, ehe er
Alarm schlug. Sogleich stürzten die Ausgräber schwer
bewaffnet hervor, und die Räuber mußten im Kugel-
regen der Verteidiger fliehen.

Bald danach traf ein Gesandter der Hohen Pforte in
Tripolis ein, um Veli Pascha offiziell zum Verlassen
seines Paschaliks aufzufordern. Das löste eines der
Hauptprobleme der Gesellschaft, die sich große Sorgen
gemacht hatte, ob Veli auf buchstabengetreuer Einhaltung des Abkommens bestehen und als Gegenleistung
für seine Hilfe die Herausgabe der Hälfte aller Funde
verlangen würde. Gleichzeitig war ihnen auch klar, daß
sie Veli unmöglich von der Absurdität zu überzeugen
vermöchten, eine Folge von Skulpturen, deren größter
Wert in ihrer Vollständigkeit lag, auseinanderzureißen.
Jetzt jedoch, wo er in seinem eigenen Paschalik abge-
setzt und begierig war, alles ihm noch Verbliebene zu
Bargeld zu machen, verlangte er von ihnen zweitausend
Pfund und gab sich mit den vierhundert Pfund, die ihm
die Gesellschaft als Anteil an der Ausbeute anbot, bereits
zufrieden. Legh und Foster schossen die nötigen Mittel
vor, die in Wechseln in London rückzahlbar sein sollten,
sobald das Ägineten-Geschäft abgeschlossen wäre; als
Sicherheit dienten die Skulpturen, deren Gegenwert mit
sechs Prozent verzinst werden sollte.

Bald darauf erfuhren die Künstler, daß die Wider-
sacher Veli Paschas dessen Anspruch auf die vierhundert
Pfund bereits anzufechten versuchten. Sie sahen ein, daß

sie die Funde aus dem Bereich der türkischen Gerichts-
barkeit bringen mußten, und dies je eher desto besser.
So baten sie Veli um den dazu notwendigen Ferman und
einen Befehl für die Hirten, ihnen auch weiterhin bei
ihrer Aufgabe zu helfen, denn die Archonten hatten bereits wieder ihre Verzögerungstaktik aufgenommen in
ihrer Angst, der neue Pascha würde sie mit furchtbarem
Zorn verfolgen, wenn sie den Abtransport der Figuren
zuließen, ohne daß dabei ein Gewinn für ihn heraus-
sprang.

Als die Dokumente eintrafen, waren die Vorberei-
tungen zum Transport bereits abgeschlossen. Die Antiken waren für den Weg zur Küste in Sackleinen gewickelt und in eigens hergestellte Holzkisten verpackt
worden. Gerade als alles fertig war, brach in einer Hütte
ein kleiner Brand aus: Und da niemand das glückliche
Heim so halbverbrannt zurücklassen wollte, wurde mit
Fackeln auch der Rest angezündet, um Camp Frankopolis bis auf den Grund niederzubrennen. Die Spur der
Laubhüttenstadt verschwand wie ein Traum, und die
Ruinen des Tempels sanken wieder zurück in die zeitlose
Einsamkeit der arkadischen Bergwelt.

Der Älteste von Skliru, Oberhaupt einer Hirtensippe,
wünschte den Franken zum Abschied mit patriarchali-
scher Würde ›Glückliche Stunden‹ und versicherte
ihnen, daß man ihrer bei der Wiederkehr des Sommers
gedenken würde und daß seine Kinder und die Kinder
seiner Kinder die Geschichte von den Fremden, die gekommen wären, um eine Zeitlang unter ihnen zu leben,
weitererzählen würden.

So schied man. Hundertfünfzig Mann schleppten die
Antiken und oft reichten sechs bis acht Träger kaum
aus, um die großen Stücke zu bewältigen. Da die Wege
sehr uneben waren, mußte bei jedem Schritt äußerste
Vorsicht walten: So wand sich die Karawane in mühe-

vollem Abstieg durch die Schlucht vom Kotylion herab,
erreichte den Fluß Neda und zog an ihm entlang bis zu
dem kleinen Hafen Bouzi. Hier befand sich die Gesellschaft erneut in einer gefahrvollen Lage, denn die dort
lebenden Türken genossen den Ruf ungewöhnlicher
Brutalität und die griechischen Beamten nahmen wieder
zu ihrer bekannten Taktik Zuflucht, alle möglichen
Verzögerungen durchzuspielen: Erst versteckten sie
einen Teil des Transportgutes, dann versuchten sie,
unter den Trägern eine Revolte zu entfesseln und sie zur
Umkehr zu überreden. Nur mit Mühe gelang es den
Künstlern, das gute Einvernehmen wiederherzustellen.
Doch schon drohte eine neue Gefahr: Das Gerücht verbreitete sich, die Franzosen, die Korfu besetzt hielten,
wollten ein Kaperschiff senden, um sich der Schätze zu
bemächtigen. Jetzt brach Foster nach dem unter briti-
schem Schutz stehenden Zante auf, um die Hilfe des
dortigen Kommandanten, General Airey, zu erbitten,
der auch sofort eine Marineeskorte zum Schutz der
Gesellschaft abstellte. Als sie in Bouzi einlief, fand sie
dort die Kisten bereits verladen, und der Konvoi konnte
in guter Ordnung Segel setzen. Doch bald trennten
Wind und dichter Nebel die Schiffe voneinander und es
war reines Glück, daß der schwerbeladene Frachter
seinen sicheren Hafen erreichte.

Kurz darauf lief das Gerücht um, daß bei der Verschiffung einzig und allein das berühmte korinthische
Kapitell aus der Cella des Tempels habe zurückgelassen
werden müssen: Es sei schon halb im Wasser gestanden,
als die Truppen des Paschas eingetroffen seien, um die
Verladung zu verhindern. Der Segler habe ohne das
Kapitell ablegen müssen, und die Künstler wären zu
ihrer Erschütterung gezwungen gewesen, mitanzuse-
hen, wie es von den wütenden Türken in Stücke gehauen
worden sei. Diese Geschichte beruht jedoch auf reiner

Phantasie: denn das Kapitell ist niemals von seinem Ort fortgebracht worden, was schon allein durch die Tatsache bezeugt wird, daß Haller später Cockerell bat, die Einzelheiten des Kapitells neu aufzunehmen, falls er noch einmal nach Bassä käme. Haller hatte alle seine Zeichnungen vom Tempel von Bassä wie auch die nach seiner Praxis für Cockerell angefertigten Duplikate und zahlreiche gesammelte Antiken bei einem drohenden Schiffbruch über Bord werfen müssen. Allein sein Skizzenbuch konnte er bei dieser Gelegenheit retten, mit dessen Hilfe er wenigstens die wichtigsten Forschungsergebnisse zu rekonstruieren vermochte.

Das Eintreffen der kleinen Gruppe in Zante rief traurige Erinnerungen wach, denn vor einem Jahr war hier ihr Freund Koes gestorben. Gerade in dem Haus, in dem sie logierten, hatte er sein Leben ausgehaucht. Sein Grab befand sich auf dem englischen Militärfriedhof, und Brøndsted setzte ihm dort einen Grabstein mit einem Vers aus der Ilias.

Die Platten des Frieses stellten sie sobald wie möglich in einem großen Raum auf, den sie gemietet hatten. Zumindest hier erhob sich nun die Frage, in welcher Reihenfolge sie im Tempel wohl angeordnet gewesen sein mochten. Elf Platten gehörten eindeutig zu einer Folge der ›Schlacht der Zentauren und Lapithen‹, zwölf andere zur ›Amazonenschlacht‹; jede Platte aber war eine in sich geschlossene Komposition. Eine langandauernde Kontroverse erhob sich, die erst vor wenigen Jahren durch genaue Untersuchung der Anordnung jener Löcher und Einkerbungen für die Stifte und Klammern, mit denen die Platten einst befestigt worden waren, ihren Abschluß gefunden hat.

DER VERKAUF DES FRIESES

In ihrer Begeisterung überschätzten die Entdecker den künstlerischen Wert ihres Fundes, doch da in jener Zeit erst so wenige Beispiele originaler griechischer Kunst bekannt waren, muß man es ihnen wohl nachsehen. In einer mehr vom Überschwang diktierten als von sicheren Indizien gestützten Schlußfolgerung schrieb Foster an seinen Vater, daß der Schöpfer des Frieses kein anderer als Phidias sein könne. Da der Architekt des Tempels zu Bassä, Iktinos, auch den Parthenon errichtet habe und an diesem wiederum auch Phidias tätig gewesen sei, so müsse wohl in Bassä die Zusammenarbeit beider vorausgesetzt werden. Und wenn er es wirklich wäre, fuhr Foster fort, so habe er der Athene vom Parthenon nicht mit seiner besten Kraft gedient, denn ihr Fries stünde dem von Bassä in vielem nach, vor allem sei ein so hohes Relief, bei dem manche Teile der Figuren völlig vom Hintergrund losgelöst wären, ganz einzigartig, und weder in Rom noch in Paris könne man etwas Vergleichbares sehen. Ähnlich ekstatische Briefe sandte Brøndsted aus Camp Frankopolis an Fauvel und datierte sie mit ›1. Jahr nach der Auferstehung der Amazonen und Zentauren‹. Er bedauerte seinen Freund, daß er nicht kommen könne, um mit ihrer ganzen Gesellschaft die Wohltaten, die ihnen der Apollon Epikurios der Phigalianer in seiner Gnade gewährte, zu teilen. Fauvel gab die Information an seinen Minister nach Paris weiter und pries die Reliefs anhand einiger Zeichnungen von Gropius. Ein Jahr später, 1813, wechselte er jedoch den Ton: Die flüchtigen Skizzen, schrieb er, hätten ihm kein verbindliches Gutachten ermöglicht, und er sei im Wissen, daß der Tempel von Iktinos entworfen worden wäre, in positivem Sinne voreingenommen gewesen; jetzt aber, wo er genauere Abbildungen kenne, halte er die Reliefs mit ihrem flatternden Faltenwurf, den verschwenderisch verschlungenen Draperien und dem Fehlen jeglichen Gesichtsausdrucks für äußerst maniert, und wenn er nicht wüßte, daß der Fries ohne jeden Zweifel Teil jenes griechischen Tempels gewesen sei, so würde er ihn für eine römische Arbeit halten. Es fehle ihm die Einfachheit und die Klarheit der Komposition, die man an den Basreliefs von Athen bewundere.

Beim Lesen solcher überspitzten Urteile muß man sich vergegenwärtigen, daß Fauvel – wenn seine Regierung aufgrund seiner Empfehlung gekauft haben würde – für die Ausgabe einer solchen riesigen Kaufsumme verantwortlich gemacht worden wäre; man kann es ihm daher kaum verdenken, wenn er in weiser Vorausahnung der Urteile, die in Paris Kenner wie Visconti abgeben würden, mit seiner Anerkennung zögerte und sich sogar von seinem ersten Urteil distanzierte.

Auch Johann Martin von Wagner mochte sich nicht zu einem Kauf entschließen. Er sah den Fries, als er im November 1812 in Zante weilte, um die Ägineten zu kaufen. Hier erreichte ihn ein Brief Kronprinz Ludwigs mit der Nachricht, er sei bereit, bis zu 90 000, ja bis zu 100 000 Taler zu bieten, wenn sein Agent ihm zusichern könne, daß das Werk aus der Schule des Phidias stamme und in Zukunft den Vergleich mit dem Parthenonfries nicht zu scheuen brauche. Das konnte nun Wagner, wenn er ehrlich war, nicht: Er nannte den phigalischen Fries in seinem Brief an Ludwig in der Ausführung »mehr allgemein und oberflächlich«. Doch machte er davon Zeichnungen, die er – sehr zu Hallers durchaus verständlicher Entrüstung – 1814 in Rom veröffentlichte, noch ehe die Besitzer selbst dazu eine Gelegenheit gehabt hatten. Stackelberg bezeichnete denn auch Wagners Umrisse als mißlungen.

Da Gropius nach der Auseinandersetzung um die Ägineten die Prokura entzogen worden war, mußten die anderen Eigentümer dessen Aufgaben übernehmen und jeder hielt seine eigene Regierung über die Bedingungen für die Versteigerung auf dem Laufenden. Konsul Foresti schrieb die Eröffnung der Auktion in ihrem Namen für den 1. Mai 1814 in Zante aus, also rund achtzehn Monate nach der Ausgrabung. Die ganze Gesellschaft war diesmal zugegen, um eine ordnungsgemäße Abwicklung zu garantieren: Haller, Linckh, Stackelberg, der gerade von einem Fieberanfall genesene Cockerell, Foster mit seiner smyrnischen Frau und seinem Kind. Man folgte dem lokalen Brauch und verlegte den Zuschlag auf den Augenblick des Einbruchs der Nacht, der durch das Löschen einer Kerze angezeigt wurde. Fauvel hatte, ungeachtet seiner Vorbehalte, aus Paris Instruktionen mitgebracht, die es ihm erlaubten, bis zu achttausend Pfund zu bieten. Den Zuschlag erhielt jedoch der Gouverneur der jonischen Inseln, der im Auftrag des englischen Prinzregenten handelte, unter Vorbehalt bei einem Preis von 15 000 Pfund; wegen ungünstiger Umrechnungskurse erhöhte sich diese Summe später für Georg IV. auf 18 000 Pfund.

Der einzige, der aus der Versteigerung keinen Nutzen ziehen konnte, war Haller. Er hatte 1811 Kronprinz Ludwig seinen Anteil überlassen, zum einen, weil er für seine Beteiligung an den Ausgrabungskosten nicht selber aufkommen konnte, zum andern aber, um nach Wagners voreiligen Verdächtigungen seine Selbstlosigkeit zu beweisen. Er erhielt auf sein Angebot damals keine Antwort und mußte sich Geld borgen, um seine Ausgaben bestreiten zu können, bis dann 1813 seine finanzielle Situation völlig verzweifelt war. Glücklicher-

weise akzeptierte der Kronprinz endlich sein Angebot
und sandte ihm im letzten Moment einen Kredit. Jetzt
konnte Haller zwar seinen Verpflichtungen nachkom-
men, verlor aber den Anspruch auf seinen Anteil von
zweitausend Pfund aus dem Erlös des Frieses.

Der Fries traf am 12. Juli 1814 in England ein. Als man
die erste Kiste öffnete, fand man einen lebenden Skor-
pion. Doch das sollte nicht das einzige Entsetzen bleiben. Die Kunstkenner waren bestürzt über den Wirbel
von kämpfenden, beißenden, angreifenden, sich erdros-
selnden Helden, die da dargestellt waren. Die Schilderung starker Leidenschaften und jeder Art von geistiger
und körperlicher Anspannung galt als wenig gefällig, ja
geradezu als tadelnswert. Wo war in diesem Fries etwas
von Winckelmanns »stiller Größe«? Wo war die ideale
Schönheit? So konnte griechische Skulptur doch nicht
ausgesehen haben! Was die Sache noch schlimmer
machte, war, daß der Bassä-Fries ebenso wie die Ägineten ursprünglich bunt bemalt gewesen war: Vor einem
lichtblauen Hintergrund waren die Gewänder der Hopliten rot, purpur und grün gefaßt, während ihre Helme und
Speere in poliertem Metall geschimmert hatten. Das
Beste, was sich aus damaliger Sicht über den Fries sagen
ließ, war, daß er befremdend sei und als lehrreiches
Beispiel in der Entwicklungsgeschichte der Kunst dienen könne, schön aber im eigentlichen Sinne dürfe man
ihn nicht nennen! – Dennoch blieb man lange Zeit bei
der Annahme, Phidias sei sein Schöpfer gewesen. Als
Lord Stanhope die von ihm in der Morea wieder auf-
gefundene und gerettete Platte dem Britischen Museum
übermachte, damit sie wieder mit den anderen ver-
einigt werden konnte, sandte dessen damaliger Direktor, Sir Joseph Banks, seine eigene Kutsche, um das
Stück vier Mann hoch abholen zu lassen: Alles nur aus
Verehrung für den großen Bildhauer der Antike!

306 DER FUND VON BASSÄ

Von nun an war der Tempel zu Bassä das Ziel regel-
mäßiger Besuche: Er wurde wieder und wieder gezeichnet und vermessen, was leider seinen weiteren Verfall
nicht aufhalten konnte. Ein Dorfbewohner aus dem
nahen Skliru rühmte sich, im Freiheitskrieg zwei Säulen
umgelegt zu haben, um an das Blei zu gelangen, mit dem
die Verbindungsklammern in den Säulentrommeln umgeben waren. Doch erklärt das alles nicht die Aussagen
über den angeblichen schändlichen Vandalismus, den
man später den Ausgräbern zum Vorwurf machte. Diese
waren in der überhitzten Phantasie eingefleischter Eng-
landhasser zu Albions antikenplündernden Söhnen geworden: dabei war Foster der einzige Engländer unter
den Entdeckern gewesen! Der erste, der 1822 einen ein-
seitig entstellenden Aufsatz publizierte, war Christian
Müller, der sich über die Zerstörung und den Diebstahl
unter dem Schutz einer bewaffneten Macht erregte. Auf
dieser Grundlage verfaßte Oberst Bory de Saint-Vincent, ein hitzköpfiges Mitglied der französischen Expedition von 1829, einen noch unsachlicheren leidenschaft-
lichen Angriff. Er nahm dabei Bochers allgemein be-
kanntes Zeugnis, daß das Innere des Tempels bereits
1765 in Trümmern gelegen hatte, nicht zur Kenntnis und
beteuerte, daß Dodwell 1812 bei der Entdeckung des
Tempels – er hatte Griechenland sechs Jahre zuvor verlassen! – diesen noch völlig unzerstört vorgefunden
habe, und verstieg sich schließlich zu der Behauptung,
die Engländer hätten die jonischen Säulen der Cella niedergerissen, um den Fries für eine Gruppe Londoner
Spekulanten abnehmen zu können. Die Platten seien nun
verurteilt, unter dem nebelverhangenen Himmel einer
aschgrauen Stadt dahinzusiechen, wo es nur wenigen
ausländischen Touristen erlaubt würde, sie zu sehen,
und nur wenige Einheimische überhaupt fähig seien,
ihre Schönheit zu erfassen. Dies, fuhr er fort, sei eine

Tat, die mit dem Gebaren von Straßenräubern vom Schlage eines Lord Elgin in Athen vergleichbar wäre. Beide Expeditionen blieben auf ewig typisch englische Raubzüge, und es würde in die Erinnerung der Nachwelt eingehen, daß das, was keine andere Nation gewagt habe, ja was selbst die Türken mit Widerwillen erfülle, von englischen Vandalen ausgeführt worden sei!

Solche abträglichen Urteile waren unter den Franzosen weithin verbreitet. So beschuldigten sie Elgin, die Schauseite des Thrasyllos-Denkmals in Athen zerstört zu haben, obwohl diese ›Untat‹ von einem türkischen Geschoß im Freiheitskrieg verübt wurde. Auch Voutier, ein französischer Offizier, der sich während des Freiheitskrieges den griechischen Streitkräften zur Verfügung gestellt hatte, lieh seine Stimme dem Chor der Verleumder; er gab an, daß auch der Tempel von Ägina in einem recht guten Erhaltungszustand gewesen sei, bis englische Gier in seine Einsamkeit vordrang und ihn seiner Statuen beraubte. Man kann sich nicht ganz des Verdachtes erwehren, daß mancher Kommentar ganz anders klingen würde, wenn etwa Choiseul-Gouffier so erfolgreich gewesen wäre, die Parthenon-Skulpturen zu erwerben, oder Fauvel der Ankauf der Ägineten und des Frieses von Bassä geglückt wäre.

Bassä war für die kleine Künstlergesellschaft die letzte gemeinsame Grabung, obwohl Veli – nachdem er zum Pascha von Thessalien ernannt worden war, wo er sich weiterhin der Antikenjagd widmete – sie einlud, sich an seinen Unternehmungen zu beteiligen; sie sagten ab und schoben dabei früher getroffene Vereinbarungen vor.

Haller setzte seine Forschungen im Auftrag des bayerischen Kronprinzen fort. Seine Sendungen nach München umfaßten neben anderem eine große Marmorvase mit Basreliefs, Marmorinschriften und in Athen ausgegrabene Keramiken, dann ein Ornamentstück vom

Erechtheion und ein dorisches Kapitell, dazu einige Fragmente aus Ägina, die ihm Cockerell überlassen hatte. Er erwarb für Ludwig zudem eine sehr kostbare Goldmünze, Marmorvasen von Rhodos und – auf ausdrücklichen Wunsch des Kronprinzen – auch die Hirnschale eines antiken Schädels. Dann begann er mit der Ausgrabung des von ihm auf Milo gekauften Theaters. Aber in seiner stoischen Selbstzucht und seinem eisernen Pflichtgefühl, das so groß war, daß man es schon fast wieder als Schwäche auslegen müßte, versuchte er viel zu vieles auf einmal zu vollbringen. In Ambelakia, am Fuß des Olymp, erlag er schließlich am 5. November 1817 einem Fieber, das er sich bei der Freilegung eines Grabes im September zugezogen hatte. Er wurde im Theseion in Athen beigesetzt.

Haller und Cockerell hatten geplant, zusammen ein Buch zu schreiben und mit dem reichlichen Material aus ihren Zeichenmappen zu illustrieren. Dieses Projekt sollte nicht nur den großen Abschluß ihrer gemeinsamen Reisejahre bilden, sondern auch die vollständigste und fundierteste Veröffentlichung über die Baukunst der Griechen überhaupt werden. Der Verlust des Freundes entmutigte Cockerell, der sich zudem seit seiner Rückkehr nach England mit Bauaufträgen überschüttet fand, so sehr, daß es 1860 wurde, bis er eine vereinfachte Fassung dessen, was sie eigentlich geplant hatten, herausbrachte.

Foster ließ sich in seiner Heimatstadt Liverpool als erfolgreicher Architekt nieder, wo er das Denkmal des Lysikrates zum Vorbild seiner Saint George's Church machte. Brøndsted, Linckh und Stackelberg zogen sich nach Italien zurück, um ihre Altertumsstudien weiter zu verfolgen. Obwohl sie ihre großen Funde wie die Ägineten oder den Bassä-Fries verkauft haben, so konnten sie doch darüber hinaus eine Sammlung kleinerer Funde aufbauen. Cockerell schenkte seine Stücke vom Parthenon und sein Fragment eines Kapitells von Bassä dem Britischen Museum. Als sein Stier aus pentelischem Marmor in London an Land gebracht werden sollte, glitt er aus Unachtsamkeit in die Themse, und die Bergung wurde so teuer, daß Cockerell sich weigerte, die Kosten dafür zu tragen. Der Bulle blieb also im Londoner Zollamt und wurde dort schließlich von Mister Mills, dem Eigentümer von Hillingdon Court bei West Drayton, ausgelöst. Ein Nachfahre von ihm schenkte ihn zu guter Letzt dem Britischen Museum.

Brøndsted und Linckh hatten 1811 auf der Insel Kea mehrere Marmorfragmente ausgegraben, darunter einen weiblichen Torso, ein Stück von einer weiblichen Statue, den Fuß einer anderen und einen Frauenkopf, der wahrscheinlich zu einer Karyatide gehört hatte; diese Funde brachte ihnen ein freundlicher Seekapitän nach Malta, aber ihr weiteres Schicksal bleibt in Dunkel gehüllt. Auch die Vasen, Münzen, Gemmen und Kuriositäten, die sie zusammengetragen hatten, verschwanden nach ihrem Tode fast spurlos. Von Linckhs Sammlung weiß man, daß sie zum größten Teil von seiner Witwe verkauft wurde, wobei die Münzen und Funde aus Ithaka nach Paris kamen und die attischen Terrakotten nach Berlin gelangten, während eine Reihe von Vasen König Wilhelm I. von Württemberg erwarb, der Jahre zuvor den Ankauf der ganzen Sammlung – sehr zum Leidwesen Linckhs – abgelehnt hatte.

Das bleibende Verdienst von Brøndsted und Linckh ist, daß sie in besonderem Maße mit ihren Veröffentlichungen der Altertumswissenschaft gedient haben.

MILO

DIE ENTDECKUNG
DER VENUS

Der natürliche Hafen der Insel Melos – in der Aussprache: Milo – bot den Griechen der Antike einen sicheren Ankerplatz. Auf dem Hügel darüber erbauten sie eine von wuchtigen Mauern umkränzte Stadt, die von einer Akropolis gekrönt wurde. Dort war es, wo man die Statue der Venus fand, die heute zu den Wundern des Louvre zählt.

Seit dem 17. Jahrhundert, als Sir Kenelm Digby auf Delos eine Anzahl von Statuen für Karl 1. von England erwarb, waren die ägäischen Inseln ein bedeutender Jagdgrund der Antikenjäger gewesen. Sie lagen an den Handelsrouten der Levante, und die Reisenden fanden in ihren blühenden kleinen Städten oft mehr Unterhaltung und bessere Kost als auf dem Festland, denn auf den Inseln lag die Verwaltung fast ganz in griechischen Händen. Die Türken begnügten sich mit jährlichen Besuchen, um den fälligen Tribut zu erheben – im Fall von Milo tausend Pfund – und Recht mit solcher Schnelligkeit zu sprechen, daß man mit ihr nur noch die Unkenntnis der Richter vergleichen kann.

Das eindrucksvollste antike Bauwerk auf Milo war das hellenistische Theater, dessen wohlerhaltene Reste unter seinem Terrain verborgen lagen, das Haller, wie wir hörten, 1816 für den bayrischen Kronprinzen erworben hatte. Durch den tragischen frühen Tod des Architekten blieb es bis 1836 unausgegraben. Nur einige Inschriftentafeln hatte man gefunden; zwei wurden von einem englischen Reisenden namens Salt gekauft, der durch seine ägyptischen Sammlungen berühmt werden sollte. Eine dieser Inschriften soll zu einer großen Tafel gehört ha-

ben, die ein fremdenscheuer Geistlicher von den Einwohnern in Stücke hauen ließ, um die ›fränkischen‹
Sammler zu entmutigen, ihn in seinem frommen Zufluchtsort aufzustören.

Nicht lange danach bat der französische Konsul in
Smyrna, David, alle seine über den Archipel verstreuten
Agenten, für ihn an Antiken zu kaufen, was immer ihnen
in die Hände fiele. Fast alle europäischen Länder unterhielten solche Agenten in der Levante. Je nach der politischen Bedeutung der Nation, deren Flagge sie auf ihren
Häusern hißten, wurden sie durch die Dienste, die sie ihr
leisteten, zu wichtigen Persönlichkeiten, und obwohl sie
keinerlei juristische Vollmachten besaßen, war ihr Einfluß auf den jeweiligen Inseln keineswegs zu unterschät-
zen; an führender Stelle lagen natürlich Franzosen und
Engländer, wobei die erstgenannten in den Augen der
Griechen eine entscheidende Überlegenheit besaßen,
was man zweifelsfrei ihrem reichbestickten Rock und
ihrem Ehrendegen zuschreiben darf. Der englische Konsul auf Tinos zog daraus die Lehre, sich 1832 eine – allerdings nicht mehr ganz frische – englische Generaluni-
form zuzulegen und sich mit einem Stern auf der Brust,
einem Dreispitz mit riesiger Feder, Kurierstiefeln mit
Sporen und einem großen Säbel herauszuputzen.

Die englischen Bevollmächtigten waren meist griechische Einheimische, während die Franzosen gewöhnlich
eigene Landsleute schickten. Einer der aktivsten unter
ihnen war Konsul Brest auf Milo. Er lebte in Kastro, dem
größten Ort der Insel, der sich an den Abhang unter der
antiken Akropolis klammerte. Seine weißgetünchten
Häuser waren durch unregelmäßige Treppen miteinander verbunden; seine Gassen wie Terrassen gestaffelt. In
diesem ›Adlerhorst‹ lauerten die Inselbewohner, gut mit
englischen Fernrohren ausgerüstet, auf Schiffe: Wer zuerst ein Segel am Horizont auftauchen sah, hatte das

Recht, sich als Lotse anzubieten; manchmal segelten die Männer den ankommenden Schiffen bis zu fünfzehn Meilen entgegen.

Das französische Levantegeschwader war ihnen gut bekannt, da es gerne in ihrem Hafen vor Anker ging, Proviant faßte und den Mannschaften Gelegenheit zu Freizeit, Unterhaltung und zum Waschen gab. Am 4. März 1820 liefen die beiden Schaluppen ›Estafette‹ und ›Lionne‹ Milo an, und am 8. April lagen sie noch immer im Hafen. Und das ist das Datum, an dem die Venus von Milo mit Sicherheit aus der Erde geholt wurde.

Wo sich die letzten Ausläufer der Altstadt von Milo den Hügel hinabzogen, war der Boden mit Fragmenten von Säulen und Bruchstücken von Skulpturen übersät, einstige Größe beschwörend, wie die Reste der hohen massiven Mauer. Dort gruben an diesem Tag der griechische Bauer Yorgos, sein Sohn und sein Neffe ihren Acker um, wobei sie auf Spuren bearbeiteten Steins stießen. Da solche Blöcke gerne als Baumaterial verwendet wurden, gruben sie tiefer und legten schließlich eine Art länglicher Nische frei, in der sie die in zwei Teile geborstene Marmorstatue einer unbekleideten weiblichen Figur fanden, außerdem zwei Stelen und mehrere Bruchstücke, darunter eine Hand, die einen Apfel hielt: Es muß wohl der Apfel der Zwietracht gewesen sein, denn mit dem Fund begannen auch schon die Streitigkeiten, die die ›Venus von Milo‹ seitdem immer umgaben. Fauvel meinte dazu in seiner beißenden Ironie: Wenn sie den Apfel nicht mehr länger in der Hand halte, so zweifelsohne deshalb, weil sie ihn auf den Kampfplatz der Altertumsforschung geworfen habe!

Konsul Brest wurde umgehend von der Entdeckung informiert. Er schickte postwendend eine Dienstmeldung an die Offiziere der französischen Schiffe, die vor Milo ankerten, mit der Bitte, sie möchten die Statue be-

sichtigen. Da die Meinungen über ihren Wert auseinan-
dergingen, entschloß sich Brest, an seinen Vorgesetzten
in Smyrna zu schreiben und ihm die verschiedenen Stel-
lungnahmen zu übermitteln. Der Kapitän einer der
Schaluppen tat das gleiche und fügte hinzu, die Statue
stelle Venus dar, die den Apfel der Zwietracht in der
Hand halte. Der Bauer Yorgos brannte darauf, sie möglichst rasch zu verkaufen, aber Brest war nicht willens,
die Verantwortung zu übernehmen, und so kam man
überein, daß sie für ihn reserviert bleiben solle, bis die
Entscheidung aus Smyrna eingetroffen sei.

Jetzt beginnen die Widersprüche: Voutier, damals
Fähnrich auf der ›Estafette‹, erzählt in einer allerdings
vierundfünfzig Jahre später veröffentlichten Broschüre
die Geschichte der Entdeckung völlig anders: Danach
hat er unter dem Burghügel einige Ausgrabungen unter-

*Mit gewandtem Zeichenstift – aber doch nicht ohne Tribut an den Zeitgeschmack
in der Wiedergabe eines weiblichen Antlitzes – hielt der Fähnrich Olivier Voutier, der am 8. April 1820 zufällig bei der Entdeckung der Venus von Milo
durch den Bauern Yorgos anwesend gewesen sein will, die Fundstücke fest: das in
zwei großen Teilen ausgegrabene Götterbild und die beiden Stelen mit Inschriften.*

nommen, und während er seine beiden Helfer, Matrosen vom Schiff, beaufsichtigte, entdeckte ein Bauer, der
einige Schritte entfernt auf seinem Acker arbeitete, eine
kleine ›Kapelle‹. Voutier trat näher, als er sah, daß der
Bauer etwas freigelegt hatte, das aussah wie der obere
Teil einer beschädigten Statue ohne Arme, und gerade
dabei war, es wieder einzuschaufeln. Für ein paar Piaster
erklärte er sich bereit, sie ganz herauszuholen. Voutier
behauptet, er sei es gewesen, der Brest informiert habe;
dann sei er mit seinem Skizzenbuch zu dem Ort zurückgekehrt, um die Statue zu skizzieren. In der Zwischenzeit habe der Bauer noch die beiden Stelen mit Inschriften und einen Arm gefunden.

Brest brachte, ebenfalls erst viele Jahre später, eine
dritte Version vor, nach der er die Venus unmittelbar
nach der Entdeckung in sein Haus habe bringen lassen,
wo sie ihm von anderen Kaufwilligen entführt und an
Bord eines herrenlosen Schiffes gebracht worden sei. Das
ist wahrscheinlich Antikenjägerlatein, trug aber dazu bei,
die Geschichte vom Fund der Venus noch mehr zu ver-
wirren. Sicher ist nur, daß die Figur von mehreren französischen Offizieren bis zu dem Zeitpunkt gesehen wurde, als ihr Schiff wieder in See stach, das war der 11./12.
April 1820. Sie erreichten Smyrna mit der Neuigkeit der
Entdeckung am 26. April 1820.

In der Zwischenzeit hatte am 16. April die französische Korvette ›Chevrette‹, aus Toulon kommend, im
Hafen von Milo angelegt. Leutnant Jules Dumont d'Urville stattete in Begleitung des zweiten Offiziers der Korvette, Leutnant Matterer, Konsul Brest einen Besuch ab.
Brest nahm die beiden jungen Männer mit, um ihnen die
Statue zu zeigen. Die untere Hälfte war noch in der
Nische; die obere hatte der Bauer in einen elenden kleinen Schuppen am Rande des Ackers gebracht, vor dem
seine Mutter saß und spann, um den Fund zu bewachen.

Wer würde geglaubt haben, schrieb Matterer, daß der dort untergestellte Schatz später im schönsten Museum Europas seinen Platz finden sollte? Die beiden Offiziere standen wie verzaubert im Anblick der herrlichen Figur, die sprechen zu wollen schien. Ihnen erschien sie als ein Kunstwerk von höchstem Geschmack, aber sie trauten ihrem Urteil doch nicht ganz, da sie sich ihres unzureichenden Kunstverständnisses bewußt waren.

Dumont schrieb, die Statue sei fast zwei Meter hoch, stelle eine weibliche Figur dar, deren erhobene linke Hand einen Apfel halte, während die Rechte eine kunstvoll angeordnete Draperie zusammenraffe, die nachlässig von den Hüften auf die Füße niederfiele; aber beide Arme seien beschädigt und überdies abgebrochen. Grund dafür war sicher, daß nicht nur die Statue selbst aus zwei durch Klammern zusammengehaltenen Teilen bestand, sondern auch der linke Arm, möglicherweise auch der rechte, einzeln gemeißelt und mittels Zapfen mit dem Rumpf verbunden worden waren; die dafür ausgesparte Höhlung ist am linken Arm noch deutlich zu erkennen. Als die Statue gefunden wurde, war auch ein Teil mit dem zurückgekämmten und von einem Band zusammengehaltenen Haar lose, doch leicht wieder anzusetzen. Das Gesicht war sehr schön und, abgesehen von einer Beschädigung der Nase, von guter Erhaltung. Der eine erhaltene Fuß war nackt und halb von der Draperie bedeckt. Die durchbohrten Ohrläppchen dürften einmal Ohrringe getragen haben.

Alle diese Merkmale, so schrieb Dumont, schienen auf eine Venus als Teil einer Gruppe mit dem ›Urteil des Paris‹ hinzuweisen, aber wo waren, so überlegte er, die beiden Mitbewerberinnen, Juno und Minerva, geblieben, und wo der hübsche Hirtenknabe? Etwa gleichzeitig mit der Venus wurde ein mit einer Sandale bekleideter Fuß und eine dritte Hand gefunden: könnten sie zu den anscheinend verschollenen Figuren gehört haben? Wie dem auch sei, eines ist sicher: so zerstreut und beschädigt die einzelnen Teile auch waren, alle, die die Statue zum ersten Mal erblickten, identifizierten sie sofort als ›Venus mit dem Apfel‹.

Yorgos, der Bauer, aber wünschte, sie nun endlich zu verkaufen, und zwar auf der Stelle. Doch die beiden jungen Franzosen konnten sein Angebot nicht akzeptieren, teils, weil sie nicht genug Geld bei sich hatten, teils, weil ihr Schiff auf einer Reise zum Schwarzen Meer begriffen war und der Kapitän sich schön bedankt haben würde, eine so große, schwere Last mitzuführen: Er war an Hydrographie interessiert, nicht an Antiken. Zudem fühlten sich die beiden jungen Freunde auch nicht kompetent, den Wert der Statue zu schätzen – wie sie später feststellten, waren sie nicht gerade besonders inspiriert gewesen, als sie damals das Geschäft zurückwiesen. Doch wie dem auch sei, nachdem sie von Milo abgesegelt waren, machte sich Dumont in der Stille seiner kleinen Kabine ans Werk, um einen Bericht über die Venus samt der Geschichte ihrer Auffindung und ihrer Beschreibung zu verfassen.

Dumont d'Urville sollte aber später auf andere Weise noch zu Berühmtheit gelangen: als Entdeckungsreisender in der Südsee, die er auf zwei Expeditionen 1826-29 und 1837-40 explorierte.

Die ›Chevrette‹ legte am 28. April in Konstantinopel an.
Der französische Botschafter, Marquis de Rivière, war
von dem Fund schon unterrichtet worden und entschloß
sich, nachdem er Dumonts Bericht gelauscht hatte,
gleich zum Kauf. Glücklicherweise sollte gerade einer
der Botschaftssekretäre, Comte de Marcellus, eine Reise
auf der Schaluppe ›Estafette‹ durch das östliche Mittelmeer antreten; er erhielt die entsprechenden Instruktionen für den Ankauf. Am 15. Mai setzte die ›Estafette‹
Segel und traf, nach Besuchen in Syros und Delos, am
22. Mai vor Milo ein. Fast kam sie zu spät.

Denn Brest war inzwischen über den Konsul von
Smyrna ebenfalls unterrichtet worden, daß er die Statue
kaufen könne, und hatte alle Anstrengungen gemacht,
den Handel abzuschließen. Yorgos sollte fünfzehn Pfund
und einen Mantel im Wert von neun Schillingen erhalten. Doch der Konsul hatte inzwischen einen Rivalen bekommen, einen Mönch, den man finanzieller Machen-
schaften verdächtigte, die mit dem Gesetz nicht ganz in
Einklang zu bringen waren. Der hoffte nun, die Gnade
des Administrators der Inseln, Nikolaki Morusi, wieder-
zugewinnen, wenn er ihm die wundervolle Marmor-
figur schenken würde. Morusi, Dragoman des türkischen Admirals und Höchstkommandierenden zur See,
kam aus einer angesehenen griechischen Familie, die im
Stadtteil Phanar in Konstantinopel ansässig war. Phanar
war eine griechische Exklave, die der Osmanischen Regierung viele Verwaltungsbeamte stellte. Ein Engländer
beschreibt Morusis Reise durch den Archipel in jenen
Tagen: Der junge Mann, etwa fünfundzwanzig Jahre alt,

habe einen prachtvollen Anzug getragen und sei von etwa achtzig griechischen Hungerleidern umgeben gewesen, die sich ihm gegenüber mit höchster Unterwürfigkeit benahmen und sich dafür durch entsprechende Unverschämtheit im Auftreten gegenüber den Inselbewohnern schadlos hielten.

Für den Verkauf der Venus wurde nun eine Art Versteigerung angesetzt und das ganze Dorf in die Auseinandersetzung einbezogen. Der Mönch wies auf die möglichen Vorteile hin, wenn man die Gunst Morusis erlangen könne; Brest führte dagegen den Wert französischer Flottenbesuche im Hafen an, doch wog der Schutz seines Botschafters weniger schwer als der des regierenden Herrn. Der Konsul kämpfte verzweifelt, aber als das Schiff mit Marcellus an Bord anlegte, war die Statue schon vor der Hütte des Bauern den Hügel hinabgebracht worden und in den Händen der gegnerischen Partei. Die Mannschaft der ›Estafette‹ sah noch im Hafen ein schwer beladenes Ruderboot auf ein Schiff zusteuern, und jemand meinte lachend: »Da geht wohl unsere Beute hin!«. Das war nur zu wahr: Die Venus wurde auf das Schiff gebracht, das bereits die Anker gelichtet hatte und nach Konstantinopel segeln sollte. Es kann die ›Galixidion‹ gewesen sein, vielleicht war aber auch nur ihr Heimathafen Galixidi; es könnte sich um einen griechischen oder österreichischen Segler unter türkischer Flagge gehandelt haben oder auch, wie Brest später meinte, um ein russisches Schiff.

Trotz dieser Lage gab Marcellus die Hoffnung nicht auf, seinen Auftrag trotzdem noch durchzuführen. Von einer Art Instinkt geführt, reizten ihn, wie er später erzählte, gerade die Hindernisse, die ihm in den Weg gelegt wurden. Mit der feurigen Ungeduld der Jugend beschloß er nun, gegen die anscheinend unüberwindliche Macht zu kämpfen und die Statue in seine Gewalt zu bringen, koste es, was es wolle. Er befahl dem Kommandeur der ›Estafette‹, Leutnant Robert, das gegnerische Schiff, sobald es Anstalten machen sollte, die Segel zu setzen, unter allen Umständen am Auslaufen zu hindern. Zum Glück kam jedoch Nordwind auf, der einzige Wind, der es Schiffen unmöglich machte, den Hafen zu verlassen. Nun brach Marcellus zur Insel auf und ließ sich auf langwierige und enttäuschende Unterhandlungen mit den Vertretern des Ortes ein. Er erklärte ihnen wieder und wieder, daß die Statue in Konstantinopel nicht geschätzt werden würde, in Anbetracht der allbekannten Abneigung der Türken gegen Darstellungen der menschlichen Gestalt im allgemeinen und beschädigte Kultfiguren im besonderen. Er führte auch an, daß Morusi nicht die Möglichkeit habe, die Statue wieder so herstellen zu lassen, daß die ihr von der Zeit, der Ausgrabung und den Manipulationen beim Transport zugefügten Schäden geheilt würden.

Dann versuchte er, auf das Schiff der Rivalen zu gelangen, um die Figur zu sehen, aber dessen Kapitän hißte warnend die Flagge und setzte seine Mannschaft in Alarmbereitschaft. Glücklicherweise gereichten für Marcellus der Eindruck, den ein Kriegsschiff stets verbreitet, und der Respekt vor den guten Waffen der fünfzig Matrosen seiner ›Estafette‹ zum Schutz.

Nach zwei Tagen unermüdlichen Feilschens kam man schließlich überein, daß den Franzosen für den Preis, den der Mönch geboten hatte, die Venus überlassen werden sollte, wenn Marcellus noch ein Drittel drauflegen würde. So wechselte die Göttin für dreißig Pfund den Besitzer. Sogleich wurde die Skulptur an Bord der Schaluppe gebracht, und nun endlich konnte Marcellus seine heiß erkämpfte Beute bewundern und sich angesichts ihrer makellosen Schönheit, edlen Majestät und göttlichen Gestalt in tiefsinnige Gedanken verlieren.

Eine sehr davon abweichende Geschichte soll Jahre später Matterer erzählt haben, der ja auch unter den ersten war, die die Statue gesehen hatten: Danach hat es um ihren Besitz eine regelrechte Schlacht gegeben. Er war aber kein Augenzeuge, da sein Schiff damals im Schwarzen Meer kreuzte, und zwei Matrosen der ›Estafette‹, die bei der Übernahme der Venus zugegen waren, konnten seine Version in keiner Weise bestätigen; sie bezeugten vielmehr, daß die Statue vom gegnerischen Schiff kampflos übergeben worden sei.

Matterers Bericht lautet etwa so: Als Marcellus in Milo eintraf, lag die Statue, umringt von einer Gruppe von Männern, am Strand und wartete auf die Verladung auf den fremden Segler. Marcellus erkannte, daß es zum Kampf kommen müßte, wenn er den Versuch machen würde, sie in Besitz zu nehmen, da der Mönch aus religiösen Gründen eine Menge Einheimischer auf seiner Seite hatte. Er beschloß, es dennoch zu riskieren. Leutnant Robert erhielt Befehl, sich und zwanzig Leute mit Degen und Pistolen zu bewaffnen; sobald sie gelandet wären, sei ein furchtbarer Streit um die Venus ausgebrochen, da die Griechen fest entschlossen schienen, sie nicht den Franzosen zu überlassen. Plötzlich habe Leutnant Robert, ein Mann der Tat mit dem Spitznamen ›Robert-le Diable‹, gerufen: »A moi, mes matelots: Packt die Venus und an Bord mit ihr!« Nun begann die Schlacht: Säbel und Stöcke wurden gezogen, Schläge fielen auf Rücken und Kopf des Mönches und der armen Griechen, die verzweifelt losbrüllten und Gott anriefen, er möge Marcellus, Robert und Brest mit Blitz und Donner strafen, denn der Konsul kam seinen Landsleuten, bewaffnet mit Säbel und einem kräftigen Stock, zu Hilfe. Ein Ohr wurde abgehauen und es floß Blut … Während das Scharmützel in vollem Gange war, sei es den französischen Matrosen gelungen, die Statue aus dem Getümmel herauszuzerren,

an Bord eines Ruderbootes zu schaffen und sie im Triumph
zur ›Estafette‹ zu entführen. »Wenn die Statue sich in
Fleisch und Blut verwandelt hätte, wie bitterlich müßte
sie geweint haben, während sie von wütenden Männern
über den Strand gezerrt, gestoßen und gerollt wurde!«,
kommentiert Matterer das Geschehen. Man kann sich
dabei eines Gedankens an das gleichfalls durch nichts begründete Gerücht vom Zerschlagen des korinthischen
Kapitells von Bassä nicht erwehren.

Eine weitere, noch spätere und noch unglaubwürdi-
gere Version stammt von Brest selber: Sie faßt die beiden
ersten Lesarten gewissermaßen zusammen. Brest erzählte, er habe die Figur, von einem Offizier und zwölf
Männern der ›Estafette‹ unterstützt, von dem rivalisie-
renden Schiff »durch bloße Gewalt« zurückerobert. Er
führte auch das Gerücht an, es habe einen englischen Versuch gegeben, in den Besitz der Venus zu gelangen; zu
diesem Zweck hätten ihm zwei hochgestellte Herren, um
deren Namen er den Schleier des Geheimnisses hüllt,
eine ungeheure Summe, nämlich tausend Pfund, geboten; stolz habe er sie aber mit leeren Händen wieder fort-
geschickt. Richtig daran ist wohl nur, daß die ›Estafette‹
auf ihrer Fahrt einem englischen und einem niederländi-
schen Schiff begegnet ist, die beide von Malta nach Milo
segelten in der Hoffnung, als erstes auf der Insel einzu-
treffen, um die Venus zu erwerben, doch beiden entging
die Beute.

Richtig ist auch, daß die Venus auf dem Transport beschädigt wurde. Klar zeichnen sich Spuren ab von dem
Seil, das um sie gewunden worden war, um sie besser bewegen zu können. Viel schlimmer ist, daß auch Rücken,
Schultern und Hüften Kerben und Kratzer davongetra-
gen haben; auf den Schultern war der Marmor so ange-
griffen, daß er abblätterte und mehrere Zentimeter tiefe
Wunden hinterließ. Marcellus tadelte dafür den Mönch,

der keine Vorkehrungen getroffen habe, um die Figur auf den Transport zum Strand vor Beschädigungen zu schützen. Die steinigen Wege, die sich zum Hafen herabwanden, waren in der Tat sehr steil und eng und ähnelten eher einer ausgetretenen Stiege; er könnte mit seiner Beschuldigung sicher recht haben. Matterer behauptete, daß die Venus beim Kampf am Strand beschädigt worden sei. Dies könnte vielleicht erklären, warum alle Leute, die die Statue zuerst sahen, die Haltung der Arme genau angeben konnten, während es, als sie Paris erreichte, sogleich verschiedene Meinungen zu diesem Punkt gab. Waren vielleicht doch Teile der Arme am Strande zurückgeblieben?

Von einer gewaltsamen Auseinandersetzung hat man auch jahrelang kein Wort gehört. Ein solches Vorgehen wäre als ganz unwürdig erschienen, und Marcellus hat es verständlicherweise vorgezogen, den Sieg seiner diplomatischen Geschicklichkeit zugeschrieben zu sehen als der Annahme, die Göttin sei durch die Muskelkraft seiner Matrosen vor den Ungläubigen gerettet worden.

Als sich Morusi um die schon erwartete Bestechungsgabe gebracht sah, kannte seine Wut keine Grenzen. Er schwor, es wäre ihm lieber gewesen, wenn man die Venus im Meer versenkt hätte, als sie diesen Franzosen zu überlassen. Brest und die anderen Franzmänner verdienten, gesteinigt zu werden; er könne die Existenz aller dieser Konsuln auf den Inseln nicht mehr dulden, und wenn es der Bevollmächtigte auf Milo wagen sollte, weitere Ausgrabungen vorzunehmen oder Antikenkäufe zu tätigen, so wäre jeder Bewohner von Kastro gehalten, ihn aus dem Wege zu räumen. Dann verbot er ganz offiziell jedem anderen als dem Mönch, mit Antiken zu handeln, verurteilte die örtlichen Behörden zu einer Strafe von hundertfünfunddreißig Pfund und ließ sie vor den versammelten Vertretern der Inseln auspeitschen.

Der Botschafter Frankreichs war nicht gewillt, von Morusi eine solch unverschämte Beleidigung der französischen Nation hinzunehmen; er bestand gegenüber der Hohen Pforte darauf, daß die Beamten entschädigt würden. Das wurde zwar versprochen, aber nie durchgeführt, und der Konsul von Smyrna mußte ihre Beschwerden ertragen, bis fünf Jahre später der französische Admiral de Rigny die Sache in die Hand nahm und Paris unter Druck setzte. Rivière stellte augenblicklich die nötigen Mittel zur Verfügung, die gegen eine vom Gemeinderat unterzeichnete und gesiegelte Quittung ausgezahlt wurden; auf diese Weise hatte ihn die Venus immer noch weniger als zweihundert Pfund gekostet.

Morusis heftige Reaktion hatte für Marcellus unangenehme Folgen. Er und der Grieche waren gute Freunde gewesen; als Gleichaltrige hatten sie damals Brüderschaft geschlossen, als Marcellus in Konstantinopel lebte; er konnte Morusis Wankelmütigkeit nicht verstehen und ihm die daraus entstandenen diplomatischen Verwicklungen nicht verzeihen. Sie sollten sich nie mehr treffen; Morusi wurde bald danach von den Türken verdächtigt, an der griechischen Revolte von 1821 beteiligt gewesen zu sein, und in Konstantinopel hingerichtet.

Doch wieder zurück zur Venus! Als sie an Bord der ›Estafette‹ war, ließ Marcellus sie sorgfältig in Sackleinwand einnähen und verpacken: den Oberkörper für sich, ebenso den unteren Teil sowie das abgelöste Haarstück, den beschädigten Teil eines Unterarmes und die Hälfte der Hand mit dem Apfel, die Stelen wurden für sich gepackt. Die wertvolle Fracht wurde auf Matratzen gebettet, um alle weiteren Beschädigungen zu vermeiden. Dort blieb sie die ganzen vier Monate, in denen Marcellus über Rhodos, Zypern und Alexandrien zum Piräus und wieder zurück nach Smyrna reiste. So segelte also die eroberte Venus einmal rund um das östliche Mittelmeer und wurde unterwegs nur dann und wann ihrer Säcke entkleidet, um einem Liebhaber zur Bewunderung vorgeführt zu werden. Daneben war sie auf ihrer langen Reise aber auch den unvermuteten Stürmen ausgesetzt, welche die Seefahrer jedesmal wieder in »verfluchten Schrecken« versetzten. Das größte Entzücken bereitete es Marcellus naturgemäß, als er die Göttin im Piräus unserem alten Bekannten Fauvel vorführen konnte. An einem späten Septemberabend öffnete er die Säcke, stellte die Venus auf und richtete ihr Haar. Fauvel hatte den Wunsch geäußert, sie das erste Mal bei Mondlicht zu sehen. So geschah es, doch dann wurden Fackeln gebracht, und er betrachtete sie aus jedem Blickwinkel, erläuterte ihre Vollkommenheit und lobte die großartige Technik des Künstlers. Zum Schluß sagte er: »Ich kam, wie Sie, als junger Mann nach Griechenland, zusammen mit anderen, leidenschaftlich der Altertumsforschung ergebenen Sammlern: Wir wurden alt über unseren Studien, aber nie hat einer von uns auf seinem Weg ein solches Glück gehabt, wie Sie, als Sie die Venus eroberten!«

In Smyrna wurden die Säcke an Bord der ›Lionne‹ gebracht und reisten als persönliches Geschenk für den König zur Bereicherung des Louvre mit dem französischen Botschafter nach Frankreich. Im März 1821 erreichte die Venus Paris, und zu ihrer Ehre wurde eine Gedenkmünze geschlagen. Sie erregte höchste Bewunderung und wurde selbst den weniger gut erhaltenen Parthenonskulpturen, die das Britische Museum gerade erworben hatte, gleichgestellt. Doch bald fingen die Experten an, nach einem genauen Bericht über ihre Entdeckung zu verlangen, um sie datieren und restaurieren zu können. Forbin, der Leiter der Antikensammlung des Louvre, hatte seinen Bericht Ende 1822 abgeschlossen. So viele Personen hatten sich um die Ehre der Entdeckung bemüht, daß er sich, um alle Zweifel auszuräumen, an den

Nestor der orientalischen Archäologie, Fauvel, gewandt
hatte. Dieser sah – obwohl er einräumte, es gäbe wenige
Entdeckungen, die nicht einen lebhaften Streit entfacht
hätten – keinen Grund, an dem Bericht von Marcellus zu
zweifeln und gratulierte Rivière, daß er in der Lage gewesen sei, seinen König mit einem so unvergleichlichen
Geschenk zu erfreuen, da jeder welsche, deutsche oder
sonstige Gesandte sein Gepäck bei seiner Abberufung
mit orientalischen Steinen oder Töpfen überlade.

DER APFEL DER ZWIETRACHT

Jetzt hob ein neuer Kampf an: der Streit um die richtige Haltung der Venus. Zum Teil mußte man dafür das Fehlen verläßlicher Berichte über ihre Entdeckung verantwortlich machen, zum Teil die Wiederherstellungsmethoden jener Zeit. Auch bargen damals alle Sammlungen Europas antike Reste, die man einfach nicht einordnen konnte, weil über ihre Herkunft nichts bekannt war. Der Katalog des Britischen Museums enthält eine ganze Menge merkwürdiger ›Fundorte‹: »Entdeckt auf einem Feld in Portsmouth« oder »Vielleicht erworben auf Cyzikus durch H. M. S. ›Blonde‹ 1830«, was wohl nur noch übertroffen wird von der Eintragung: »Fundort: Tottenham Court Road« in einem Katalog des Guildhall Museums in London. Die Sammlungen Elgins enthielten über zwanzig Fragmente, deren Fundort sich nicht mehr bestimmen ließ. Und natürlich wurde damals nicht einmal der Versuch gemacht, zu verzeichnen, in welcher Umgebung und zusammen mit welchen anderen Funden ein antiker Gegenstand aus der Erde geborgen wurde. Heute scheint es völlig unbegreiflich, daß es Gelehrte versäumt haben sollten, die genauen Umstände eines begehrten Objektes – wie bescheiden oder wie zerstört es auch immer gewesen sein mochte – als mögliche Hilfe für die Datierung und Zuschreibung zur Kenntnis zu nehmen und stattdessen anscheinend nutzlose Nebenfunde als Abfall achtlos wegzuwerfen. Wenn doch nur einer der vielen, die die Venus gleich nach der Ausgrabung gesehen haben wollen, sich die Zeit genommen hätte, einen exakten Bericht zu schreiben über das Wo und Wie der Entdeckung!

Nach einer fast zehnmonatigen Kreuzfahrt durch das östliche Mittelmeer gelangte die Venus von Milo *im März 1821 endlich nach Paris und in den Louvre, wo sie als berühmteste Antike geradezu legendäre Bewunderung genießt.*

Marcellus erfaßte die Fragmente, die er mit an Bord nahm, nur in einer Liste. Zwei von diesen Bruchstücken waren wesentlich, um die originale Haltung der Venus bestimmen zu können: eine halbe Hand mit einem Apfel und ein Stück Unterarm. Aber paßten sie wirklich in Größe, Material, Technik und aufgrund der Verwitterungsmerkmale zu dem Torso? Viele Experten sollten das verneinen. Die Lage verwirrte sich noch mehr, als später der französische Botschafter, der Milo einen Besuch abstattete, von dort zwei weitere Fragmente eines Armes mitbrachte. Nun war das Feld frei für jede nur mögliche Theorie über das Aussehen, das der Venus möglicherweise von ihrem Schöpfer verliehen worden war. Hatte sie einen Schild gehalten oder einen Spiegel? Mit Paris ein Paar gebildet oder mit Mars? War sie vielleicht gar nicht Venus, sonder die Nymphe Melos, die Verkörperung der Insel? Oder aber eine trompetenblasende Siegesgöttin? Das Ergebnis dieses fruchtlosen Streits: Ihre Arme wurden nie rekonstruiert – glücklicherweise, wenn man an alle die unzulänglichen Ergänzungen denkt, mit denen so viele andere Antiken vor oder nach ihr entstellt wurden ...

Doch neue Streitfragen tauchten auf: War die Venus, wie viele gerne glauben wollten, ein Werk des Praxiteles, oder war sie viel späteren Ursprungs, vielleicht von dem Bildhauer von Antiochia am Mäander geschaffen? Diese Stadt war erst 260 v. Chr. gegründet worden, und ihr Name stand auf der Plinthe. Gerade diese Plinthe aber verschwand bald nach der Ankunft der Venus im Louvre! Nachdem die Verantwortlichen beschuldigt worden waren, die Plinthe mit Absicht ›verlegt‹ zu haben, da sie den Beweis für ein späteres Entstehungsdatum als 260 v. Chr. geliefert hätte, ließen sie in einer vergeblichen Suchaktion selbst die Kellerböden des Louvre aufgraben. Doch außer der Plinthe fehlt noch ein weiteres Beweisstück: Die Marmorinschrift aus der Nische, von der wir zum Glück eine 1821 angefertigte Abschrift besitzen. Und noch eine dritte Inschrift blieb bis in unser Jahrhundert verschollen, die Basis der zweiten Stele, bis man sie als Sockel für eine andere Stele im Louvre wiederentdeckt hat. Sicher kam es in jenen Anfangszeiten, als die Museen den Kinderschuhen noch nicht entwachsen waren, vor, daß Skulpturen irgendwo herumlagen, und sicher war jedes irgendwie brauchbare Stück stets in Gefahr, zu irgendwelchen Rekonstruktionsversuchen wiederverwendet zu werden: Aber daß von drei wichtigen Beweisstücken alle drei verlorengingen, das ist dennoch höchst ungewöhnlich!

Nach heutiger allgemeiner Überzeugung ist die Venus von Milo ein Werk der zweiten Hälfte des zweiten oder der ersten Hälfte des ersten vorchristlichen Jahrhunderts. Doch ist dies keineswegs ein Grund, sie unter dem Wert ihrer Vollkommenheit einzuschätzen.

Die letzte Verwirrung stiftete schließlich Ludwig I. von Bayern, der inzwischen König geworden war. Er beanspruchte die Venus wiederholt für sich, da sie auf dem Grundstück gefunden worden sei, das Haller seinerzeit für ihn erworben hatte. Doch er mußte schließlich einräumen, daß die Nische, in der sie gefunden wurde, etwa fünfhundert Schritt weit von seinem Theater entfernt lag.

Als Emerson und seine Freunde 1825 den Hafen besuchten, war dort der Frieden wieder eingekehrt:

Wir fanden unsere Matrosen um einen Wandermusikanten versammelt, der sich selbst auf einer Art Gitarre begleitete, während die Seeleute zu seinem monotonen Gesang ihre Romaika tanzten. Ihre Bewegungen waren rasch, kraftvoll und kunstreich: sie schwangen sich gewandt um die eigene Achse, neigten sich vor und sprangen in die Höhe, bis sie ihre Sohlen mit den Fingerspitzen berühren konnten; dann folgten sie, sich an den Händen haltend, erneut den labyrinthisch verschlungenen Figuren des Tanzes. Die ganze Zeit drückte ihr Antlitz solche Feierlichkeit aus, als wären sie an geheimen Mysterien ihrer Kirche beteiligt. Unser Schiff lag fest, solange der Musikus, der ein wohlbekannter und beliebter Spielmann zu sein schien, angestachelt wurde, jedem Zuhörer seine Lieblingsballade zu singen, wofür sie ihm eine Münze im voraus bezahlten. Von der Süße seiner Lieder kann keine Übersetzung auch nur eine schwache

Idee geben. Die Griechen waren von seiner Kunst so hingerissen, daß selbst der Einfall der Nacht sie nicht dazu bringen konnte, aufzubrechen. Nur mit Schwierigkeiten brachten wir zwei von ihnen soweit, uns an Bord zu rudern, und während wir langsam über das stille Meer hinglitten, konnten wir immer noch das Drängen der Seeleute hören, und dann wieder die klaren Töne des Spielmannes, der am Strand der mondhellen Bucht seine Lieder sang.

FREIHEITSKRIEG

ZERSTÖRUNG UND VERFALL

Im Jahre 1821 brach die Kriegsfurie los: Die Griechen
erhoben sich gegen ihre türkischen Unterdrücker. Während der nächsten sieben Jahre herrschten Mord und Totschlag, Brandschatzung und Zerstörung. Um 1825 bot
Athen einen erbarmungswürdigen Anblick ohnmächtiger Verzweiflung und in seinen engen Gassen lag der
Schutt der zerstörten Häuser. Es hatte Reisende gegeben,
die die Ausgelassenheit und Klatschsucht der neuzeitlichen Stadt beklagten, weil sie von dem ernsten Eindruck, den die antiken Reste hervorriefen, zu sehr ablenkten: jetzt gab es nichts mehr als Verlassenheit rund
um die Tempel und Denkmäler, und auch sie schienen
dem Verfall schneller als gewöhnlich entgegenzueilen.
Die Türken erklärten sogar ihre Absicht, sie völlig zu
zerstören, da ihre Existenz den Mut der Griechen zu befeuern schiene, ganz abgesehen davon, daß sie in den
Herzen der Westeuropäer ein Gefühl der Sympathie für
die Aufrührer erweckt hätten.

Während der ersten Belagerung der Akropolis rissen
die eingeschlossenen Türken aus Mangel an Munition
das Südwestende der Cella des *Parthenon* nieder, um an
die Bleifüllungen zu gelangen, mit denen die Zwischenräume zwischen den Steinblöcken und den Eisenklammern ausgegossen waren. Aus den Trommeln umgestürzter Säulen machten sie Kanonenkugeln, und nur
wie durch ein Wunder wurde keine der noch stehenden
Säulen während des Bombardements gefällt, obwohl sie
durch zahlreiche Einschüsse beschädigt wurden.

Ernstlich litt 1827 das *Erechtheion*, als die Griechen die
Zitadelle in ihren Besitz gebracht hatten: türkische Ge-

schosse brachten die nordwestlichen Ecksäulen der
Nordhalle ins Wanken, das Marmordach gab nach und
begrub bei seinem Absturz eine Gruppe athenischer
Frauen unter sich, die sich hierher geflüchtet hatten und
sicher wähnten. Auch eine der vier verbliebenen Koren
wurde getroffen; sie riß einen Teil des Architravs und
des Daches mit sich. Reisende bedienten sich damals ja
gern selbst: Aber diese Kore konnte restauriert und im
Jahre 1837 wieder aufgestellt werden. (Die von Lusieri
entführte Kore wurde durch einen Steinabguß ersetzt,
es ist die zweite von links; an die Stelle einer schon hundert Jahre zuvor entfernten Karyatide, die letzte rechts,
trat eine moderne Replik.)

Das *Denkmal des Lysikrates* entfloh dem Verderben nur
um Armeslänge. Ein Besucher, Alcock, fürchtete, es
könne dem Rachedurst der Türken zum Opfer fallen und
erlangte von dem Kommandanten die Erlaubnis, es gegen Lieferung europäischer Waren, deren man dringend
bedurfte, in Sicherheit zu bringen. Bald schon mußte
Alcock aber erkennen, daß man ein Acht-Tonnen-Denk-
mal nicht ohne erhebliche Schwierigkeiten einfach ab-
transportieren kann, und daß er sich außerdem noch dem
Vorwurf aussetzen würde, Griechenland einer der wenigen Antiken, die ihm in der Morgendämmerung seiner
ersehnten Freiheit noch zum Stolz gereichen konnten, zu
berauben. So nahm er von seinem Plan Abstand. Die Türken setzten bald darauf das anschließende Kloster in
Brand, und die Hitze der Feuersbrunst ließ einen Teil des
Frieses bersten und niederstürzen. Hilfe brachten die ver-
einten Bemühungen von Gropius und dem französischen
Konsul: Die Ruinen des Klosters wurden abgetragen
und das Denkmal einstweilen eingemauert.

Das *Theseion* war am 13. Mai 1821 vom Blitz getroffen
worden. Dabei stürzten rund zwei Meter Gesims zu Boden, und eine Trommel einer Ecksäule wurde so durch-

schlagen, daß man den freien Himmel hindurchschim-
mern sah; eine freundliche Hand versah sie mit einem
Eisenreif, um sie zusammenzuhalten. Das Innere des
Tempels war fürchterlich geschändet worden: Die Türken hatten es in einen Stall verwandelt, und der Boden
lag bald tief unter Mist vergraben. In der Hoffnung,
Schätze zu finden, öffneten sie die Gräber der Christen
und verstreuten deren Inhalt. Das erklärt auch, warum
so viele Grabsteine verloren sind; doch sammelten französische Reisende die Gebeine und setzten sie pietätvoll
wieder bei.

Für die Kriegsschäden in der Morea ist *Megalopolis* typisch, aus dessen Theater alle noch verbliebenen Mar-
morteile fortgeschleppt wurden, um die Feste von Kary-
täna weiter zu verstärken. Anderswo bedienten sich
westeuropäische Reisende großzügig mit Funden. In
Sunion beschlagnahmte der österreichische Admiral Pau-
lucci mehrere Säulentrommeln, die er ins Arsenal von
Venedig schaffen ließ; dann beging er den Vandalismus,
den Namen seines Flaggschiffes in schwarzer Farbe am
Tempel über die ganze Länge des Gebälks anbringen zu
lassen: BELLONA AUSTRIACA 1824. Die Größe der Buchstaben war so gewählt, daß die Worte schon von weit
draußen auf See gelesen werden konnten. Ein englischer
Seekadett kommentierte das bitter, aber mit nicht minder
großen Buchstaben: KAUFT WARRENS SCHWARZE SCHUH-
CREME!

Ein anderer Österreicher, der Gesandte in Konstantinopel, ergatterte ein Ornamentstück aus Megara, während der englische Botschafter in Athen, Lord Strangford, mehrere Marmorfragmente und seinen berühmt
gewordenen archaischen Apoll auf einer der Inseln erwarb, wahrscheinlich war es Anaphe, wo Fauvel damals
einen »Haufen schlechter Statuen«, die gerade freigelegt
worden waren, gesehen hatte.

Die Inseln litten besonders unter solchen Plünderungen, weil sie häufig von Mannschaften westeuropäischer Geschwader aufgesucht wurden. Auf Milo entwickelten selbst die Amerikaner Ausgrabungseifer: Sie legten dort eine Stätte frei, die wahrscheinlich ein kleines Odeon gewesen ist, und fanden dabei vier in einem Halbkreis in den Fels gehauene Sitze mit Inschriften. Ein von den Niederlanden unterstützter Kaufherr erwarb den Grund um das Gelände, auf dem man die berühmte Venus gefunden hatte, und entdeckte tatsächlich eine weitere Nische mit einer beschädigten Statue, die in Berlin endete. Ein großartiger Kopf, möglicherweise Äskulap darstellend, und ein Votivrelief wurden ebenfalls um 1828 gefunden und vom Duc de Blacas erworben; sie befinden sich heute im Britischen Museum. – Die Gräber auf den Inseln sind systematisch geplündert worden, so auf Ägina, wo die Einheimischen Hunderte von ihnen öffneten, um den Inhalt an Marineoffiziere und an Mitglieder der diplomatischen Missionen zu verschachern, als die Insel 1829 vorübergehend Sitz der griechischen Regierung wurde.

Fauvel, kein Philhellene im eigentlichen Sinn, blieb zu Beginn des Freiheitskrieges noch in Athen. Er betrachtete die Türken als die angestammten Herren Griechenlands. Als eine verirrte türkische Kanonenkugel sein Dach durchschlug, war er keineswegs übermäßig beunruhigt; aber als die Garnison in der Akropolis kapitulierte, packte er sein Archiv sowie seine beweglichen Antiken ein und zog sich unter die schützenden Fittiche des französischen Konsuls von Smyrna zurück, wo er bis zu seinem Tode 1838 mit einer Rente von hundertfünfzig Pfund Unterschlupf fand. Er verpackte sein ›Museum‹ in vierundfünfzig Kisten, aber unter den herrschenden Bedingungen war es unmöglich, es ungeschmälert beieinanderzuhalten: Die Griechen verweigerten die Ausfuhr,

und sein Haus wurde erst zum Zufluchtsort für die aus
den türkischen Harems befreiten Frauen und später zerstört. Nur ein paar Maromorfragmente erinnern noch an
dieses Haus, sonst ist es völlig verschwunden.

Gropius dagegen hielt in Athen aus und übernahm die
Rolle Fauvels als Cicerone und Antikenhändler. Während des Krieges war seine Position schwierig, denn
Österreich, dessen Vizekonsul er unterdes war, stand der
griechischen Sehnsucht nach Unabhängigkeit ablehnend
gegenüber, während fast alle Besucher Athens Philhelle-
nen waren. Doch als schlauer Fuchs, der er war, schaffte
er es, beide Seiten gleichermaßen zufriedenzustellen. Ein
Reisender berichtet dazu, daß er, wenn er nicht der Bevollmächtigte Österreichs gewesen wäre, sicher ein ebenso glühender Vorkämpfer für die Wiedergeburt Griechenlands gewesen wäre, wie als Bewahrer seiner antiken
Reste; ein anderer beschuldigte ihn dagegen, die Freundschaft des Generals Church auszunutzen, um den Türken
militärische Informationen zukommen zu lassen. Doch
nach dem Krieg war alles vergessen, und als der junge
König Otto den griechischen Regimentern in Nauplia
Fahnen verlieh, standen im Mittelpunkt des Platzes zwei
Festzelte: Im einen saß das neugebildete griechische
Kabinett, den Schatten des anderen aber genossen Ma-
dame Gropius, das diplomatische Korps und Admiral
Sir Pulteney Malcolm.

OLYMPIA

DIE FRANZÖSISCHE
EXPEDITION

Seit den Tagen Winckelmanns hatten die Altertumsforscher immer davon geträumt, Olympia auszugraben. Man wußte nicht viel darüber, denn der Ort wies nur eine einzige erkennbare Ruine im Heiligen Bezirk des Zeus auf, die Cella eines großen Tempels, deren Steine alle beschädigt waren und nur noch erzählten, welche Mühe es gekostet hatte, die sie verbindenden Metallklammern herauszulösen.

1792 war Fauvel in Olympia. Einige Bauern hatten auf der Suche nach Baumaterial Stücke von kannelierten Säulen ausgegraben, deren Durchmesser gute zwei Meter betrug und die eindeutig zum Zeustempel gehört haben mußten. Fauvel konnte den Verlauf der Cellamauern erschließen; er markierte auch die Lage des olympischen Stadions, aber das benachbarte Hippodrom war vor Zeiten durch die Hochwasser des Flusses Alpheios völlig fortgeschwemmt worden. Trotz allem fand er die Stätte keineswegs arm, soweit es um bewegliche (und gewinnversprechende!) Kuriostitäten ging. Um leichter an diese heranzukommen, schien es ihm geraten, den Herbst mit seinen Regengüssen abzuwarten: In dem aufgeweichten Boden konnte der Reisende dann auf Schritt und Tritt antike Schilde, Fragmente von Basreliefs und Bronzetrophäen entdecken; er selbst erwarb einen Helm.

1803 besuchte Graf Aberdeen, ausgerüstet mit einem Ferman und Geschenken die Stätte; doch er fand, daß der Tempel hinreichend erforscht sei, soweit dies die Umstände erlaubten, und ließ ihn in Ruhe. Smirke, Gell, Dodwell, Leake und Stackelberg kamen alle nur, um Vermessungen vorzunehmen; und 1814 wurde die Stätte von John Spencer Stanhope und Allason gründlich untersucht. Lusieri gelang es, dem Pascha der Morea um den Gegenwert von dreihundert Pfund und einer goldenen Uhr eine Erlaubnis zur Ausgrabung abzuringen, doch Elgins Mittel waren inzwischen erschöpft und so wurde nichts aus diesem Plan.

Im Jahre 1828 zog sich der Freiheitskrieg bereits seit sieben Jahren hin, und die militärische Lage Griechenlands war so angespannt, daß nicht daran zu denken war, die türkisch-ägyptische Armee aus der Morea zu vertreiben. Daran änderte auch der berühmte Seesieg von Navarino nichts. Doch nun erbat Griechenland die direkte Hilfe der westeuropäischen Mächte. Die Franzosen entsandten ein Hilfskorps, das am 30. August des gleichen Jahres mit 14000 Mann im Golf von Coron landete, um die Ehre der Befreiung der Morea vom osmanischen Joch zu erringen und Ibrahim Pascha zu verjagen.

Damals waren die Arbeiten der wissenschaftlichen Kommission, die Napoleon an den Nil begleitet hatte, um die ›Description de l'Egypte‹ zu erarbeiten, noch unvergessen, und man entschloß sich, dem nach Griechenland entsandten Hilfskorps eine ähnliche Kommission anzugliedern, die ›Expédition scientifique de Morée‹.

Die erste Aufgabe der archäologischen Sektion dieser Kommission war es, sofort nach der Befreiung der Morea die Ruinen von Olympia zu erforschen. Der Leiter der Sektion war J. J. Dubois, ein untergeordneter Angestellter des Louvre und Gestalter von Auktionskatalogen: also keine sehr glückliche Wahl. Nach den Worten des Archäologen Charles Lenormant, der als Teilnehmer an sich vorgesehen war, aber als Vorgesetzter von Dubois nicht unter diesem arbeiten wollte, mangelte es Dubois sowohl an fachlicher Fähigkeit wie an persönlicher Eignung, die für einen derartigen Posten

Voraussetzung waren. Dubois brach also in Begleitung der Maler Duval und Trézel Anfang Mai des Jahres 1829 nach Olympia auf. Mit Eifer stürzte man sich in die Arbeit. Berthold Fellmann berichtet darüber:

Am 10. Mai 1829 begann Dubois mit der Ausgrabung am Zeustempel. Sie legte zunächst die Mauern der Cella frei und konzentrierte sich dann auf die Eingangshalle im Osten, von deren Metopenreliefs er jedoch nur zwei Fragmente fand. Daraufhin brach Dubois die Arbeiten an dieser Stelle ab und begann mit der Suche nach den Giebelskulpturen, die vor die Front des Tempels herabgestürzt waren. Hierzu ließ er über die ganze Länge der Ostseite einen Graben von zehn Meter Breite ziehen und stieß dabei auf die Eingangsrampe. Nur an der Südostecke jedoch scheint er in einer Tiefe von fünf Metern die Fundschicht erreicht zu haben.

Die Gruppe der Architekten unter Abel Blouet traf erst am 17. Mai in Olympia ein und begann auf der Westseite des Tempels mit den Ausgrabungsarbeiten, die in der zur Verfügung stehenden Zeit von sechs Wochen zur Erstellung eines exakten Grundrisses führen sollten. Dabei kamen in der Rückhalle des Tempels von den Heraklestaten mehrere Metopenfragmente ans Licht. Blouet zog außerdem, um auch Aufschluß über die Gestaltung des Tempelinnenraumes zu bekommen, einen breiten Graben durch die Cella von Westen nach Osten, der in der Vorhalle auf den von Dubois traf. Hierbei stieß man, wie schon Dodwell und Gell, auf den schwarzen eleusinischen Stein der Fußbodenpflasterung und im Pronaos auf das Tritonenmosaik, zwei Innensäulen der Cella fand man so, wie sie gefallen waren. Die immer mehr zunehmende Hitze der schon vorgeschrittenen Jahreszeit setzte dem Unternehmen im Juni schließlich ein Ende; das ganze Tempelfundament konnte nicht mehr aufgedeckt werden, obwohl zum Schluß hundert Arbeiter beschäftigt waren.

Die Funde waren also im Vergleich zu dem Aufwand ziemlich spärlich und umfaßten nur einige Reste der

Von den erhofften Skulpturen des Zeustempels in Olympia fand die französische Expedition neben kleineren Fragmenten nur eine Sitzende Athene, die zu der Metope mit der Darstellung des ›Sieges des Herakles über die Stymphalischen Vögek gehört hatte. Sie befindet sich heute im Louvre.

Marmormetopen, die sowohl die Ostseite wie auch die Westseite geziert und die zwölf Arbeiten des Herkules geschildert hatten. Dubois hatte dabei sichtlich das falsche Ende erwischt: Er fand nur einen Pferdekopf der Diomedesmetope und Geryoneus, während Blouet zwar zwei gut erhaltene Metopen verfehlte, die heute im

Museum zu Olympia ausgestellt sind, dafür aber ein
großes Stück von dem Kampf mit dem kretischen Stier
ausgrub, dann Teile von zwei anderen Darstellungen
und schließlich ein Fragment, daß sich anfangs nicht in
die von Pausanias beschriebene Folge einzufügen schien:
die Figur eines Mädchens, das auf einem Felsen sitzt. Sie
kam völlig heil aus der Erde, aber einige Arbeiter benütz-
ten einen Augenblick der Abwesenheit der ›Franken‹
und brachen in einem Anfall von Fanatismus mit einem
Stein ihre Nase ab. Glücklicherweise konnte der Schaden leicht behoben werden, denn einer der Künstler
hatte ihr Gesicht bereits skizziert. Es stellte sich bald
heraus, daß dies Mädchen Athene war und zu der Metope gehört hatte, die den Sieg des Herkules über die
stymphalischen Vögel darstellte. Nur der Leiter der
naturwissenschaftlichen Sektion, Oberst Bory de Saint-
Vincent, wehrte sich gegen diese Erkenntnis: Ihm
schien die bezaubernde Figur eher einer Schäferin, die
von ihrem Liebsten träumt, zu gleichen, als einer stolzen
Gottheit.

Das recht kärgliche Ergebnis war niederschmetternd,
hatte man doch gehofft, die berühmten Giebelskulpturen ausgraben zu können. Diese wurden aber erst 1876
von deutschen Forschern unter Ernst Curtius entdeckt
und befinden sich heute im Museum zu Olympia. In
ihren kühnsten Träumen sahen sich die französischen
Expeditionsmitglieder schon als Ausgräber des berühmten Kultbildes des olympischen Zeus, einem Werk aus
Gold und Elfenbein von der Hand des Phidias und
einem der Sieben Weltwunder der Antike.

Nachdem man nur noch eine Ruine im Westen des
Zeustempels kurz untersucht und als byzantinische
Kirche erkannt hatte, zog die künstlerische Sektion nach
sechs Wochen weiter, um nach anderen schwachen
Spuren des einstigen Glanzes in der Morea zu suchen.

Die zurückgelassene archäologische Sektion war dagegen zu völligem Mißerfolg verdammt: Dubois wurde
krank und zog sich mit Duval aus Griechenland zurück,
wobei er die schwereren Marmorskulpturen vorerst in
Olympia zurücklassen mußte und nur ein paar kostbare
Fragmente bis nach Navarino transportieren konnte.
Wie aber sollte man nun selbst diese unzulängliche Ausbeute heimschaffen? Die Funde offen nach Frankreich
mitzunehmen, schien bei der damals ausgebrochenen
philhellenischen Begeisterung ja nicht mehr geraten.
Doch schließlich konnte General Schneider, der Kommandeur des französischen Expeditionsheeres, die Erlaubnis der griechischen Regierung erlangen. Eine Kom-
panie Artillerie wurde nach Olympia entsandt, die den
Großteil der Funde auf Wagen verlud; doch hatte sie die
größten Schwierigkeiten, zur Küste vorzustoßen: Felsen mußten aus dem Weg gesprengt und über Hohlwege
und Flußläufe mußten Notbrücken geschlagen werden.
In Navarino wurden dann die Antiken gesammelt und
ihr Abtransport nach Frankreich im Oktober 1829 von
Blouet beaufsichtigt. So hatten die Skulpturen, dank der
Hilfe von Armee und Marine, Frankreich nichts weiter
gekostet als den schäbigen Lohn für die einheimischen
Arbeiter.

Man hat später den Louvre beschuldigt, einige Fragmente verloren zu haben. Da jedoch keine Sicherheit
darüber besteht, was eigentlich damals alles heimgebracht wurde – einige der von den Zeichnern aufgenom-
menen Marmorfragmente waren mit Sicherheit zurückgeblieben – kann man unmöglich abschließende Aussagen dazu machen. Einige zusätzliche Teile wurden
festgestellt: so ein 1828 aus Messene nach Frankreich
gesandtes Basrelief und ein von General Schneider er-
worbener weiblicher Torso von den Mauern der Zitadelle von Patras. Einige Fragmente erwarb Blouet per-

sönlich, schenkte sie aber 1863 dem Louvre; Dubois
hatte sich einen Helm angeeignet.

Der Bericht über die archäologischen Ergebnisse der
Expedition wurde ausschließlich von Blouet und seinen
Mitarbeitern ausgearbeitet, da Dubois inzwischen aus-
geschieden war, und erschien in den Jahren 1831 bis
1833 in drei dickleibigen Folianten. Sie enthalten reiches
Bildmaterial und viele Meßdaten zur Architektur und
Skulptur sowie zahlreiche Inschriften aus der Morea,
von den Inseln und von Attika. Wenn der finstere Bory
allerdings behauptet, daß die Franzosen den Zeustempel
von Olympia entdeckt hätten, und Blouet, schon viel
bescheidener, für sich beansprucht, daß dessen Identifi-
zierung vor den Ausgrabungen seiner Sektion auf reiner
Vermutung basiert habe, so gehen solche Behauptungen
entschieden zu weit: Schon frühere Reisende, wie etwa
Gell, hatten ihn mit Sicherheit erkannt.

Blouet hatte richtig vorausgesehen, daß die materielle
Ausbeute der ›Expédition scientifique de Morée‹ in
Frankreich Enttäuschung erregen würde: Die wenigen
Funde waren von keinem sehr hohen Wert, und die Tatsache, daß vieles von der ursprünglichen Wirkung in der
farbigen Bemalung bestanden haben mußte, rief Fas-
sungslosigkeit hervor. Außerdem tadelte man die Künstler – typisch für die Kinderjahre der Archäologie! –,
weil sie die antiken Stätten, denen sie oft nur einen kurzen Besuch abstatten konnten, nicht gleich alle ausgegraben hätten. Als wenn es einer Handvoll Männer möglich gewesen wäre, in wenigen Tagen riesige Stätten
freizulegen, zu deren wissenschaftlicher Erforschung
später viele Jahre mühseliger Arbeit erforderlich sein
sollten. Allerdings besaß einer der vielen Kritiker die
Einsicht, daß es doch wohl etwas zuviel verlangt sei, anzunehmen, sie hätten die ganze Insel Delos gleich mit-
bringen können ...

AUSKLANG

Die Jagd nach Antiken in Griechenland zwischen 1800 und 1830 war alles in allem ein einträglicher Sport. Wenn auch Elgin seine Aufwendungen nie ersetzt erhielt – er wäre auch bei einem Verkauf seiner Skulpturen außerhalb Englands nicht auf seine Kosten gekommen –, so machte doch etwa Fauvel aus seinem Antikenhandel eine sichere Einnahmequelle. Der Verkauf der Ägineten aber brachte deren Entdeckern ihre Unkosten reichlich wieder ein, ja warf sogar noch einen Überschuß ab, und die Equipe, die Bassä ausgrub, fuhr sogar noch besser. Clarke und Cripps ernteten für die Ceres von Eleusis ebenso wie der Marquis de Rivière für die Venus von Milo dagegen nur die Ehre der Entdeckung, da sie ihre Funde verschenkten. Später war dann allerdings an Gewinn nicht mehr zu denken; privater Unternehmungsgeist konnte die steigenden Kosten für Ausgrabungen und Transporte nicht mehr tragen. Außerdem waren die leicht zugänglichen Stätten bereits ihrer Schätze ziemlich beraubt, und die technischen Schwierigkeiten in den entlegeneren Orten wirkten abschreckend. Außerdem waren die Griechen im Hochgefühl ihrer neuerrungenen Unabhängigkeit immer weniger geneigt, der Plünderung ihres kulturellen Erbes weiterhin zuzusehen.

Auch das war keine ganz neue Entwicklung. Wenn auch die einfachen Griechen, die sich nur gerade ihr Häuschen bauen wollten, am meisten zur Zerstörung der antiken Ruinen beigetragen hatten, so gab es doch auch immer wieder Gebildete, die eine Art Ehrfurcht vor der Geschichte ihrer alten Nation hegten und gewohnheitsmäßig Inschriften und Reliefs dadurch erhiel-

ten und retteten, daß sie sie in Kirchen oder Villen einbauten oder verwahrten.

1813 wurde in Athen die Gesellschaft der ›Philimou-
soi‹ von griechischen und westeuropäischen Liebhabern
zum Schutz der Altertümer und zum Zweck künstleri-
scher Ausbildung junger Griechen im Ausland gegründet. Ihr erster Präsident wurde Frederick North, der
spätere Lord Guildford. Zu ihren Mitgliedern zählten
unter anderen Cockerell, Foster, Haller und deren
Freunde sowie die drei Schwestern Makri. Alle interes-
sierten Fremden, die die Stadt aufsuchten, wurden zum
Beitritt eingeladen. Die Ziele der Gesellschaft waren vor
allem didaktischer Natur, doch war auch die Errichtung
eines Museums vorgesehen, das die von Reisenden in
Athen im Stich gelassenen Antiken aufnehmen sollte.
Aus diesem Plan wurde jedoch nichts. Die Princess of
Wales, Karoline von Braunschweig-Wolfenbüttel, übernahm 1816 die Schirmherrschaft über die blühende
Schule der Gesellschaft, und auch die Bibliothek wuchs
rasch. Fauvel trat nicht bei, sondern erging sich wie
üblich in bissigen Kommentaren, wenn man Pouqueville Glauben schenken darf: Die Gesellschaft sei weder
gelehrt noch belehrend und ihre Professoren lehrten
nichts als die Tugend der Rebellion gegen jene Art von
Frieden, die alles wäre, worauf ein unterjochtes Griechenland noch hoffen könne. Doch fand er immerhin die
Kenntnisse eines ihrer Schüler so brauchbar, daß er ihn
als Kopisten von Inschriften beschäftigte.

Die ›Philomousoi‹ bemühten sich, den Schutz der
antiken Denkmäler zu verbessern. Während des Krieges
legten sie 1822 der Regierung nahe, die Läden, die sich
allmählich in der Bibliothek des Hadrian breitgemacht
hatten, wegen Brandgefahr abzureißen. 1824 reorgani-
sierten sie sich, angespornt durch Oberst Stanhope, und
steckten sich höhere Ziele. Der geschäftige Oberst ver-

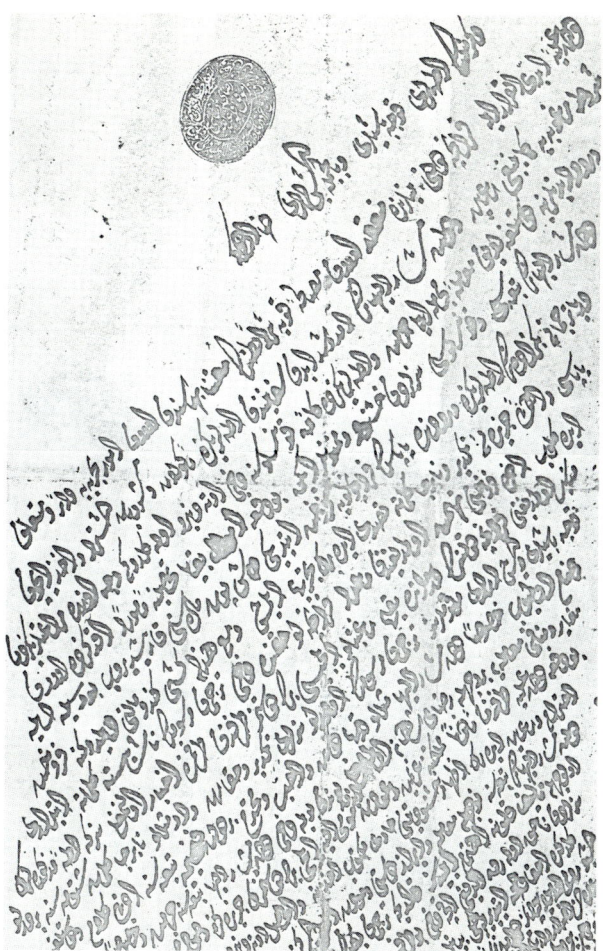

39 *Das wichtigste Dokument für alle Forscher, Ausgräber und Antikenjäger war der Ferman: Er legalisierte – je nachdem – die Grabungen, gestattete die Vermessung und Zeichnung der Tempel oder die Ausfuhr der Funde. Auch die Überführung der* Venus von Milo *nach Frankreich bedurfte einer solchen Erlaubnis: Hier der* Ferman der Hohen Pforte, *der sich in der Familie des französischen Konsuls auf Milo, Louis Brest, überliefert gefunden hat.*

40 *1829 ging der blutige Befreiungskampf der Griechen zu Ende: In den Londoner Proto-*
kollen von 1829 und 1830 erklärten die europäischen Schutzmächte die Unabhängigkeit des
Landes und die Errichtung einer Monarchie. 1832 wurde Prinz Otto, der Sohn des als Phil-
hellene und Äginetenkäufer bekannten Königs Ludwig von Bayern, zum König der Griechen

zwar wieder wachsende, aber immer noch von den Kriegseinwirkungen gezeichnete Athen *in einem großangelegten* Panorama, *das 1841 in München erschienen ist: Rechts die Akropolis, dahinter der Hymettos; links im Mittelgrund das Theseion, in der Mitte der charakteristische Kegel des Lykabettos.*

42

43

anlaßte den griechischen Politiker Odysseus, den damaligen Gouverneur von Athen, dazu, die Moschee im Parthenon als Depot für Antiken zu nutzen, die von türkischen Gefangenen dorthin geschafft werden könnten. Es nimmt nicht wunder, daß daraus nichts wurde. Dafür wurde 1829 auf Ägina ein Museum errichtet: Ein Raum im neugegründeten Waisenhaus wurde dazu bestimmt und ein Kustos berufen. Der Katalog zählt eine Menge Vasen auf, Inschriften, Statuen, auch Basreliefs; der größte Teil dieser Funde kam von den Inseln.

Sobald sich die Lage beruhigte, wurden die Antiken von Ägina nach Athen verbracht, wo ihnen Bauten wie das Theseion als provisorische Unterkunft dienten, die freilich bald heillos überfüllt waren. Damals bekam sogar Sparta sein eigenes kleines Museum.

Von der Akropolis aber mußte eine letzte Gefahr abgewendet werden. Ludwig, der inzwischen König von Bayern geworden war und dessen Sohn Otto der erste König des neuen Griechenland werden sollte, wünschte glühend, das alte Athen in seiner ganzen Herrlichkeit wiedererstehen zu sehen. Ottos Bruder, Kronprinz Maximilian, und sein Schwager, König Friedrich Wilhelm IV. von Preußen, eiferten ihm darin nach. Diese beiden waren es auch, die Karl Friedrich von Schinkel 1834 zu einem gigantischen Projekt für den Ausbau der Akropolis inspirierten. Dabei sollten nicht nur die antiken Stätten rekonstruiert, sondern gänzlich moderne Bauten hinzugefügt werden. Der Grundriß Schinkels hat denn auch die gesamte Plattform der Akropolis in die kühne Planung miteinbezogen und keinen Quadratmeter Gelände unausgenutzt gelassen. An Neuschöpfungen waren neue Propyläen als Pendant der alten vorgesehen, eine Rennbahn nach antikem Muster, Remisen und Stallungen, eine Wache sowie eine weitläufige Schloßanlage samt Galerien, Höfen, Gärten und Ka-

pelle. Das ganze in griechischem ›Style‹ und überragt
von dem ehernen Kolossalbild einer Athene. So sehr
diese Schinkelsche Phantasmagorie als selbständige Lei-
stung des europäischen Klassizismus und großartiger
Architektentraum zu würdigen ist, kann man bloß von
Glück sprechen, daß der Plan nur auf dem Zeichenbrett
verwirklicht worden ist. Angesichts der totalen Armut
des ausgebluteten Landes blieb auch nichts anderes
übrig, als solche kostspieligen Pläne zu den Akten zu
legen. Schinkel aber bekam für seine Mühe und Arbeit
weder ein Wort des Dankes noch wenigstens eine Mitteilung über das Schicksal seines Entwurfs!

Im Mai 1834 wurde in Griechenland das erste Gesetz
verkündet, das Grabungen ohne Genehmigung untersagte und den unbeschränkten Export von griechischen
Antiken verbot.

Im Herbst desselben Jahres ging dann Leo von
Klenze, der geniale Architekt König Ludwigs I. von
Bayern, an den Wiederaufbau der Akropolis. Er hul-
digte keinen hochfliegenden Ausbauplänen mehr, sondern leitete die Rettung und Bewahrung des Bestehen-
den sowie die behutsame Rekonstruktion dessen ein,
was sich ohne Zwang wiederherstellen ließ.

Am *Parthenon* erfolgten die ersten Aufräumungs-
arbeiten und Maßnahmen zur Wiederaufrichtung von
Wänden und Säulen, die zunächst unter Klenzes Nach-
folgern, Eduard Schaubert und Christian Hansen, bis zu
einem bestimmten Punkt weitergeführt, in großem
Maßstab aber erst um die Jahrhundertwende und 1922
wiederaufgenommen werden. Seit 1929 steht das Heiligtum mit seiner fast vollständigen Peristasis so, wie wir
sie heute sehen.

Die *Propyläen* wurden in den Jahren 1835 und 1836
durch Schaubert und Hansen, zu denen sich noch Ludwig Roß gesellte, von ihren mittelalterlichen Einbauten

befreit. Eine grundlegende Restaurierung setzte 1909 ein.

Dann gelang es den drei Restauratoren, beim Abbruch der großen Batterie vor den Propyläen nicht nur praktisch alle wesentlichen Bauteile des einstigen *Nike-Tempelchens* zu entdecken, sondern sogar dessen Unterbau. In der vergleichsweise kurzen Zeit von Dezember 1835 bis Mai 1836 wurde dieses Kleinod antiker Baukunst wiedererrichtet. 1935 bis 1939 mußte es wegen Fundamentsenkungen abgebaut und zum dritten Mal errichtet werden.

1875/76 erst fiel der sogenannte ›Frankenturm‹, der letzte Rest der mittelalterlichen Zutaten. Heinrich Schliemann ließ ihn auf eigene Kosten entfernen. Zwischen 1885 und 1891 förderten deutsch-griechische Ausgrabungen neben zahllosen Weihegaben auch die anmutigen Koren zutage, die heute im Akropolis-Museum zu sehen sind.

Dem *Erechtheion* gab eine Restaurierung 1902 bis 1909 seine ursprüngliche Gestalt – soweit sie überhaupt wiederherzustellen war – annähernd zurück. Die häßliche Stützmauer an der Stelle der von Lord Elgin entführten Kore ist inzwischen längst wieder durch eine Replik des Originals ersetzt.

Dazwischen ist auch die Kette von Sicherungsarbeiten auf dem Burgberg nie mehr abgerissen. Heute muß er vor dem ungehemmten Zustrom der Touristen geschützt werden. Wenn man den Fachleuten glauben darf, ist diese friedliche Bedrohung vielleicht die folgenschwerste in der fünftausendjährigen Geschichte der Akropolis.

ANHANG

AUFTRAG

des Kronprinzen Ludwig von Bayern
an Johann Martin Wagner
zum Erwerb der Ägineten in Zante

Salzburg, 28. Juli 1812

Auftrag an Maler Martin Wagner,
königl. baierischen Pensionair.

Hiemit Wagner erteile ich Ihnen die Anweisung, wie Sie sich zu
verhalten in dem Geschäfte Äginas Fund betreffend. Dessen genaue Befolgung ich erwarte. Sie sind ein Mann von Herz und
Kopf und überdem Künstler und Kenner, beides ausgezeichnet,
ich vertraue Ihnen ganz.

1. Sie empfangen von mir einen Kredit auf siebenzig tausend
Gulden, Wert nach 24 Fuß, nebst dieser Verhaltungsvorschrift,
einen Brief an unsern Gesandten zu Neapel, Bischof Fhr. v. Häffelin, einen von mir, andere des Freih. v. Humboldt an Herrn
Gropius, Vice-Konsul in Großbritannischen Diensten, zur Zeit
besagten Fundes Versteigerung auf der Insel Zante befindlich;
ferneres Schreiben von mir, in welchem ich erkläre auch die den
Kredit übersteigende Summe für des Fundes Erwerb zu genehmigen, welche Sie versprechen / wie natürlich nur, wenn Sie Gebrauch
davon machen, solches vorzuweisen / dann einen Brief an Architekten von Haller. Welche Briefe ich Ihnen offen sende, will ich,
daß Sie solche *mehrmalen lesen u. sich den Inhalt einprägen.* Vor dem

2. 1.ten November als Versteigerungstag *müssen Sie* auf der Insel
eingetroffen sein. Reise nach Neapel u. dortigen Aufenthalt wird
Überbringer dieses zahlen. Die Stadt Neapel verlassend, gehen die
Reisekosten, wie Aufenthalte zu Zante auf meine Rechnung, von
dem Kredit zu entnehmen. Auch bewillige ich Ihnen auf meine
Kosten Athen zu sehen, auf solche in jedem Fall Ihre Rückreise
nach Rom. / Athens Reise, wenn sie dem Geschäft nicht schadet,
von mir bewilliget; Anfrage braucht es keine. / Rückreise aus
Griechenland, wenn Sie / wider Vermuten / ohne Kunstwerke
zu begleiten; aufs sicherste, kürzesten Weg nach Rom.

3. Ich gestatte Ihren Wunsch den jungen vorgeschlagenen
Italiener mitzunehmen. Sie werden ihn genau kennen, sonst nicht
solchen Vorschlag getan haben. So ist mein Vertrauen auf Sie,
daß ich einem mir Unbekannten traue, weil er Ihres besitzet.

4. Daß die zu Ägina gefundenen Plastischen Werke früher als Phidias geworden, also von Härte und Steife nicht frei sind, solches besonders an den Köpfen, so daß sie aufgesetzt scheinen u. wenn sie es selbst wären, dennoch erwerben Sie mir Äginas gefundene Werke, *wenn nur unter jenen ihrer Epoche ausgezeichneter Schöne sie sind;* vermute es, also keine Ideale brauchen sie zu sein. Mir liegt der Erwerb sehr am Herzen *und sollte er auch den ganzen Kreditbrief betragen u. mehr noch, sehr teuer sein, ersteigern Sie mir die Sammlung dennoch, selbst übertrieben darf der Preis, nur nicht lächerlich übertrieben lauten.* Seien Sie eingedenk, daß mein Gesichtspunkt anders als der eines Handelsmanns, auch anderen Privaten ist, der, wenn selbst keinen Gewinn, doch die für das Erworbene gegebene Summe in solchen enthalten will haben; mir aber um der Kunstwerke Besitz zu tun, wenn zur Erlangung nicht anders möglich, gerne mehr dafür gebe als sie wert. Solche Gelegenheit erleben wir wohl nicht mehr; wie würde mich reuen sie unbenützt gelassen zu haben. Dieser Erwerb macht meine Sammlung zum ansehnlichsten Museum, welches durch Ihren tätigen Eifer geworden. Anfrage dürfen Sie mir hierüber tun, ich vertraue Ihnen.

5. Der Kauf *muß* die 17 Statuen begreifen. Daß wohl keine ganz, an jeder Teile u. mehrere mangeln, sei kein Hindernis, an Mediceisch. Venus, Belvedere Appolon fehlten Glieder.

6. Wenn tunlich schließen Sie in den Handel das große elfenbeinerne Auge, das Fragment einer Tafel, der Tempelgeräte Verzeichnis ausdrückend, u. was sonst noch an Fragmenten überhaupt mitgefunden worden. Geschiehet dieses nicht, eigens zusammen oder einzeln zu kaufen, wie Sie es fürs beste halten. Schön alles mitgefundenen Besitz.

7. Wo möglich entgehen Sie der Bedingung jedem der 4 dermaligen Eigener dieser 17 Statuen Abgüsse verfertigen zu lassen, welche nach Roms üblichen Preis zwischen elf- u. zwölfhundert Dukaten erfordern würde für die 68 Stücke. Doch unterwerfe ich mich der Bedingung, wenn solche unvermeidlich.

8. Gleich bar, so wenig wie tunlich, zu bezahlen des Kaufschillings, würde dieser im Ganzen selbst um so viel geringer, als des sonst zu entrichteten Mehreren die Zinsen betrügen; hievon ein Beispiel. / Die Wechsler rechnen die Zinsen von dem Zahlungstage des Wechsels als Kredit; aber den Besitzern zahle ich keine Zinsen, lieber *gleich* das ganze Kapital / Also das Beispiel:

A	entweder	B	
Gleich zu zahlen	40 000	Gleich zu zahlen	30 000
nach 1 Jahr	20 000	nach 1 Jahr	30 500
Dem Wechsler die		Dem Wechsler die	
Zinsen 5 pro cent		Zinsen 5 pro cent	
der $\frac{4○}{m}$ für das		der $\frac{3○}{m}$ für das	
Jahr	2 000	Jahr	1 500
	62 000		62 000

Obgleich die Endsumme gleich, verfahren Sie doch B gemäße. Nun aber anderer Fall:

A		B	
Gleich zu zahlen	40 000	Gleich zu zahlen	30 000
nach 1 Jahr	15 000	nach 1 Jahr	26 000
5 pro cent der $\frac{4○}{m}$		5 pro cent der $\frac{3○}{m}$	
für das Jahr	2 000	für das Jahr	1 500
	57 000		57 500

In solchem Fall aber A gemäß, weil die Endsumme fünfhundert Gulden weniger ausmachet.

9. Daß nicht zu Zante früher als nützlich Kreditsumme bekannt werde, dafür sorgen Sie aufs beste.

10. Wenn, wie ich hoffe, es Fristen gibt, muß gleich ausgemacht werden, wo das Geld zu zahlen, für die beiden Englischen Teilhaber werde, wo möglich, ein Haus zu Wien festgesetzt; dieses nicht ausführbar, ein Haus in Konstantinopel, dessen Namen in jedem Fall unverzüglich auszudrücken. In Teutschland für beide Teutsche, wenn anwendbar, ein Haus für beide oder jedem besondern zur künftiger Auszahlung.

11. Da gewiß viele Teile fehlen, also ergänzt werden müssen, es mit *gleichem Marmor*, sehen Sie dann sogleich nach, ob solcher wohlfeiler / aber ja Transport mit in Anschlag gebracht / von Rom, wenn solcher da habbar, oder Griechenland zu beziehen nach München, wo ich ergänzen lasse, leicht möglich durch Rauch. Wenn Griechenland vorteilhafter, bringen Sie den zu den Werken nötigen Marmor für Ergänzungen gleich mit.

12. In meinem großen Vertrauen auf Sie gebe ich Ihnen den Auftrag auch andere Werke ausgezeichneter Schöne mir zu erwerben in Griechenland, ohne Anfrage, reichet der Kreditbrief hin, wenn auch Äginas Fund, mit den Fristen gerechnet, ihn überstiege. Forschen Sie nach solchen Werken. Reichet es nicht, müssen freilich Sie mir schreiben u. meine Antwort abwarten.

13. Überhaupt schreiben Sie mir recht oft denselben Brief, jedes mal zwei sich folgenden Posttagen od. drei, noch besser anvertrauend an Graf Fries, Wechsler zu Wien od. wann dorten besseres an solches überschickend; dasselbe davon benachrichtigend u. mir das Porto anrechnen soll. Dieselbe Briefe noch einige Exemplare an Gesandten Häffelin eingeschlossen zu See nach Neapel.

14. Bei dem Einpacken sind Sie selber zugegen. Ob der Transport zu *Land od. See*, dies nach reiflicher Überlegung u. Erkundigung müssen Sie zu Zante bestimmen. *Sicherheit in jeder Hinsicht und die damit möglichst vereinbarste Wohlfeile*, dies bestimme

a) Wenn *zu Land*, unternehmen Sie ihn ohne Anfrage *gleich* durch *Türkisches u. Österreichisches Gebiet* vorzusehen die Mittel einzuschlagen, daß auf den Grenzen besonders kein Schaden besorgbar, welcher Transport bis Salzburg, bis München vielleicht.

b) Wenn *zu See*, müssen Sie meine Antwort abwarten; denn obgleich nach öffentlicher kundgemachter Erklärung ungehinderten Transport für jeden Erwerber von großbritannischer Seite die Pässe leicht zu Zante erhalten werden, müssen Sie dafür sehen, daß auch für etwa andern Erwerb sie gleichfalls gültig. Da müßte ich (?) auch besondere Erlaubnis erfolgen, daß franzöz. Kaper oder auf dem Festenlande es genommen werde.

15. In jedem Fall zeichnen Sie die Umrisse der Statuen, jedes Fragment besonders, in dem anzutreffenden Zustand, wie auch andere ausgezeichnete Werke, selber nehmen Sie die Zeichnungen mit.

16. Empfangschein über den Kreditbrief, in welchem die Summe ausgedrücket, geschrieben in Worte, händigen Sie Galerie-Inspt. Dillis ein. Sie können sich nicht dadurch beleidiget wähnen; denn was nützte er mir, kännte ich nicht Ihre Redlichkeit, aber da wir alle sterblich, Ihnen diese Instruktion zur Rechtfertigung gegen jedermann zu dienen, mir so zu Erlangung meines Eigentums Ihre Quittung. In Geldgeschäften will ich, daß die Form gegen mich beobachtet werde u. von mir.

17. Alles was H. v. Haller mir erworben, bringen Sie mir; auch wenn wider Verhoffen Sie, Wagner, mir nichts neues erwerben würden, begleiten Sie diese Werke zu Lande nach Salzburg oder hielten Sie das Meer besser, auf solchem; auch da ohne Anfrage an mich, wenn Sie es nämlich für sicher halten und der Wert der Werke nicht beträchtlich ist, nach Venedig, oder / aber nachstehend / Triest. Nehmen Sie davon und schon Erworbenem die Umrisse. Sind hinlänglich. Wieder vorausgesetzt die Gegenstände *ohne beträchtlichen Wert u. Sie wären der Sicherheit überzeugt, daß sonder Begleitung solche wohlbehalten durch Wien nach Salzburg kommen würden,* können Sie's ins Werk setzen, brauchend nicht Anfrage. Ich glaube es sehr gewaget, durch Gelegenheit vielleicht aber bewirkbar, die ich nicht vorsehen kann. Wenn aber eigener Begleiter, so muß es Wagner sein.

18. Wenn der Kreditbrief soll er Ihnen zugestellt werden, welchen Sie gleich dem Ihnen mitgegebnen dann zu behandeln. Lesen Sie fleißig m. Brief an Haller. *Können alle hier ausgesprochene Zwecke erfüllt werden ohne des Kredits gänzlichen Gebrauch, desto besser, sollte aber darüber erforderlich sein, zahle ich freudig mehr.*

19. Nach Beendigung der Reise legen Sie mir Rechnung ab und des Kredits u. gezogenen Geldes Rest, wenn solcher vorhanden, mir übergebend.

20. Wenn der Kredit in einem einigen [einzigen?] Brief, lassen Sie sich ihn in 2 oder 3 umschreiben, wenn keine Kosten verursachend, oder Sie es dennoch zweckmäßig halten, auf daß nicht gleich dessen gesamter Wert bekannt, möglich mir zum Nachteil meiner benutzen könnte. Wohlauf, Wagner, hin zu der Heimat der Geschichte und Kunst, Hellas! zu dir, senden kann ich Sie hin sogleich, folgen nur mit Gedanken. Der Ihnen sehr geneigte

Ludwig Kronprinz.

Original im Johann-Martin-von-Wagner-Museum der Universität Würzburg, Nachlaß Wagners: Briefwechsel König Ludwigs mit Johann Martin von Wagner, Fasz. I. Nr. 75. (Rechtschreibung leicht modernisiert).

BIOGRAPHISCHES UND
BIBLIOGRAPHISCHES VERZEICHNIS

*In Kapitälchen erscheinende Namen im laufenden Text
verweisen auf eigene Stichworte.*

ABERDEEN, George Hamilton Gordon (Vierter) Earl of (1784-1860):
Bereiste von 1802 bis 1803 Frankreich, Italien und Griechenland,
machte dabei die Bekanntschaft von G.C. GROPIUS; gründete die
›Athenian Society‹ und wurde 1812 zum Vorsitzenden der ›Society
of Antiquaries‹ gewählt; verlor das Interesse an Antiken und Altertumsforschung, als er sich der Diplomatie und Politik zuwandte;
1852 bis 1855 englischer Premierminister. »An Historical View of
the Rise and Progress of Architecture amongst the Greeks«, geschrieben als Vorwort zu WILKINS' Vitruv-Übersetzung von 1812,
1822 auch gesondert unter dem Übertitel *An Inquiry into the
Principles of Beauty in Grecian Architecture* in London veröffentlicht.
Das Manuskript der Aufzeichnungen über Aberdeens Griechen-
landreise ist im Besitz des Britischen Museums in London,
Department of Antiquities. Erwerbungen: Votivreliefs von der
Athener Pnyx, die durch Zufall zusammen mit ELGINS Antiken
ans Britische Museum kamen; 1861 erhielt das Museum auch die
Amykläischen Skulpturen und kaufte den nach Aberdeen be-
nannten Hermeskopf sowie einen Bronzehelm; ein Grab-Votiv-
relief ist heute im Fitzwilliam Museum in Cambridge, England;
der Rest seiner Antiken ist verschollen.

AGLIO, Agostino (1777-1857): Begleitete WILKINS 1802 von Rom
nach Griechenland und zurück nach England; half William Wilkins
bei der Fertigstellung seines Werks *The Antiquities of Magna Graecia*,
Cambridge 1807; wurde schließlich ein bekannter Innenarchitekt.

ALCOCK, Thomas (1801-1866): Diente in der Armee; später Mitglied des englichen Parlaments. *Travels in Russia, Persia, Turkey
and Greece in 1828-29*, London 1831.

ALLASON, Thomas (1790-1852): Besuchte 1814 mit John Spencer
STANHOPE Griechenland; wurde bekannter Architekt und schuf
viele Villen, Landhäuser und öffentliche Bauten. *Picturesque Views
of the Antiquities of Pola in Istria*, London 1819, auch in: *Quarterly
Journal of Science, Literature, and the Arts*, London 1821, Seite 204 ff.

AMAURY-DUVAL, Eugène-Emmanuel-Pineu (1806-1885): War Mitglied der archäologischen Sektion der ›Expédition scientifique de Morée‹ 1829; wurde als Bildnismaler und Freskant bekannt.

BARRY, Sir Charles (1795-1860): Mitglied der Londoner Royal Academy; bereiste nach einer kleinen Erbschaft 1817 Frankreich, Italien, Griechenland und die Türkei in Begleitung von Sir EASTLAKE und anderen; wurde von D. Baillie bis 1820 als Zeichner auf dessen Reisen beschäftigt. Später ein berühmter Architekt, der neben anderem das Londoner Parlamentsgebäude entwarf. Seine Zeichnungen befinden sich im Besitz des Royal Institute of British Architects (RIBA) in London.

BARTHOLDY, Jakob Ludwig (1779-1825): Preußischer Diplomat und Kunstkenner; reiste 1803 und 1804 in Frankreich, Italien und zeitweise zusammen mit GROPIUS und ABERDEEN in der Levante; wurde 1815 preußischer Generalkonsul in Italien. *Bruchstücke zur näheren Kenntnis des heutigen Griechenlands gesammelt auf einer Reise von J. L. S. Bartholdy im Jahre 1803-1804*, Zwei Teile, Berlin 1805.

BEDFORD, Francis (1784-1858): Mitglied der britischen Expedition der SOCIETY OF DILETTANTI von 1811; stellte 1814 bis 1832 in der Royal Academy in London aus und war in London als Kirchenbaumeister tätig. Seine Reiseskizzenbücher und Zeichnungen sind im Besitz des Royal Institute of British Architects.

BLOUET, Abel (1795-1853): Erhielt den französischen Grand Prix de Rome im Fach Architektur, studierte 1821 bis 1826 in Italien; wurde Regierungs-Baumeister und leitete 1829 die künstlerische Sektion der französischen ›Expédition scientifique de Morée‹; löste 1832 HUYOT als Architekt beim Bau des Arc de Triomphe an der Place de l'Etoile in Paris ab; 1846-1852 Professor für Architektur an der Pariser Académie des Beaux-Arts. Herausgeber des dreibändigen Tafelwerks über die archäologischen Ergebnisse der französischen Ausgrabungen: *Expédition scientifique de Morée*, Paris 1831-1835. Schrieb daneben auch Aufsätze über die Baukunst. – Über seine Erwerbungen siehe Seite 350.

BORY DE SAINT-VINCENT, Jean Baptiste Geneviève Marcellin Baron (1778-1846): Konnte unter Napoleon seine militärische Karriere als Oberst mit der Verfolgung seiner naturwissenschaftlichen Studien verbinden; leitete die wissenschaftliche Sektion der französischen ›Expédition scientifique de Morée‹ 1829, ebenso eine Mission nach Algerien 1840. Gab den zweibändigen Bericht über die wissenschaftlichen Ergebnisse der ›Expédition scientifique de

Morée‹ heraus: *Relation du voyage de la Commission Scientifique de Morée dans le Péloponnèse, les Cyclades et l'Attique*, zwei Bände, Paris und Straßburg 1836-1838; *Exploration scientifique de l'Algérie*, drei Bände, Paris 1846-67, und viele andere Veröffentlichungen.

BOSSET, Colonel Charles Philip de (1773-1845): Aus der Schweiz stammend; 1810-1814 Gouverneur von Kephalonia, danach Inspekteur der jonischen Milizen; trat 1818 in den Ruhestand. *Essai sur les médailles antiques des îles de Céphalonie et d' Ithaque*, London 1815; *Proceedings in Parga and the Ionian Islands ...*, London 1819, (mehrere Auflagen). Sammelte Votivreliefs und Münzen, die später das Britische Museum ankaufte.

BRØNDSTED, Peter Oluf (1780-1842): Dänischer Reisender und Altertumsforscher; besuchte 1809 Italien, 1810-1813 Griechenland und die Levante zusammen mit KOËS, HALLER und anderen, wobei er sich auch an der Ausgrabung des Frieses in Bassä beteiligte; hielt sich 1819 in Rom auf und besuchte 1821 noch einmal Griechenland; in den folgenden Jahren lebte er abwechselnd in Dänemark, England und Frankreich. *Voyages dans la Grèce*, Zwei Teile, Paris 1825-1830; in Deutsch unter dem Titel *Reisen und Untersuchungen in Griechenland...* 1826-30 in Stuttgart erschienen; *Über den Aufsatz im Hermes*, Paris und Stuttgart 1830 (eine Widerlegung der Anschuldigung in *Hermes*, Band 33, er habe die Manuskripte von Villoisin plagiiert), und weitere altertumswissenschaftliche Veröffentlichungen. – Über seine Erwerbungen Seite 308f.

BURGON, Thomas (1787-1858): Levantinischer Handelsherr, unternahm zwischen 1809 und 1813 Ausgrabungen in Athen und auf Milo. *An Inquiry into the Motive which influenced the Ancients in their choice of various representations ... on their money*, London 1836. Erwarb Bronzen, Münzen und Vasen, darunter die sogenannte ›Burgon-Amphora‹ (1842 vom Britischen Museum angekauft).

BYRON, George Gordon Noel, (Sechster) Baron (1788-1824): Reiste in Griechenland und in der Levante, dabei 1809-1811 in Begleitung von HOBHOUSE. Verließ 1816 England, um fortan in Italien zu leben; ging 1823 nach Griechenland, um dessen Befreiungskampf zu unterstützen, starb in Misolunghi. Unter seinen zahlreichen Werken: *English Bards, and Scotch Reviewers*. A Satire, o.O. (1809; mit Anspielungen auf Elgin und Aberdeen); *Childe Harold's Pilgrimage*, Cantos I und II, London 1812; *The Curse of Minerva*, 1812 gedruckt, aber nicht veröffentlicht; *Letters and Journals*, herausgegeben von L.A. Marchand, 1973.

CASENOVE, Henry (1788-1879): Sohn eines Londoner Handelsherrn; entkam über Griechenland aus napoleonischer Haft und
ging 1811 mit seinem Bruder nach Athen. *A Narrative in Two
Parts*, 1812 geschrieben und 1813 von J. Compton ohne Verfasser-
angabe gedruckt.

CHATEAUBRIAND, Vicomte François-René de (1768-1848): Emi-
grierte 1792 aus Frankreich und bereiste 1806 Griechenland, die
Levante, Afrika und Spanien; unter der Restauration der Bourbonen Außenminister. Unter seinen berühmten Schriften: *Itinéraire de Paris à Jérusalem et de Jérusalem à Paris, en allant par la Grèce...*,
Paris 1811. Erwarb Fragmente aus Athen, Sparta, Mykene und
anderen Ausgrabungen als Andenken.

CHOISEUL-GOUFFIER, Marie Gabriel Florent Auguste Comte de
(1752-1817): Bereiste 1776 die Levante zusammen mit Foucherot,
Hilair sowie Kauffer und besuchte dabei auch die griechischen
Inseln; akkreditierter Botschafter Frankreichs in Konstantinopel
1785; sandte Fauvel als künstlerischen Beauftragten nach Athen;
floh 1792 nach Rußland, kehrte 1802 nach Frankreich zurück und
beugte sich Napoleon, worauf er den größten Teil seiner beschlag-
nahmten Antiken zurück erhielt; baute sich ein Museum nahe den
Champs-Elysées, um seine Sammlung auszustellen. *Voyage pitto-
resque de la Grèce*, drei Bände, Paris 1782, 1809 und 1818. Sammelte
Antiken in Konstantinopel, Smyrna und andernorts, dazu kamen
Fauvels Erwerbungen aus Athen. Auktionskatalog von Jean
Joseph Dubois, 1818.

CLARKE, Reverend Dr. jur. Edward Daniel, (1769-1822): War
1799 bis 1802 Tutor von CRIPPS, mit dem er Nordeuropa und die
Levante bereiste; wurde 1805 als Geistlicher ordiniert, versah
zwei Pfarreien und hatte eine Professur für Mineralogie an der
Universität Cambridge. *Travels in Various Countries of Europe,
Asia and Africa*, sechs Bände, London 1810-1823; *Testimonies of
Different Authors respecting the Colossal Statue of Ceres...*, o.O. 1803;
*Greek Marbles Brought from the Shores of the Euxine, Archipelago,
and Mediterranean ...*, Cambridge 1809. Über ihn W. Otter: *The
Life and Remains of the Rev. Edward Daniel Clarke*, o.O. 1824. Außer
seinen im Kapitel ›Eleusis‹ erwähnten Erwerbungen: Handschriften von Patmos, die später für tausend Pfund Sterling von
der Bodleian Library in Oxford angekauft worden sind, und Münzen, die für hundert Pfund Sterling an den Kunsttheoretiker Richard Payne Knight kamen.

COCKERELL, Charles Robert (1788-1863): Sohn des Architekten S.P. Cockerell, assistierte Smirke beim Wiederaufbau des Covent Garden Theatre in London; bereiste 1810-1817 die Türkei, Griechenland, Kleinasien, Sizilien, Italien und Frankreich; wurde ein vielbeschäftigter Architekt, baute in Oxford, Cambridge, Bristol, Liverpool und London; lehrte 1840 bis 1856 als Professor für Architektur an der Royal Academy in London. *Quarterly Journal of Science, Literature, and the Arts*, 1819, Seite 327ff.; ein Beitrag über Sizilien zu dem Jahrgangsband 1830 der von der SOCIETY OF DILETTANTI herausgegebenen *Antiquities of Athens; The Temples of Jupiter Panhellenius at Aegina, and of Apollo Epicurius at Bassae near Phigaleia in Arcadia*, London 1860; seine Manuskripte besitzt das Department of Antiquities am Britischen Museum zu London. *Travels in Southern Europe and the Levant 1810-1817 – The Journal of C.R. Cockerell* R.A., edited by his son *Samuel Pepys Cockerell*, London 1903. Zu seinen Erwerbungen siehe die Kapitel ›Ägina‹ und ›Bassä‹.

COUSINÉRY, Esprit Marie (1747-1835): War seit 1773 Konsulatsangestellter in Smyrna, Rosette und Saloniki; verlor während der Revolution 1793 seinen Posten und lebte bis 1803 in Smyrna; kehrte dann nach Frankreich zurück. Kleinere Schriften über numismatische Themen und *Voyage dans la Macédoine* ..., zwei Bände, Paris 1831. Trug mindestens vier Sammlungen antiker Münzen zusammen, siehe Seite 133f.

CRAVEN, Keppel (1779-1851): Kunstkenner und Freund von William GELL, den er auf eigene Rechnung 1811 auf der Expedition der ›Dilettanti‹ nach Griechenland und in die Levante begleitete; war 1814 vorübergehend Kammerherr bei der englischen Kronprinzessin, Karoline von Braunschweig-Wolfenbüttel; lebte danach in Italien.

CRIPPS, John Martin (gestorben 1853): Reiste zwischen 1799 und 1801 als Schüler von Edward Daniel CLARKE durch Nordeuropa und die Levante, von wo er eine große Sammlung von Antiken und Kuriositäten nach Hause brachte (siehe Kapitel ›Eleusis‹); ließ sich auf seinem Gut bei Stanton in Sussex nieder, um sich der Gartenkunst zuzuwenden.

DILETTANTI *siehe* SOCIETY OF DILETTANTI

DODWELL, Edward A. (1767-1832): Finanziell unabhängig; reiste 1801 als französischer Kriegsgefangener auf Ehrenwort in der Levante und wiederum 1805 bis 1806; schuf vierhundert Zeich-

nungen, der von ihm beschäftigte Maler Simone POMARDI sechshundert; lebte später in Italien als Kunstkenner und Altertumswissenschaftler. *A Classical and Topographical Tour through Greece,
during the Years 1801, 1805, and 1806*, zwei Bände, London 1819
(deutsche Ausgabe: *Eine klassische und topographische Reise* ..., 1830
in Leipzig erschienen); *Views in Greece*, zwei Bände, London 1821;
*Views and Descriptions of Cyclopean, or, Pelasgic Remains, in Greece and
Italy* ..., London 1834. *Alcuni Bassirilievi della Grecia*, Rom 1812. Erwerbungen: Sein ›Museum‹ in Rom umfaßte griechische Bronzen,
Terrakotten und Vasen, darunter eine 1805 bei Korinth entdeckte
Pyxis; an Skulpturen besaß es einen marmornen Arm mit Hand, das
Fragment eines Pferdebeins vom Parthenon, zwei Marmorköpfe
und eine weibliche Statuette aus Athen sowie Ornamentstücke
vom Parthenon, vom Erechtheion, aus Eleusis und Mykene; das
Schicksal anderer von Dodwell ausgegrabener Antiken aus Delphi
und vom Piräus ist unbekannt; das ›Museum‹ wurde nach seinem
Tode an König LUDWIG I. von Bayern verkauft, vergl. *Notice sur le
Musée Dodwell et catalogue raisonné* ..., veröffentlicht von der Direc-
tion de l'Institut de Correspondence archaeologique, Rom 1837.

DONALDSON, Thomas Leverton (1795-1885): Reiste 1819-1822 mit
William JENKINS durch Italien, Griechenland und die Levante;
baute neben anderem die Holy Trinity Church in South Kensing-
ton, London; wurde 1841 Professor für Architektur am University
College in London; 1863 Präsident des Royal Institute of British
Architects. *Selection of Ornamental Sculptures in the Louvre*, 1828;
Beiträge zu dem 1830 erschienenen Band der von den DILETTANTI
herausgegebenen *Antiquities of Athens* [Bassä, Messene und
Mykene]; *A Collection of the most approved Examples of Doorways,
from ancient buildings in Greece and Italy* ... [einschließlich Ere-
chtheion], London 1833. Sein Skizzenbuch ist im Besitz des Royal
Institute of British Architects, London.

DOUGLAS, Frederic Sylvester North, Parlamentsmitglied (1791 bis
1819): Bereiste 1811-1812 Griechenland und die Levante, zeit-
weise in Begleitung von Frederick NORTH; war Mitglied des
Parlamentsausschusses ›Select Committee on Elgin marbles‹.
*An Essay on Certain Points of Resemblance between the Ancient and
Modern Greeks*, London 1813.

DUBOIS, Léon Jean Joseph (gestorben 1846): Reiste 1815 in der
Levante; wurde Zeichner in der Abteilung ägyptischer Antiken
im Pariser Louvre; leitete die archäologische Sektion der ›Expé-

dition scientifique de Morée‹ 1829; dann Konservator der Antikenabteilung des Louvre. *Choix de pierres gravées antiques égyptiennes et*
persanes recueillies pendant un voyage fait au Levant en l' année 1815 ...,
Paris 1817; *Description des antiquités égyptiennes et ... grecques*, Paris
1837; ab 1818 zahlreiche Sammlungskataloge. Über seine Erwerbungen siehe Kapitel ›Olympia‹.

DUMONT D'URVILLE, Admiral Jules-Sébastian-César (1790-1842):
Trat 1840 in die französische Marine ein, studierte Naturgeschichte
und Naturwissenschaften; war 1819 Mitglied einer hydrographi-
schen Forschungsexpedition ins Schwarze Meer, spielte eine
Rolle beim Erwerb der Venus von Milo, leitete später zwei berühmte Expeditionen: eine Weltumsegelung 1826-1829, bei der
er die Unglücksstätte seines verschollenen Vorgängers Jean
François de la Perouse entdeckte, und eine Exploration in Ozea-
nien und zum Südpol; erlitt zweimal Schiffbruch und kam bei
einem Eisenbahnunglück ums Leben. Zitiert sei nur »Relation de
la campagne hydrographique de la galère la Chevrette dans le
Levant et la Mer Noire« in *Annales Maritimes*, Paris 1812, Seite 149.

DUPRÉ, Louis (1789-1837): Seit 1811 Hofmaler des Königs von
Westfalen, der ihn auf Studienreise nach Italien schickte; begleitete
1819 die Griechenland-Reisenden Hyett, Hay und Vivian als Maler;
ließ sich 1831 in Paris nieder, wo er sich hauptsächlich als Aquarel-
list betätigte; viele seiner Blätter wurden lithographiert. *Voyage*
à Athènes et à Constantinople, ou collection de portraits, de vues et de
costumes grecs et ottomans ..., Paris 1825, zweite Auflage Paris 1835.

DUVAL siehe AMAURY-DUVAL

EASTLAKE, Sir Charles Lock, Mitglied der Londoner Royal Academy
(1793-1865): Studierte Historienmalerei; ging 1816 nach Italien,
besuchte 1818 zusammen mit Charles BARRY, William KINNARD
und Johnson Griechenland; kehrte 1830 nach England zurück,
wurde berühmter Künstler, später Präsident der Royal Academy;
zuerst Konservator, dann Direktor der National Gallery in
London. *Contributions to the Literature of the Fine Arts*, Zweite
Folge, mit einem Gedenkartikel seiner Witwe, London 1870.
Seine Skizzen sind im Besitz des Royal Institute of British Architects.

ELGIN, Thomas Bruce (7.) Earl of (1766-1841): Nach militärischer
und diplomatischer Laufbahn wurde er 1798 britischer Botschafter
bei der Hohen Pforte in Konstantinopel; benutzte die Gelegenheit, die Reste griechischer Kunst im Osmanischen Reich zu stu-

dieren, wozu er bereits in Italien und auf Sizilien Künstler in seinen Dienst stellte; wurde bei seiner Rückkehr aus der Türkei zwischen 1803 und 1806 von Napoleon in Frankreich zurückgehalten; nach Schwierigkeiten bei der Verschiffung und Unterbringung der von seinen Beauftragten erworbenen Antiken bestätigte ihm 1816 der Parlamentsausschuß des britischen Unterhauses ›Select Comittee of the House of Commons‹, daß ihre Verbringung nach England und seine Besitzansprüche an ihnen rechtmäßig seien und empfahl dem Staat den Ankauf für eine Summe von 35 000 Pfund (etwa 700 000 Goldmark). Elgin nahm späterhin wenig Anteil an Staatsgeschäften. Vergleiche William Linn Saint Clair: *Lord Elgin and the Marbles*, London 1967; A. H. Smith: *Journal of Hellenic Studies*, 1816, Seite 163 ff.; die Einzelheiten über seine Erwerbungen im *Catalogue of Sculptures at the British Museum*, London 1892. – Elgin behielt einige Antiken, Vasen etc. in seinem Haus in Broomhall.

FAUVEL, Louis François Sebastien (1753-1838): Bereiste 1780 bis 1782 zusammen mit Foucherot Italien und Griechenland für Comte CHOISEUL-GOUFFIER; kehrte 1785 mit Choiseuls künstlerischem Stab in die Levante zurück; ging 1786 als dessen Kunstagent nach Athen; war 1787 in Konstantinopel, bereiste 1788 die griechischen Inseln, floh 1789 vor der Pest nach Ägypten und kehrte mit Choiseuls Sohn nach Athen zurück; war 1792 in Konstantinopel, fuhr zusammen mit COUSINÉRY nach Saloniki, kehrte 1793 nach Athen zurück, wo er 1799 nach der französischen Invasion in Ägypten inhaftiert, nach Konstantinopel gebracht und 1801 wieder freigelassen wurde; kehrte 1803 als Vizekonsul mit einem Jahresgehalt von vierhundert Pfund nach Athen zurück; nach der Eroberung Athens durch die Griechen 1821 zog er auf die Insel Kea, und nach einer kurzen Rückkehr nach Athen ließ er sich dann für den Rest seines Lebens in Smyrna nieder. Seine Manuskripte sind im Besitz der Pariser Bibliothèque Nationale und in der Gennadios-Bibliothek zu Athen; Aufzeichnungen über seine Reisen bis 1802 und seine Berichte in den *Mémoires de l' Institut des Sciences et Arts (Littérature et Beaux-Arts)*; seine Briefe sind im *Magazin Encyclopédique* veröffentlicht; seine Karte Athens im Atlas zu Oliviers *Voyage* und in Walpoles *Memoirs*, Seite 476; sein Bericht über die Öffnung eines Grabhügels ebenfalls in *Memoirs*, Seite 465; Zeichnungen zu Choiseuls *Voyage*, Cousinérys *Voyage* und Clarkes *Travels*; vergleiche auch seine Biographie von Philippe-

Alexandre-Ernest-Felix Legrand in *Revue Archéologique*, xxx, 1897, Seiten 41 und 185 ff; xxxi, 1898, Seiten 94 ff. und 185 ff.; auch selbständig erschienen unter dem Titel *Biographie de Louis-François-Sébastien Fauvel, antiquaire et consul (1753-1838)*, Paris 1897. Über seine Erwerbungen siehe die ersten drei Kapitel.

FAZAKERLEY, John Nicolas (1787-1852): Bereiste 1810 und 1811 mit Henry GALLY-KNIGHT die Levante; kam als Abgeordneter für Lincoln und Peterborough ins Unterhaus, war 1816 Mitglied des mit Elgins Antiken befaßten Unterhausausschusses. Zu seinen Erwerbungen vergleiche Kapitel ›Peloponnes‹.

FINLAY, George (1799-1875): Besuchte Griechenland 1823, um die Lage im Unabhängigkeitskampf zu beurteilen, und nahm später aktiv daran teil; kaufte sich in Attika an, wo er seine *History of Greece* schrieb, die ab 1844 erschien. Erwerbungen: Eine Grabstele, die nach seinem Tod nach Rußland und später nach Berlin kam; andere Fragmente wurden zuletzt in seinem Garten gesehen.

FIOTT, Lee John (1783-1866): Studium in Cambridge; bereiste noch als Bakkalaureus 1807 bis 1810 Europa und die Levante; erwarb Antiken auf den jonischen Inseln, in der Türkei alte Handschriften, Münzen, Medaillen u.a. »Antiquarian Researches in the Ionian Islands« in *Archaeologia*, 1848.

FORBIN, Nicolas Philippe Auguste Comte de (1777-1841): Künstler und Soldat; war 1802 kurze Zeit Kammerherr der Prinzessin Pauline; nach der Restauration der Bourbonen wurde er Direktor der Musées Royaux in Paris; bereiste 1817 und 1818 Griechenland und die Levante zusammen mit Abbé de Forbin-Janson und dem Künstler HUYOT. *Voyage dans le Levant*, Paris 1819. Erwerbungen: Kaufte für rund 350 Pfund Antiken von Fauvel – siehe Kapitel ›Athen und Attika‹ – und zwei Statuenfragmente auf Milo.

FORESTI, George: Englischer Konsul in Joannina 1810; Sohn Spiridon im konsularischen Dienst 1809 auf Malta, später auf Zante.

FOSTER, John (1786-1846): Sohn eines Liverpooler Architekten; stellte 1804 bis 1807 in der Londoner Royal Academy aus; bereiste zusammen mit Charles Robert COCKERELL 1810 bis 1815 Griechenland und die Levante; kehrte nach Liverpool zurück und wurde ein erfolgreicher Architekt mit seinem Bruder als Partner; entwarf viele bedeutende Gebäude während seiner Amtsführung als Stadtbaumeister Liverpools; ging 1835 in Ruhestand. Erwerbungen: Skulpturen aus Ägina und Bassä (siehe Kapitel ›Ägina‹ und ›Bassä‹).

GALLY-KNIGHT, Henry, Parlamentsmitglied (1786-1846): Bereiste Sizilien, Griechenland, Ägypten und Palästina in den Jahren 1810 und 1811 mit FAZAKERLEY und kurze Zeit zusammen mit NORTH; wurde später Schriftsteller und galt als Experte auf dem Gebiet der gotischen Baukunst. Orientalische Verserzählungen: *Ilderim*, sowie *Phrosyne*, *Alashtar*, London 1816 und 1817; *Eastern Sketches*, London 1819. Über seine Erwerbungen vergleiche Kapitel ›Peloponnes‹.

GALT, John (1779-1839): Fruchtbarer Schriftsteller mit einem Hang zu abenteuerlichen Geschäften; bereiste 1809 bis 1811 Europa, Griechenland und die Levante; von seinen vielen Schriften seien zitiert: *Voyages and travels in the years 1809, 1810, and 1811 ...*, London 1812; *Letters from the Levant ...*, London 1813; *The Life of Byron*, London 1830; *The Autobiography of John Galt*, zwei Bände, London 1833.

GANDY-DEERING, John Peter (1787-1850): Mitglied der Expedition der DILETTANTI 1811; wurde ein bekannter Architekt; schrieb Beiträge zu den von den ›Dilettanti‹ herausgegebenen *Unedited Antiquities of Attica*, London 1817. Erwerbungen: Teil eines Kolossalhauptes, ein weiblicher Torso, Fragmente von Rhamnous, die er 1820 dem Britischen Museum in London schenkte; ein Votiv-Relief aus dem späten vierten Jahrhundert erwarb das Britische Museum 1952.

GELL, Sir William (1777-1836): Besuchte in den Jahren 1801 und 1802 in öffentlichem Auftrag Griechenland, Troja und die jonischen Inseln; reiste 1805 und 1806 durch ganz Griechenland; leitete 1811 die Expedition der DILETTANTI nach Griechenland und in die Levante; war 1814 kurze Zeit Kammerherr bei der englischen Kronprinzessin Karoline von Braunschweig-Wolfenbüttel; lebte von 1820 an in Italien. *The Topography of Troy and its vicinity ...*, London 1864; *The Geography and antiquities of Ithaka*, London 1807; *The Itinerary of Greece, with a commentary on Pausanias and Strabo*, London 1810; *Itinerary of the Morea, being a Description of the Routes of that Peninsula*, London 1817; *Narrative of a journey in the Morea*, London 1823; außerdem Werke über Pompeji und Rom. Seine Manuskripte sind im Besitz des Departments of Antiquities im Britischen Museum, London.

GIRAUD, Familie: Alteingesessene Kaufmannsfamilie in Athen unter französischem Schutz; eine Tochter heiratete LUSIERI, ein Sohn, Nicolo, war mit Lord BYRON befreundet.

GOTT, Benjamin: Bereiste zusammen mit Rawson die Levante und Griechenland; starb 1815 im Piräus, wurde im Theseion begraben. Erwerbungen: Zwölf griechische Grabskulpturen; Altäre und Architekturfragmente; Rawson hielt die Sammlung zusammen, bis sie 1863 dem Museum of the Leeds Philosophical and Literary Society überlassen wurde.

GRAHAM, Sir Sandford, Parlamentsmitglied (1788-1852): Bereiste 1810/11 Griechenland und die Levante, erwarb eine Anzahl Vasen (vergleiche Kapitel ›Athen und Attika‹).

GROPIUS, Georg Christian (gestorben 1845?): Trat in Rom in den Dienst Wilhelm von Humboldts, wurde dort von Graf ABERDEEN (oder BARTHOLDY) als Maler angestellt, um ihn auf seiner Reise nach Griechenland zu begleiten; blieb als Bevollmächtigter Aberdeens und Kaufmann in der Levante; wurde 1810 englicher Bevollmächtigter auf Trikkeri am Golf von Volos; wurde mit der Versteigerung der Ägineten beauftragt, aber wegen rechtswidriger Handlungen entlassen; half 1812 bei der Ausgrabung der Antiken in Bassä; war als Ausgräber und Antikenhändler, manchmal in Zusammenarbeit mit FAUVEL, tätig; wurde um 1818 österreichischer Vizekonsul in Athen; blieb während des Griechischen Befreiungskampfes dort oder in Ägina.

HALGAN, Admiral Emmanuel (1771-1852): Kämpfte in den Napoleonischen Kriegen, diente ab 1819 auf einem französischen Stützpunkt in der Levante; Erwerbungen: Antiken von Milo, die später an die Sammlung Pourtalès kamen; über weitere siehe Kapitel ›Athen und Attika‹.

HALLER VON HALLERSTEIN, Freiherr Karl (1774-1817): Studierte sieben Jahre lang in Nürnberg und Berlin (Kreis um Gilly) Architektur; wurde 1806 in Nürnberg Bauinspektor, hatte aber auch einen privaten Auftraggeberkreis; erhielt 1808 Urlaub, um nach Italien zu reisen; fuhr 1810 mit BRØNDSTED u.a. nach Griechenland, wurde 1811 von Kronprinz LUDWIG VON BAYERN mit der Ausgrabung und dem Erwerb von Antiken beauftragt; starb in Ambelakia (Thessalien) am Fieber, von Gropius in Athen begraben. Verlor einen großen Teil seiner Zeichnungen und Manuskripte sowie eine kleinere Sammlung von Antiken bei einer Seereise nach Athen; seine überkommenen Manuskripte und Werke befinden sich in Berlin, Straßburg und München; seine Briefe an COCKERELL im Department of Antiquities des Britischen Museums in London. Tagebücher und Briefe veröffentlicht von

R. Bergau in *Die Grenzboten*, 34, 1875 (I: 202ff, 254ff.) und 35, 1876 (I: 281ff., III: 269ff.), in *Kunstkronik* 1875, in der *Zeitschrift für bildende Kunst* 1877 und 1883, alle in Leipzig. Über ihn siehe »Ludwig I. von Bayern und Karl Haller von Hallerstein« in Karl Theodor von Heigel: *Historische Vorträge und Studien*, Dritte Folge, München 1887. Erwerbungen: Siehe Kapitel ›Ägina‹ und ›Bassä‹.

HOBHOUSE, John Cam, Baron Broughton (1786-1869): Freund BYRONS, mit dem er in den Jahren 1809 und 1810 Albanien, Griechenland und die Levante bereiste; wandte sich der Politik zu und übernahm öffentliche Ämter; war Mitglied des ›Greek Committee‹ von 1823. *A Journey through Albania and Other Provinces of Turkey in Europe and Asia, to Constantinople, during the Years 1809 and 1810*, London 1813 (Neuauflagen in zwei Bänden 1813 und 1855); *Recollections of a Long Life*, London 1865. – Erwerbungen: Zwei Aphrodite-Figuren, jetzt im Britischen Museum, London; andere Antiken, darunter auch ein Marmorhaupt, sind verschollen.

HOLLAND, Sir Henry (1788-1873); Bereiste 1812 und 1813 die Levante und Griechenland; wurde ein berühmter Arzt. *Travels in the Ionian Isles, Albania, Thessaly, Macedonia ...*, London 1815 (Neuauflage in zwei Bänden 1819); Deutsche Ausgabe: *Reisen durch die jonischen Inseln ... in den Jahren 1812 und 1813*, Jena 1876.

HUGHES, Rev. Thomas Smart (1786-1847): Nach glänzender Universitätslaufbahn 1812 bis 1814 Tutor von R. Townley Parker, mit dem er Europa, Griechenland und die Levante bereiste. *Travels in Sicily, Greece, and Albania*, Zwei Bände, London 1820 (überarbeitete Auflage, London 1830) mit Stichen nach Zeichnungen von Cockerell; *An Address to the People of England in the cause of the Greeks ...*, London 1822; *Considerations upon the Greek Revolution ...*, London 1823.

HUNT, Reverend Philip (geboren 1771): Wurde 1779 unter ELGIN Kaplan der Britischen Botschaft in Konstantinopel; 1801 in Athen, 1803 auf der Rückreise in Begleitung Elgins in Frankreich gefangengenommen. Erhielt mehrere Pfarreien; war dann Dechant von Holkham Hall unter seinem neuen Gönner, dem Herzog von Bedford, für den er 1822 den Text für eine Schrift über die Antiken von Woburn Abbey vorbereitete. *A Narrative of What Is Known Respecting the Literary Remains of the Late J. Tweddell*, London 1816.

HUYOT, Jean-Nicolas (1780-1840): Architekt; begleitete FORBIN auf Reisen in Griechenland und der Levante zwischen 1817 und 1821; brach sich im Theater von Milo ein Bein; verlor seine Papiere beim Brand von Patras im Griechischen Befreiungskrieg; wurde Professor an der Pariser École des Beaux-Arts; war beteiligt am Bau des großen Arc de Triomphe in Paris. Seine Manuskripte sind im Besitz der Pariser Bibliothèque Nationale und des Royal Institute of British Architects, London.

INWOOD, Henry William (1794 - 1843): Besuchte 1819 Griechenland, um aufgrund des ihm und seinem Vater übertragenen Entwurfs der Londoner Saint Pancras New Church das Erechtheion zu studieren; arbeitete auch weiterhin zusammen mit seinem Vater erfolgreich im gemeinsamen Architektenbüro. *The Erechtheion at Athens: Fragments of Athenian Architecture and a few Remains in Attica, Megara and Epirus ...*, London 1831; *Of the Resources of Design in the Architecture of Greece, Egypt ...*, London 1834. Erwerbungen: Drei Fragmente von Votiv-Reliefs und ornamentalen Reliefs aus Lakonien; Fragmente einer Grabstele aus Athen; Dekorationsbeispiele aus Mykene; Teile einer athenischen Stele; Erechtheion-Fragmente, ein Kopf mit Helm und ein Votiv-Relief, heute beide im Britischen Museum, London; das Schicksal der von ihm erworbenen Kapitelle ist unbekannt; siehe auch in den Kapiteln ›Die Akropolis von Athen‹ und ›Athen und Attika‹.

JENKINS, William: Bereiste 1820 Griechenland zusammen mit DONALDSON; stellte seine Ansichten von Athen in der Londoner Royal Academy aus; steuerte Stiche und Erklärungen für den 1830 erschienenen Band der von den DILETTANTI herausgegebenen *Antiquities of Athens* bei.

KINNARD, William (1788 - 1839): Bereiste zusammen mit EASTLAKE und BARRY 1818 Italien, Griechenland und die Levante; edierte die wertvolle zweite Auflage des vierten Bands der von den DILETTANTI herausgegebenen *Antiquities of Athens*, London 1825 - 1830, und steuerte Beiträge zum fünften Band der *Antiquities*, London 1830, über Athen und Delos bei.

KOËS, G.H.C. (1752 - 1811): Dänischer Gelehrter; bereiste zusammen mit BRØNDSTED 1810 Italien und Griechenland; starb auf Zante.

LAURENT, Peter Edmund (1796 - 1837): Humanistischer Gelehrter und Sprachlehrer; bereiste 1818 und 1819 Griechenland, die Levante und Italien. *Recollections of a Classical Tour through Various Parts of Greece, Turkey, and Italy ...*, London 1821; eine Herodot-Übertragung 1827; *An Introduction to the Study of Ancient Geography*, Oxford 1830.

LEAKE, William Martin, Oberstleutnant (1777-1860): Mitglied einer militärisch-diplomatischen Mission in die Türkei; besuchte gemeinsam mit Hamilton und Squire Ägypten; ging 1802 nach Athen; erlebte den Schiffbruch von ELGINS Schiff ›Mentor‹ bei der Insel Kithera mit; 1805 in militärisch-diplomatischer Mission in der Morea; nach der englischen Kriegserklärung an die Türkei 1805 in Saloniki neun Monate in Haft; freigelassen, um Ali Pascha zu Vermittlungsgesprächen zu veranlassen; Rückkehr nach England; in den Jahren 1809 und 1810 diplomatische Mission am Hofe Alis; 1815 in den Ruhestand versetzt, um das auf seinen Reisen gesammelte Material für seine später berühmt gewordenen Reisebeschreibungen zu ordnen und seine während dieser Zeit sowie auf englischen und ausländischen Versteigerungen erworbenen Münzen zu katalogisieren. *Researches in Greece*, London 1814; *The Topography of Athens* ..., London 1821, (deutsche Ausgaben Halle 1829 und Zürich 1844); *Journal of a Tour in Asia Minor* ..., London 1824; *An Historical Outline of the Greek Revolution*, o. O. 1825; *Travels in the Morea*, drei Bände, London 1830, und *Peloponesiaca* ..., eine Ergänzung dazu, London 1846; *Travels in Northern Greece*, vier Bände, London 1835; *Greece at the End of twenty-three Years' Protection*, London 1851; *Numismata Hellenica* ..., Katalog seiner griechischen Münzen, London 1854, Ergänzungsband 1859; *On Some Disputed Questions of Ancient Geography*, London 1857; Erwerbungen: Apollo-Torso, zwei Votiv-Reliefs aus Thessalien und eines aus Lakonien; weiblicher Torso und Sarkophag-Fragment aus Sparta; Herme mit weiblicher Büste von Mantinea; zwei Abschlußbüsten, ein Geschenk Ali Paschas: alles 1839 dem Britischen Museum in London als Geschenk überlassen; seine Sammlung griechischer Münzen, Bronzen, Vasen etc. wurden nach seinem Tod für fünftausend Pfund von der Universität Cambridge erworben.

LEGH, Thomas (1793-1857): Bereiste 1811 und 1812 die Levante, Ägypten und Griechenland und war an den Ausgrabungen in Bassä beteiligt; vertrat von 1814 bis 1832 die Stadt Newton (Lancashire) im Britischen Parlament; wohnte in Lyme Park, Cheshire. *Narrative of a Journey in Egypt, and the Country beyond the Cataracts*, London 1816. Erwerbungen: Drei Grabstelen aus Athen.

LENORMANT, Charles (1802-1859): Altertumsforscher, besonders interessiert an Numismatik; besuchte Griechenland 1829 kurz im

Zusammenhang mit der Expédition scientifique de Morée; starb bei einem späteren Besuch in Athen. *Trésor de Numismatique et de Glyptique* ..., zwanzig Bände, Paris 1834-46; *Beaux-Arts et Voyages*, Paris 1861.

Linckh, Jakob (1787-1841): Württembergischer Maler; mit siebzehn Jahren erstmals in Rom in Begleitung des Freiherrn Karl Friedrich Emich von Uexküll, der ihn in die Künstlerkreise um Gottlieb Schick, Josef Anton Koch, Johann Christian Reinhart und Bertel Thorwaldsen einführte; bei weiteren Romaufenthalten 1808 und 1809 Bekanntschaft mit Haller von Hallerstein, Koës, Stackelberg und Brøndsted, mit denen er 1810 nach Griechenland geht; wesentlicher Anteil an den Ausgrabungen in Ägina und Bassä, dann Grabungen auf Ithaka und Leukas, in Preveza und Nikopolis; ab 1815 wieder in Rom, wo er mit August Kestner zusammentrifft und mit diesem sowie Eduard Gerhard und Theodor Panofka einen wissenschaftlichen Bund schließt, die Keimzelle des 1829 gegründeten Deutschen Archäologischen Instituts; 1831 endgültige Heimkehr nach Stuttgart. Das Manuskript seines Ägina-Tagebuches von P. Wolters bearbeitet und mit einem Vorwort veröffentlicht von Peter Goessler: »Jacob Linckh, ein Philhellene« in *Münchner Jahrbuch der Bildenden Kunst*, Neue Folge 1937/38, Band XII, Seite 137ff. Über Linckh siehe auch Peter Goessler: *Jacob Linckh, ein württembergischer Italienfahrer, Philhellene, Kunstsammler und Maler*, Stuttgart 1930. Linckhs Nachlaß ehedem im Besitz der Freiherren von Pappus, heute von Lerchenfeld, auf Schloß Rauhenzell bei Sonthofen im Allgäu. Über seine Erwerbungen siehe die Kapitel ›Ägina‹ und ›Bassä‹. Seine Sammlung nach seinem Tod zum größten Teil von seiner Witwe verkauft: Die antiken Münzen und Funde aus Ithaka neben einigen Bildern 1842 nach Paris, einige Terrakotten nach Berlin, zahlreiche Vasen an die ehemalige Königliche Kunstkammer, heute in der Antikenabteilung des Württembergischen Landesmuseums. Eine Reihe von Gemälden, dann Zeichnungen, Aquarelle und Tagebücher beim Nachlaß auf Schloß Rauhenzell.

Logotheti, Alessandro (gestorben 1822): 1799 zum Bevollmächtigten der ›Levant Company‹ in Athen bestellt; obwohl als ›Vizekonsul‹ bekannt, erhielt er diesen Rang jedoch erst 1816 in Anerkennung seiner Verdienste beim Besuch der englischen Kronprinzessin, Karoline von Braunschweig-Wolfenbüttel; außerdem ›Archont‹ oder Gemeindebeamter von Athen.

LUDWIG I. VON BAYERN (1786-1868; König von Bayern 1825-1848):
Begeisterter Idealist, Kunstfreund und Mäzen. Durchdrungen von
der damals weit verbreiteten spätaufklärerischen Ansicht, auf das
Volk besonders durch das Vorbild edler – das ist: klassischer –
Kunstwerke erzieherisch und bessernd einwirken zu können, förderte er bereits als Kronprinz zielstrebig die Schönen Künste und
die Wissenschaften. Getreu seiner Devise »Ich will aus München
eine Stadt machen, die Teutschland so zur Ehre gereichen soll,
daß keiner Teutschland kennt, wenn er nicht München gesehen
hat«, betrieb er den Ausbau Münchens zur klassizistischen Residenz. Schuf die einzigartige Ludwigstraße mit ihren Prachtbauten,
den Königlichen Platz samt Propyläen, Glyptothek und Kunst-
ausstellungsgebäude, Sankt Bonifaz, Allerheiligen-Hofkirche und
drei weitere Kirchen, Bavaria mit Ruhmeshalle sowie die umfangreichen Erweiterungsbauten der Residenz. Außerhalb Münchens
vor allem die Walhalla bei Donaustauf und die Befreiungshalle bei
Kelheim: Beide Ausdruck seiner Bemühung, deutsches Fühlen
und antiken Geist zu vereinigen. Daneben dem technischen Fort-
schritt nicht abgeneigt: Unter ihm fuhr 1835 die erste deutsche
Eisenbahn von Nürnberg nach Fürth und wurde 1845 der Ludwigs-
Donau-Main-Kanal eröffnet. Neben seinen beiden großen Architekten, Leo von Klenze und Friedrich von Gärtner, beschäftigte
Ludwig unzählige Künstler und förderte ebensoviele Talente.
Als glühender Philhellene war er einer der prominentesten Vorkämpfer der griechischen Befreiungsbewegung und unterstützte
sie moralisch wie finanziell (über 2 Millionen Gulden aus seiner
Privatschatulle) und durch Entsendung eines Expeditionskorps.
Nicht zuletzt deshalb fiel 1832 auch die Wahl des ersten Königs
Griechenlands auf seinen Sohn Otto. Innerer und äußerer Aufbau
des neugriechischen Staates, seiner Verwaltung, seiner Wirtschaft
und seines Heeres, des Entwicklungsplanes von Athen und
anderen Städten, daneben die ersten gezielten Sicherungsmaß-
nahmen und Rekonstruktionsvorhaben in den antiken Stätten
lagen damit in der Hand bayerischer ›Entwicklungshelfer‹ und
Initiatoren. – Für seine große Antikensammlung tätigte Ludwig
bereits als Kronprinz umfangreiche Käufe in Italien (›Barberini-
scher Faun‹ u.a.) und Griechenland, wobei er sich der aufopfern-
den Dienste seines Kunstagenten Johann Martin von WAGNER
bediente; beauftragte daneben auch HALLER VON HALLERSTEIN
mit Grabungen und Erwerbungen. Obwohl der Versuch, sich die

›Elgin Marbles‹ zu sichern, fehlschlug, gelang ihm mit dem Kauf der Ägineten eine der spektakulärsten Erwerbungen (siehe Kapitel ›Ägina‹ und Auftragsschreiben an Wagner im Anhang, Seite 371 ff.). Über ihn Karl Theodor von Heigel: *Ludwig I.*, zweite Auflage, München 1888; Ernst von Reidelbach: *König Ludwig I. von Bayern und seine Kunstschöpfungen*, München 1887; Egon Caesar Conte Corti: *Ludwig I. von Bayern*, 6. Auflage, München 1960. Über seine Antikensammlungen siehe die Ausstellungskataloge von Dieter Ohly: *Glyptothek München – Griechische und römische Skulpturen*, München 1972; *Die Antikensammlungen am Königsplatz in München*, Waldsassen, o. J.

LUSIERI, Don Giovanni Battista (›Don Tita‹, gestorben 1821): Hofmaler des Königs von Neapel in Sizilien; seit 1785 in Neapel tätig, 1799 von ELGIN als Leiter der künstlerischen Mission in Griechenland mit einem Jahresgehalt von zweihundert Pfund berufen; traf 1800 in Athen ein; mußte 1806 als Folge des Russisch-englischen Krieges mit der Türkei zunächst nach Malta, dann nach Sizilien flüchten; kehrte 1809 nach Athen zurück, wo er bis zu seinem Tode lebte. Verheiratet mit M. Giraud, Tochter eines französischen Handelsherrn. Siehe Reverend Robert Walpoles *Memoirs relating to European and Asiatic Turkey*, London 1817, Seite 325, über die Öffnung eines Grabhügels; Briefe zitiert bei A. H. Smith: *Journal of Hellenic Studies*, 1916, Seite 163 ff.; bei W. Saint Clair: *Lord Elgin and the Marbles*, London 1967, und in den Manuskripten Cockerells im Britischen Museum zu London.

MACGILL, Thomas: Bereiste 1803 bis 1806 die Levante als Kaufmann; nach 181? Konsul auf Malta. *Travels in Turkey, Italy and Russia* …, zwei Bände, London 1808.

MAKRI, Athener Familie: Dr. Macree, schottischer Arzt, ließ sich in Athen nieder und heiratete um 1770 Theodorulla Mina; sein Sohn Procopius (gestorben 1799), bekannt als Makri, war Bevollmächtigter der ›Levant Company‹ und machte für T. Hope den Reiseführer; ehelichte 1794 Theodora Vretos, mit der er drei Töchter hatte: Marianna, Katinka und Theresa (Byrons ›Maid of Athens‹); diese heirateten Karkanides, einen Kapitän von Zante, Pittakys, einen Archäologen, und Black, den späteren Konsul in mehreren griechischen Hafenstädten.

MARCELLUS, Marie-Louis-Jean-André-Charles Demartin du Tyrac, Comte de (1795 - 1865): 1815 zum französichen Botschaftssekretär in Konstantinopel ernannt, verantwortlich für den Erwerb der

Venus von Milo; 1821 Botschaftssekretär in London; nahm aus politischen Gründen seinen Rücktritt. *Souvenirs de l'Orient*, zwei Bände, Paris 1839; *Épisodes Littéraires en Orient*, zwei Bände, Paris 1851; *Chants du Peuple en Grèce*, zwei Bände, Paris 1851; *Les Dionysiaques ...*, (Übersetzung von Nonnos) o. O. 1856, und andere Schriften.

MASSON, Athener Familie: Nicholas Masson, Handelsherr unter französischem Schutz, heiratete 1787 eine Griechin; seine Kinder emigrierten vor 1816 nach Frankreich; seine Frau führte ein berühmtes gastfreundliches Haus in Athen, in dem neben anderen HALLER, STACKELBERG und COCKERELL wohnten.

MATTERER, Amable-Thiébault, Schiffskapitän (1781-1868): Teilnehmer der Napoleonischen Kriege und der Schlacht bei Trafalgar; 1820 an der Entdeckung der Venus von Milo beteiligt; später Marinemajor in Toulon. Nachruf auf DUMONT D'URVILLE in den *Annales Maritimes et Coloniales*, Paris, Oktober 1842; Beitrag in Jean Aicard: *La Vénus de Milo. Recherches sur l'histoire de la découverte, d'après des documents inédits*, Paris 1874.

MONCK, Sir Charles (1779-1867): Hielt sich 1805 in Athen auf, wo seine Frau ein Kind bekam; baute mit Hilfe von William GELL in Belsay (Northumberland) ein Landhaus mit griechischen Stilelementen; war 1812 bis 1820 Parlamentsabgeordneter.

NORTH, Frederick, seit 1817 (Fünfter) Earl of Guilford (1766-1827): 1791 auf Korfu zur griechisch-orthodoxen Kirche übergetreten; von 1798 bis 1805 Gouverneur von Ceylon; bereiste in den Jahren 1811 und 1812 Griechenland und die Levante; wurde 1814 Präsident der ›Philomousoi‹ in Athen; widmete sich der Gründung einer Universität auf Korfu, deren Rektor 1819 und Kanzler 1824 er wurde; lebte bis zu seinem Tod auf Korfu. Erwerbungen: Marmorbrunnen (siehe Seite 91); Teil einer Grabstele aus Arkananien, 1886 dem Britischen Museum in London geschenkt; weitere Fragmente von Olympia und anderen Stätten sind verschollen: Er hinterließ sie zwar der Universität von Korfu, aber seine Testamentsvollstrecker nahmen sie für sich in Anspruch; sie wurden daraufhin nach England gebracht und in alle Winde zerstreut.

PAGE, William (tätig zwischen 1816 und 1860): Künstler, wahrscheinlich 1818 in Athen, später in der Levante und in Rom; stellte in der Londoner Royal Academy aus; Stiche nach seinen Zeichnungen in dem von den DILETTANTI herausgegebenen Werk

Antiquities of Athens, zahlreiche noch unveröffentlichte Blätter in der Gennadios-Bibliothek in Athen.

POIROT, Achille (1797-1852): Mitglied der künstlerischen Sektion der Expédition scientifique de Morée 1829; später als Historienmaler bekannt geworden.

POMARDI, Simone (1760-1830): Begleitete DODWELL 1805 nach Griechenland, schuf an die sechshundert Zeichnungen. *Viaggio nella Grecia 1804-1806*, zwei Bände, Rom, 1820.

POUQUEVILLE, François Charles (1770-1838): Nahm als Arzt an Napoleons Expedition nach Ägypten teil; wurde 1798 von Piraten aufgegriffen und geriet in türkische Kriegsgefangenschaft in Tripolis, dessen Umgegend er jedoch besichtigen durfte. 1805 zum Generalkonsul am Hof Ali Paschas in Joannina ernannt; nach anfänglichem Erfolg nahm Ali eine antifranzösische Haltung ein, und Pouqueville war fast neun Jahre lang praktisch Gefangener; kehrte 1816 nach Frankreich zurück, um seine Arbeiten zu veröffentlichen. *Voyage en Morée, à Constantinople, en Albanie et dans plusieurs autres parties de l' Empire othoman, pendant les années 1798, 1799, 1800 et 1801*, drei Bände, Paris 1805 (deutsch von K.L.M. Müller, Leipzig 1805); *Voyage dans la Grèce*, fünf Bände, Paris 1820-1822; *Histoire de la Régéneration de la Grèce ...*, vier Bände, Paris 1824.

RAVOISIÉ, Amable (1801-1869?): Mitglied der künstlerischen Sektion der ›Expédition scientifique de Morée‹ 1829; übernahm ab 1839 archäologische und architektonische Forschungsaufgaben in Algerien.

RIVIÈRE, Marquis Charles François de (1763-1828): Adeliger Emigrant, gefangengenommen und inhaftiert; von 1816 bis 1820 französischer Botschafter in der Türkei; die Venus von Milo wurde auf seinen Befehl als Geschenk für den König von Frankreich erworben.

ROQUE, Athener Familie: Nicholas Roque kam aus Carcasonne, lebte seit etwa 1793 in Athen als Handelsherr; heiratete eine Griechin, wahrscheinlich die Schwester von Makris Frau; sein Sohn Focione studierte in Marseille; seine Tochter Félicité (Dudu) folgte ihm während des Krieges dorthin, starb aber an gebrochenem Herzen.

ROTTIERS, Bernard Eugène Antoine, Oberst, (1771-1858): Holländer; floh 1808 nach Rußland; stellte sich dort der Kaiserlichen Armee zur Verfügung; nahm 1818 seinen Abschied und kehrte über die Levante nach Hause zurück, wo er 1825 vom König der

BIO-BIBLIOGRAPHISCHES VERZEICHNIS 395

Niederlande einen wissenschaftlichen Auftrag in der Levante erhielt; machte Ausgrabungen auf Milo und Rhodos. *Itinéraire de Tiflis à Constantinople* ..., Brüssel 1829. Über seine Erwerbungen siehe Kapitel ›Athen und Attika‹.

RUTHVEN, James, (Siebenter) Baron (1777-1853; seine Gemahlin, geborene Campbell, 1789-1885): Kam 1818 nach Athen und machte Ausgrabungen auf einem Grundstück, das er zu diesem Zweck gekauft hatte. Seine Erwerbungen, vor allem Vasen und zwei attische Grabstelen, schenkte er 1804 dem Antiquarian Museum (heute Royal Scottish Museum) in Edinburgh.

SLIGO, Marquess of (1788-1845): Reiste zwischen 1809 und 1811 sowie 1815 im Mittelmeergebiet; war von 1831 bis 1833 und nochmals von 1842-1845 Lord Lieutenant (Stellvertreter des Königs) von Co Mayo (Irland); Generalstatthalter von Jamaika 1833 bis 1836. Zu seinen Erwerbungen von Antiken siehe in Kapitel ›Peloponnes‹.

SMIRKE, Sir Robert der Jüngere, Architekt, Mitglied der Royal Academy (1781-1867): Studierte 1801 bis 1805 in Italien, Sizilien und Griechenland zusammen mit W. Walker; baute nach seiner Rückkehr meistens im dorischen oder jonischen Stil, so etwa das Britische Museum in London. *Specimens of Continental Architecture*, London 1806; die Manuskripte seiner Reisetagebücher und seine Zeichnungen sind im Besitz des Royal Institute of British Architects, London. Über seine heute verschollenen Erwerbungen siehe Kapitel ›Die Akropolis von Athen‹.

SOCIETY OF DILETTANTI: 1732 gegründet, entwickelte sie sich zu einem bedeutenden Förderer von Forschungsreisen und Veröffentlichungen, die der Verbreitung der Kenntnis vom Altertum dienen sollten; übte einen beachtlichen Einfluß auf den damals herrschenden Geschmack aus. Vergleiche *Historical Notes*, 1855, und Lionel Cust: *History of the Society of Dilettanti*, London 1898. Veröffentlichungen:
The Antiquities of Athens, measured and delineated by James Stuart FRS *and* FSA *and Nicholas Revett, Painters and Architects*. Die Gesellschaft schenkte Stuart zwanzig Guineas für die Drucklegung von Band I, veröffentlicht 1762; nach seinem Tode förderte sie Band II, herausgegeben von W. Newton, 1787-1790; Band III, herausgegeben von W. Reveley, 1794-1797, Band IV, herausgegeben von J. Woods, 1814-1816 und die zweite, von W. Kinnard 1825-1830 edierte Auflage.

Antiquities of Athens and Other Places in Greece, Sicily etc., Supplementary to the A. o. A. by James Stuart, f.r.s. f.s.a. *and Nicholas Revett, delineated and illustrated by C.R. Cockerell* [Agrigent], *W. Kinnard* [Athen], *T.L. Donaldson* [Bassä, Messene, Mykene] *W. Jenkins* [Athen] *and W. Railton* [Korfu], London 1830.

Ionian Antiquities, veröffentlicht mit Erlaubnis der Society von Richard Chandler, N. Revett und W. Pars in zwei Teilen, London 1769 und 1797; Teil iii 1840, Teil iv 1881 und Teil v 1915 (vergleiche Teil ii für Ägina, Sunion, Nemea und Eleusis); Teil i wurde 1821 mit Ergänzungen und Berichtigungen als *Antiquities of Ionia* wiederaufgelegt.

The unedited Antiquities of Attica; Comprising the Architectural Remains of Eleusis, Rhamnus, Sunium, and Thoricus. By the Society of Dilettanti, London 1817 (Betreut von W. Gell, R.P. Gandy, F. Bedford).

Two letters from Athens on Certain Anomalies in the Construction of the Parthenon, von Francis Cranmer Penrose, London 1847.

An Investigation of the Principles of Athenian Architecture, von Francis Cranmer Penrose, London 1851.

Specimens of Antient Sculpture, Aegyptian, Etruscan, Greek and Roman ..., zwei Bände, London 1809 und 1835.

The Bronzes of Siris now in the British Museum, von Peter Oluf Brøndsted, London 1836.

Expeditionen der ›Society of Dilettanti‹: 1751-1754 mit J. Stuart und N. Revett nach Athen, 1765-1766 mit W. Chandler, N. Revett und W. Pars; 1811 mit W. Gell, R.P. Gandy und F. Bedford; 1846 mit Penrose nach Athen.

STACKELBERG, Otto Magnus Freiherr von (1786-1837): Balte, studierte zunächst auf eine diplomatische Laufbahn, gab diese aber auf, um sich den Künsten zu widmen; 1809 in Rom, 1810 mit HALLER VON HALLERSTEIN nach Griechenland; blieb trotz Erkrankung bis 1814 in der Levante; von 1816 bis 1823 in Rom, dann nach Paris, London, Dresden, Sankt Petersburg. *Costumes et usages des peuples de la Grèce moderne*, Band 1: Paris 1824-1826, Band ii: Berlin 1837, in Deutsch unter dem Titel: *Bilder aus dem Leben der Neugriechen* ... erst 1884 in Dresden erschienen; *Der Apollotempel zu Bassae in Arcadien und die daselbst ausgegrabenen Bildwerke*, Rom 1826; *La Grèce. Vues pittoresques et topographiques*, Paris 1829 und Berlin 1834; *Die Gräber der Hellenen*, Berlin 1837. Vergleiche die Biographie von Natalie von Stackelberg: *Otto*

Magnus von Stackelberg, Schilderung seines Lebens und seiner Reisen in Italien und Griechenland nach Tagebüchern und Briefen dargestellt, Heidelberg 1882. Über seine Erwerbungen siehe Kapitel ›Ägina‹ und ›Bassä‹; seine persönliche Sammlung zum größten Teil an Sachsen verkauft, heute in den Dresdner Museen, vergleiche den 1837 in Dresden herausgegebenen Katalog. Die Zeichnungen Stackelbergs im Besitz des Deutschen Archäologischen Instituts in Berlin gingen noch in den letzten Kriegstagen 1945 zugrunde. Siehe Gerhard Rodenwaldt: *Otto Magnus Stackelberg, Der Entdecker der griechischen Landschaft 1786-1837,* München-Berlin, zweite Auflage 1959 (mit Abbildungen).

STANHOPE, John Spencer: Französischer Gefangener auf Ehrenwort mit der Erlaubnis, in Griechenland zu reisen, um seinen archäologischen Forschungen, besonders in Olympia, zusammen mit dem Architekten Thomas ALLASON nachzugehen; 1814 in Athen. *Topography illustrative of the Battle of Plataea, the Plain of Olympia, and the ruins of the City of Elis,* (dem Institut de France gewidmet), London 1817 und 1835; *Olympia, or Topography Illustrative of the Actual State of the Plain of Olympia, and of the City of Elis.* London 1824.

STANHOPE, Leicester Fitzgerald Charles, Oberstleutnant, ab 1851 (Fünfter) Earl of Harrington (1784-1862): Besuchte Griechenland 1823 als Beauftragter des ›Greek Committee‹. *Greece in 1823 and 1824 ...,* London 1824.

STRANGFORD, Percy Clinton Sydney, (Sechster) Viscount (1780 bis 1855): Im diplomatischen Dienst in Portugal und Nordeuropa; 1820 bis 1824 Botschafter in Konstantinopel, danach Mitglied des Oberhauses und als Literat tätig. Erwerbungen: Marmorfragmente, darunter Stück einer Kopie des Schildes der Athena von Phidias und der Apoll von Anavyssos, den er nach Canterbury schenkte und den 1864 das Britische Museum in London erwarb.

SWAN, Reverend Charles: Kaplan auf der ›Cambrian‹ ab 1824. *Journal of a Voyage up the Mediterranean ...,* zwei Bände, London 1826. Erwerbungen: Ein Basrelief, das wahrscheinlich beim Schiffbruch der ›Cambrian‹ verlorengegangen ist.

TAYLOR, George L. (1788-1873): Besuchte 1818 zusammen mit E. Cresy, J. Sanders und dem Künstler W. Purser Griechenland. *Literary Gazette* vom 24. April 1824; *The Auto-Biography of an Octagenarian Architect ...,* zwei Bände, London 1870-72.

TRÉZEL, Félix (1782-1855): Historienmaler, stellte erstmals im Pariser Salon 1806 aus; Mitglied der ›Expédition scientifique de

Morée‹ 1829, erst in der archäologischen, dann in der künstlerischen Sektion; wurde bekannter Maler, spezialisierte sich auf griechische Sujets.

TURNER, William (›of the Foreign Office‹; 1792-1867): Attaché an der Englischen Botschaft in Konstantinopel von 1811 bis 1816 und von 1824 bis 1829; machte weite Reisen im Osmanischen Reich, im Jahre 1812 auch mit Tupper. *Journal of a Tour in the Levant*, drei Bände, London 1820.

TWEDDELL, John (1769-1799): Begann seine Studienreise 1795 in Nordeuropa, ging von dort in die Levante, wo Preaulx ihn als Maler engagierte; starb in Athen, von FAUVEL im Theseion beerdigt; vergleiche William Bell Dinsmoor: *Observations on the Hephaisteion*, Baltimore 1941. *Remains of the late John Tweddell*, veröffentlicht von seinem Bruder Reverend R. Tweddell, Zweite Auflage, London 1816 (darin Angriff auf Elgin, unter anderem wegen des Verlusts seiner Zeichnungen).

VOUTIER, Olivier (1796-1877): Trat mit fünfzehn Jahren in die französische Marine ein; war 1820 in der Levante stationiert, wo er an der Entdeckung der Venus von Milo beteiligt war; verließ den Militärdienst und nahm 1821 zusammen mit Gordon freiwillig am Griechischen Unabhängigkeitskrieg teil. *Mémoires du Colonel Voutier, sur la guerre actuelle des Grecs*, Paris 1823 (in Zweifel gezogen von Raybaud); *Découverte et acquisition de la Vénus de Milo*, Hyères 1874.

WAGNER, Johann Martin von (1777-1858): Als Sohn des berühmten Hofbildhauers Johann Peter Wagner in Würzburg geboren, erlernte er zunächst bei seinem Vater die Bildhauerei und studierte dann 1797 bis 1802 Historienmalerei an der Wiener Akademie, wo er einen ersten Preis errang. Ging 1803 nach Paris und erhielt 1804 eine Professur für höhere Zeichenkunst an der Universität Würzburg mit der Maßgabe, zunächst einen zweijährigen Studienaufenthalt in Rom anzutreten, der dann um weitere zwei Jahre verlängert wurde. Begegnete 1808 erstmals Kronprinz LUDWIG VON BAYERN, der seine Fähigkeiten als Kunstberater rasch erkannte und sein weiteres Leben bestimmen sollte: Er entsandte Wagner als Pensionär mit 700 Gulden Gehalt erneut nach Rom, um als persönlicher Kunstagent tätig zu werden. Wagner bewies dabei nicht nur große Kennerschaft, sondern überragendes Verhandlungsgeschick, so daß ihn Ludwig auch mit dem Erwerb der Ägineten betraute und zu diesem Zweck in den Jahren 1812 und

1813 nach Griechenland entsandte (siehe Kapitel ›Ägina‹). Wagner wickelte den Kauf und den Transport der Ägineten mit größter Umsicht ab und bemühte sich auch um deren Ergänzung durch Thorwaldsen in Rom. Die rastlose Tätigkeit für seinen Auftraggeber, der ihn mit Vertrauensbeweisen überschüttete, ließ ihn wenig zu eigener schöpferischer Arbeit kommen: Schuf die Modelle zum Fries der Walhalla, die Reliefs, Viktorien und die Quadriga zum Münchner Siegestor, das Giebelfeld der Glyptothek und die Reliefs an der Reitschule in München. Seinem in gewisser Beziehung einseitigen Kunsturteil ist es allerdings zuzuschreiben, daß Kronprinz Ludwig vom Erwerb des Frieses von Bassä absah. 1841 zum Galeriedirektor ernannt, konnte er sich nicht entschließen, für ganz nach München umzusiedeln: Kehrte wieder nach Rom zurück, wo ihm König Ludwig in der Villa Malta Wohnung und Atelier eingerichtet hatte und wo er auch starb. *Bassorilievi antichi della Grecia o sia fregio del tempio di Apollo Epicurio in Arcadia ...*, Rom 1814; *Bericht über die Aeginetischen Bildwerke*, München 1817 (zusammen mit Friedrich Georg Schelling); und andere Schriften. Sein griechisches Tagebuch veröffentlicht von Reinhard Herbig: »Johann Martin von Wagners Beschreibung seiner Reise nach Griechenland (1812-1813)« in *Würzburger Festgabe, Heinrich Bulle dargebracht*, Stuttgart 1938. Über Wagners Beziehungen zu seinem Mäzen siehe Winfrid Freiherr von Pölnitz: *Ludwig I. von Bayern und Johann Martin von Wagner*, Schriftenreihe zur bayerischen Landesgeschichte, Band 2, München 1929. Seine Erwerbungen und Sammlungen, darunter ein Fragment vom Parthenon, sowie seinen persönlichen künstlerischen Nachlaß vermachte Wagner der Universität Würzburg, die das Vermächtnis im Johann-Martin-von-Wagner-Museum pflegt.

WALPOLE, Reverend Robert (1781-1856): Humanistisch gebildeter Gelehrter, bereiste in den Jahren 1806 bis 1808 Griechenland und die Levante. *Memoirs relating to European and Asiatic Turkey; edited from manuscript journals*, zwei Bände, London 1817, fortgesetzt mit *Travels in Various Countries of the East*, London 1820. Erwerbungen: Hauptsächlich Vasen und Figurinen aus attischen Gräbern, die er der Universität Cambridge schenkte.

WILKINS, William (1778-1839): Mitglied der Londoner Royal Academy; studierte an der Universität Cambridge, ging nach seinem Bakkalaureat 1800 bis 1804 auf Reisen, besuchte dabei 1802 zusammen mit dem Künstler Agostino AGLIO Griechenland;

sein Entwurf für das Downing College in Cambridge im griechischen Stil wurde 1804 angenommen und kam teilweise zur Ausführung; fruchtbarer Architekt; 1837 Professor für Architektur an der Royal Academy. *The Antiquities of Magna Graecia*, Cambridge 1807; *Atheniensia, or Remarks on the Topography and Buildings of Athens*, London 1812 (Oktavausgabe 1816); *Civil Architecture of Vitruvius*, 1812 und 1817; *Prolusiones Architectonicae*, London 1827 und 1837; seine Zeichnungen sind im Besitz des Royal Institute of British Architects in London.

WILLIAMS, Hugh William (1773-1829): Landschaftsmaler, bereiste um 1818 Italien und die Levante; wurde bekannt als Griechen-Williams; stellte 1822 die auf seinen Reisen gemalten Aquarelle aus. *Travels in Italy, Greece and the Ionian Islands via series of letters ...*, zwei Bände, Edinburgh 1820; *Selected Views in Greece with Classical Illustrations*, zwei Bände, London 1829.

WOODS, Joseph (1776-1864): Gelehrter, aber erfolgloser Architekt, edierte Band IV der *Antiquities of Athens*, London 1816; war 1818 mit R. H. Sharp in Griechenland. *Letters of an Architect from France, Italy, and Greece*, zwei Bände, London 1828.

WORSLEY, Sir Richard (1751-1805): Während seiner Amtszeit als Vertreter der Englischen Regierung in Venedig besuchte er 1785 Griechenland und kaufte dort Antiken. Sie wurden gezeichnet und beschrieben von dem Künstler Willey Reveley im *Museum Worsleyanum, or a Collection of antique Basso relievos, ... with views of places in the Levant ...*, zwei Bände, London 1794, zweite Auflage London 1824.

VERDANKUNG,
VERZEICHNIS UND NACHWEIS
DER ABBILDUNGEN

Autorin und Verlag danken allen bei den einzelnen Nachweisen verzeichneten Leihgebern von Originalen, Ansichtenwerken und Reproduktionsvorlagen für die wertvolle Unterstützung bei der Bildbeschaffung und die freundliche Erteilung von Abdruckgenehmigungen. Darüber hinaus weiß sich die Autorin der Leitung des Royal Institute of British Architects zu großem Dank verpflichtet, dann dem Johann-Martin-von-Wagner-Museum in Würzburg, den Herausgebern des *Münchner Jahrbuchs für Bildende Kunst* und den Staatlichen Antikensammlungen in München für die freundliche Erlaubnis, die Tagebücher von Sir Robert Smirke, Johann Martin von Wagner und Jakob Linckh benützen und aus ihnen zitieren zu dürfen; des weiteren gedenkt sie dankbar der freundlichen Hilfe durch die London Library und die Kuratoren des Britischen Museums, dessen Additional Manuscripts Collection und Department of Greek and Roman Antiquities weitere wertvolle Aufschlüsse vermittelten. Der Verlag der deutschen Ausgabe gedenkt darüber hinaus in besonderer Weise des bereitwilligen Entgegenkommens von Herrn Dr. Dieter Ohly, Direktor der Staatlichen Antikensammlungen, sowie von Frau Dr. Traudl Seifert und der unermüdlichen Hilfe von Herrn Hans Aumüller von der Bayerischen Staatsbibliothek.

Der überwiegende Teil der Abbildungen ist alten Reisebeschreibungen und archäologischen Tafelwerken entnommen, deren Titel im Nachweis zur Vermeidung längerer Wiederholungen meist nur in abgekürzter Form zitiert werden. Die verwendeten Kürzel sind nachfolgend aufgelöst. Wenn nicht anders vermerkt, befinden sich die Bände im Besitz der Bayerischen Staatsbibliothek.

BLOUET	Abel Blouet: *Expedition scientifique de Morée*, drei Bände, Paris 1831-1835.
CLARKE	Edward Daniel Clarke: *Greek Marbles brought from the Shores of the Euxine, Archipelago, and Mediterranian, and deposited in the Vestibule of the Public Library of the University of Cambridge*, Cambridge 1809.

COCKERELL

Charles Robert Cockerell: *The Temples of Jupiter Panhellenius at Aegina, and of Apollo Epicurius at Bassae near Phigaleia in Arcadia*, London 1860. *(München, Staatliche Antikensammlungen).*

DODWELL 1820

Edward Dodwell: *Views in Greece, from drawings by E. Dodwell*, zwei Bände, London 1820. *(Paris, Bibliothèque Nationale).*

DODWELL 1834

Edward Dodwell: *Views and Descriptions of Cyclopean, or Pelasgic Remains, in Greece and Italy ...*, London 1834.

DUPRÉ

Louis Dupré: *Voyage a Athènes et a Constantinople, ou Collection de Portraits, de Vues et de Costumes grecs et ottomans, peints sur les lieux, d'après nature, lithographiés et coloriés*, Paris 1825. *(München, Stadtbibliothek).*

STUART-REVETT

James Stuart und Nicholas Revett: *The Antiquities of Athens.* Band I: London 1762; Band II (herausgegeben von W. Newton): London 1787-1790; Band III (herausgegeben von W. Reveley): London 1794-1797.

ANTIQUITIES

William Gell, R.P. Gandy, F. Bedford (Herausgeber): *The unedited Antiquities of Attica; Comprising the Architectural Remains of Eleusis, Rhamnus, Sunium, and Thoricus*, London 1817.

STACKELBERG 1826 Otto Magnus von Stackelberg: *Der Apollotempel zu Bassae in Arcadien und die daselbst ausgegrabenen Bildwerke*, Rom 1826.

STACKELBERG 1834 Otto Magnus von Stackelberg: *La Grèce, Vues pittoresques et topographiques ...*, zwei Bände, Paris 1834.

THÜRMER

Joseph Thürmer: *Ansichten von Athen und seinen Denkmalen, nach der Natur gezeichnet und radiert*, Rom 1824.

WAGNER

Johann Martin (von) Wagner: *Bassorilievi antichi della Grecia o sia fregio del tempio di Apollo Epicurio in Arcadia ...*, Rom 1814.

162f. Paul Gavarni nach Otto Magnus von Stackelberg: ›*L'Ancienne Agora de Corinthe*‹, Lithographie von etwa 1829 aus STACKELBERG 1834.

167 Augustin François Lemaitre nach Abel Blouet und Amable Ravoisié: *Der Eingang zum Schatzhaus des Atreus in Mykene*, Stahlstich von etwa 1831 aus dem zweiten Band von BLOUET.

172f. Augustin François Lemaitre nach Achille Poirot und Amable Ravoisié: *Das Löwentor von Mykene*, Stahlstich von etwa 1831 aus dem zweiten Band von BLOUET.

180f. Charles Hullmandel nach Edward Dodwell: ›*Acropolis of Mycenae*‹, Lithographie aus DODWELL 1834.

188f. Charles Hullmandel nach Edward Dodwell: ›*Ruins at Delphi, in Phocis*‹, Lithographie aus DODWELL 1834.

194 Unbekannter Stecher: *Baron Haller von Hallerstein*, Stahlstich von etwa 1860 aus COCKERELL.

200f. Rose Osterwald nach Otto Magnus von Stackelberg: ›*Grand Port d'Egine et Restes du Temple de Venus*‹, Lithographie von etwa 1829 aus STACKELBERG 1834.

211 Charles Robert Cockerell: *Der Aphaiatempel auf Ägina*, Federzeichnungen 1811 aus dem Tagebuch. *London, Privatbesitz*.

216f. N. Brulloff nach Otto Magnus von Stackelberg: ›*Temple de Minerve à Egine et Côtes de l'Attique*‹, Lithographie von etwa 1829 aus STACKELBERG 1834.

240 Deroy und Decamps nach Otto Magnus von Stackelberg: ›*Ville et Port de Zacynthe (Zante)*‹, Lithographie von etwa 1829 aus STACKELBERG 1834.

255 Joseph Kramer nach Leo von Klenze: *Der Äginetensaal der Münchner Glyptothek*, Steingravur von 1830 aus dem Werk von Leo von Klenze: *Sammlung Architektonischer Entwürfe für die Ausführung bestimmt oder wirklich ausgeführt*, München-Stuttgart-Tübingen 1830.

262 Adolphe Caron nach Félix Trézel: *Hoplit vom Westgiebel des Aphaiatempels auf Ägina*, Stahlstich von etwa 1835 aus dem dritten Band von BLOUET.

272f. Unbekannter Lithograph nach Otto Magnus von Stackelberg: ›*Interior of the Temple after the Excavation*‹, (Bassä), Lithographie von vor 1860 aus COCKERELL.

293 Hilton nach Abel Blouet und Achille Poirot: *Das erste korinthische Kapitell aus dem Tempel von Bassä*, Radierung von etwa 1833 aus dem zweiten Band von BLOUET.

Die Vignetten auf den Seiten 3 (Elgin Marbles), 29 (Erechtheion), 81 (Sunion), 155 (Mykene) sowie 369 (Elgin Marbles) wurden dem Werk von Christopher Wordsworth: *Greece: Pictorial, Descriptive and Historical*, London 1840, entnommen, jene auf den Seiten 15, 129, 311, 335, 345 (Reste einer byzantinischen Kirche in Olympia) und 353 dem Tafelwerk von John Spencer Stanhope: *Olympia; or, Topography illustrative of the Actual State of the Plain of Olympia, and of the Ruins of the City of Elis*, London 1824. Die Kartusche auf Seite 1 stammt aus der Griechenlandkarte von L. S. de la Rochette, 1790/91, und fand sich in STUART-REVETT III. Der Hoplitenkopf auf Seite 191, ein Stahlstich von Normand Fils nach Charles Robert Cockerell, wurde aus dem dritten Band von BLOUET reproduziert, der Hoplit aus dem Bassä-Fries auf Seite 267 nach WAGNER wiedergegeben.

ABBILDUNGEN AUF TAFELN

Die Zahlen am linken Rand beziehen sich auf die Bildnummern der Offsetbeilagen

Bildteil
Die Akropolis zu Athen und die ersten Antikensammler
Seite 33-40

2 De Lemercier nach Louis Dupré: ›*Repas du Vaivode (Gouver-*
 neur) d'Athènes‹, Ausschnitt aus einer Lithographie von 1825
 nach der Zeichnung von 1819 in DUPRÉ.

3 Unbekannter italienischer Zeichner: ›*Castello di Athene comme*
 si ritrova nel presente Anno 1670‹, Ausschnitt aus einer lavierten
 Federzeichnung. *(Bonn, Kunstmuseum)*.

4 Jêrome La Vernède: ›*Prospetto di Athene*‹, Ausschnitt aus
 einer Tuschzeichnung von 1687, die als Vorlage für die vereinfachte Kupferstich-Illustration in Francesco Fanellis
 Atene Attica, Venedig 1707, diente. *(Venedig, Archivio dei*
 Frari).

5-7 Jacques Carrey: *Linke und rechte Seite des Ostgiebels des Par-*
 thenon sowie *Linke Hälfte des Westgiebels*, Kreidezeichnungen
 von 1674. *(Paris, Bibliothèque Nationale, Cabinet des Estampes)*.

8 Unbekannter Stecher nach William Pars: ›*A view of the*
 Eastern Portico of the Parthenon‹, Kupferstich von 1787 in
 STUART-REVETT II nach der lavierten Zeichnung von 1766
 im *Britischen Museum*.

9 Edward Dodwell: ›*West Front of the Parthenon*‹, Farbige
 Aquatinta von 1820 in DODWELL 1821. *(Foto: Bibliothèque*
 Nationale, Paris).

10 Edward Dodwell: ›*South West View of the Erichtheion*‹,
 Farbige Aquatinta von 1820 in DODWELL 1821: *(Foto:*
 Bibliothèque Nationale, Paris).

11 Joseph Thürmer: ›*Östliche Ansicht der Tempel des Erechtheus,*
 der Minerva Polias und der Pandrosa‹, Ausschnitt aus einer Radierung von 1822 nach einer Zeichnung von 1819 in THÜR-
 MER.

12 G.P. Harding nach Anton Graff: ›*Lord Elgin*‹, Ausschnitt
 aus einer lavierten Zeichnung von etwa 1795. *(London,*
 Britisches Museum).

Bildteil Athen und Attika *Seite 105-112*

13 Daniel Lerpinière nach James Stuart: *Das Denkmal des Philo-*
 pappos auf dem Museion-Hügel zu Athen, Kupferstich von 1794
 nach der Zeichnung von 1751/53 aus STUART-REVETT III.

14 Daniel Lerpinière nach James Stuart: ›*A view of the Temple of*
 Theseus‹, Ausschnitt aus einem Kupferstich von 1794 nach
 einer Zeichnung von 1751/53 aus STUART-REVETT III.

giebel (26) und *Herakles vom Ostgiebel* (27), Ausschnitte aus Bleistiftzeichnungen wohl von 1812. *(Würzburg, Johann-Martin-von-Wagner-Museum; Foto: Eberhard Zwicker, Würzburg).*

28 Karl Haller von Hallerstein: *Der Transport der Ägineten von Athen nach Porto Germeno,* Federzeichnung von 1813. *(Straßburg, Staats- und Universitätsbibliothek).*

29 Charles Robert Cockerell: *Der Aphaiatempel von Südwesten,* Sepiazeichnung von 1811. *(London, Privatbesitz).*

30 Charles Robert Cockerell: *Der Aphaiatempel von Nordosten,* Sepiazeichnung von 1811. *(London, Privatbesitz).*

Bildteil Bassä *Seite 281 - 288*

31 Karl Vogel von Vogelstein: *Otto Magnus von Stackelberg vor dem Apollotempel zu Bassä,* Ölgemälde von etwa 1839. *(Ehemals Privatbesitz Leipzig).*

32 Johann Christian Reinhart nach Otto Magnus von Stackelberg: ›*Ansicht des Tempels zu Bassae vor der Ausgrabung*‹, Radierung von spätestens 1826 nach einer Zeichnung von 1811/12 aus STACKELBERG 1826.

33 Anonymer Stecher nach Otto Magnus von Stackelberg: ›*View of the Ruins of the Temple from the North*‹, Stahlstich von spätestens 1860 nach einer Zeichung von 1812 aus COCKERELL.

34 Domenico Marchetti nach Otto Magnus von Stackelberg: *Szene aus dem Fries von Bassä: Kentaur verfolgt einen Lapithen,* Radierung von spätestens 1826 nach einer Zeichnung von 1812 aus STACKELBERG 1826.

35 Ferdinand Ruschweyh nach Johann Martin (von) Wagner: *Szene aus der Amazonenschlacht auf dem Fries von Bassä,* Radierung von 1814 nach einer Zeichnung von 1812 aus WAGNER.

36 Auguste Jean Baptiste Marie Blanchard nach Félix Trézel: *Szene aus der Amazonenschlacht auf dem Fries von Bassä,* Stahlstich von etwa 1833 nach Stackelbergs Zeichnung von 1812 aus BLOUET II.

37 Louise Seidler: ›*Figuren vom Tempelfries in Phigalia*‹, Pastellzeichnung von 1818 nach den Gipsabgüssen in München. *(Weimar, Nationale Forschungs- und Gedenkstätten der klassischen deutschen Literatur).*

GLOSSAR

Ábakus (griech.-lat.): Abdeckplatte eines Kapitells.

Akrotér(ion), das (griech.): Plastische Giebelverzierung in der Mitte und bzw. oder an den Ecken griechischer Tempel, Grabstelen und ähnlicher architektonischer Formen.

Ante, die (lat.): Vorgezogene Verlängerung der Seitenwände einer Cella, oft in Gestalt von Pilastern und sowohl an der Vor- wie auch Rückhalle eines Tempels vorkommend.

Archaischer Stil: Umfaßt die Kunst des 7. und 6. Jahrhunderts vor Chr. Die archaische Skulptur ist durch das gefroren wirkende ›Archaische Lächeln‹ gekennzeichnet.

Architráv, der (griech.-lat.): In der griechischen und römischen Baukunst der den Oberbau tragende Hauptbalken, der bei griechischen Bauwerken meistens auf Säulen aufliegt.

Cavéa, die (lat.): Zuschauerraum des ungedeckten antiken Theaters, im Halbrund meist an einer natürlichen Hangmulde aufsteigend.

Célla, die (lat.): Der von Säulen umgebene, geschlossene innere oder Hauptraum eines Tempels, in dem das Kultbild stand.

Éntasis, die (griech.): Leichte Schwellung des Säulenschaftes.

Epistýl, das (griech.): siehe Architrav.

Fries, der: Um- oder abgrenzender, gliedernder, auch rein dekorativer Architekturteil, der glatt, reliefiert oder bemalt sein kann. Dorisch: Triglyphen und Metopen in wechselnder Folge; jonisch: oft durchgehend gestaltetes Band.

Hellenistischer Stil: Umfaßt die drei letzten vorchristlichen Jahrhunderte; die Skulptur wird realistischer, individueller, emotioneller und sensibler.

Kassette, Kassettierung, (Kassettendecke) die (lat.-ital.): Vertiefte viereckige Felder in einer Decke oder Bogenleibung; das Innere der Kassetten ist gewöhnlich mit Ornamenten geziert, so zum Beispiel bei den Umgängen griechischer Tempel.

Kentaur, Centaur, Zentaur, der (griech.): Fabelwesen der griechischen Mythologie mit menschlichem Ober- und pferdeförmigem Unterkörper.

Kóre, die (griech.): Figur eines meist mit Peplos bekleideten Mädchens.

KoÚros, der (griech.): Figur eines meist unbekleideten Jünglings.

Lapithen, die (griech.): Mythische Bewohner Thessaliens.

Metópe, die (griech.): Rechteckige Platten zwischen den Triglyphen an den Friesen dorischer Tempel, oft bemalt oder mit Reliefdarstellungen versehen.

Náos, der (griech.): Allgemein der abgeschlossene Kernraum eines Tempels, der in Prónaos, Cella und Opisthodóm gegliedert sein kann.

Opisthodóm, der (griech.): Rückhalle des Tempels bzw. der Cella.

Péplos, der (griech.): Frauengewand.

Peristýl, das (griech.): Von einer Säulenhalle umschlossener Hof.

Propyläen, die, oder: das Propylon (griech.): Toranlage eines umschlossenen Tempelbereichs mit mehreren Durchgängen, äußerer und innerer Vorhalle.

Säulenordnungen: In der dorischen Ordnung erheben sich die Säulen ohne Basen über einem Stylobat, der Säulenschaft ist durch Kanneluren und eine leichte Entasis gekennzeichnet, die Kapitelle sind wulstkissenartig gestaltet, der Fries zeigt abwechselnd Triglyphen und Metopen. Jonische Ordnung: Die schlankeren Säulen erheben sich über Basen verschiedenen Typs, sind reicher kanneliert und tragen mit Eierstab, Volutenpolster und Abakus verzierte und gestaltete Kapitelle. Der Fries bildet oft ein durchlaufendes Bild. Korinthische Ordnung: Sie unterscheidet sich von der jonischen vor allem durch die viel schlankeren Proportionen aller Bauglieder und das aus Akanthusblättern sehr aufwendig gestaltete Kapitell.

Stéle, die (griech.): Aufrechtstehende, oft skulptierte Grabsäule oder pfeilerartiges Denkmal.

Stóa, die (griech.): An einer Längsseite geschlossener Säulengang.

Stylobát, der (griech.): Oberste Stufe des Tempelunterbaus oder Stereobats, auf der sich die Säulen erheben.

Triglýphen, die (griech.): Rechteckige Platte im dorischen Fries, auf der durch zwei senkrechte Rillen drei erhabene Leisten entstehen. Abwechselnd mit den Metopen angebracht.

Trommel, die; Säulentrommel: Scheibenartiger Teil des Schaftes bei nicht aus einem Monolithen geschlagenen Säulen.

Týmpanon, das (griech.): Das dreieckige Giebelfeld antiker Tempel mit oder ohne malerischen oder plastischen Giebelschmuck.

REGISTER

*Seitenzahlen mit * verweisen auf Textillustrationen,*
*solche mit ** auf Farbtafeln*

Graham, Sir Sandford 122, 196, 386
Gropius, Georg Christian 123, 179f., 182, 236-238, 244-246, 253-262, 279f., 302, 304, 338, 341, 371, 376f., 386
Gumppenberg, Freiherr von 248-249**

Hadschi Ali Haseki 19
Halgan, Admiral Emmanuel 123, 386
Haller von Hallerstein, Freiherr Karl 194, 194*, 202f., 204, 213, 219, 222, 235, 239, 241f., 244, 246, 252, 255, 259, 262, 270f., 274, 280, 292, 301, 303f., 307, 313, 332, 356, 371, 375, 378, 386, 390, 391, 393, 396, 408; Abb. 25-27, 28, 34, 38
Hansen, Christian 41, 366, 409; Abb. 41
Harding, G.P. 406
Hawkins, John de 21f.
Hobhouse, John Cam 79, 118, 121, 124, 149, 157, 164, 174, 186, 378, 387
Holland, Sir Henry 157, 184, 387
Hope, H.P. 186
Hunt, Philip 51-54, 59-61, 65, 72, 387

Ibrahim Pascha 346
Iktinos 275, 302f.
Ingres, Jean-Baptiste-Dominique 407
Inwood, Henry William 75, 84f., 388

Iwanowitsch, Theodor (Lord Elgins Kalmücke) 48, 68f.

Karoline von Braunschweig-Wolfenbüttel, später Princess of Wales 356, 380, 385, 390
Kastri 185f., 188-189*
Kea, Apollotempel 127, 309
Kinnard, William 382, 388
Klenze, Leo von 248-249**, 255-257*, 366, 391, 404
Knight, Richard Payne 74, 264, 379
Koës, G.H.C. 194, 204, 301, 378, 388, 390
Korinth 152, 162-163*, 166

Laurent, Peter Edmund 77, 388
Leake, William Martin 71, 118, 157, 164, 174, 269, 345, 389
Lebschée, Karl (von) 409; Abb. 40
Legh, Thomas 179, 298, 389
Lenormant, Charles 346, 389f.
Linckh, Jakob 194, 204-206, 213f., 217, 219f., 222f., 235, 239f., 244, 252, 255, 259, 262, 280, 304, 308f., 390, 407; Abb. 19, 20
Logotheti, Alessandro 141f., 152, 217, 236, 390
London, Britisches Museum 23, 56-57**, 59*, 76, 167*, 171f., 182, 245, 278, 305, 309, 327, 329, 340, 376, 378, 380, ab 385 passim
Ludwig, Kronprinz und später als Ludwig I. König von Bayern 74, 133, 235, 241f., 246f., 248 bis 249**, 253f., 260, 262, 280,